인문의 힘 시리즈⑤

인문의 향기로 세상을 품다

염 철 현

박영story

머리말

“염소 뿔이 물러 빠진다”라는 무더위가 기승(氣勝)을 부리는 8월이다. 저자가 흠모하는 다산 정약용의 소서팔사(消暑八事), 즉 더위를 이기는 여덟 가지 방법 중 몇 가지를 적용해보았지만 인간적으로 덥고 습한 기운을 이겨내기란 벅찬 일이었다. 개강 전에 다섯 번째 책을 출간할 욕심으로 나름 촌음을 아껴 한 뜸 한 뜸 수를 놓듯 글쓰기를 계속했지만, 냉방기에서 나오는 찬 바람을 마시면 잔기침이 나오는 체질 탓에 창문을 열어놓은 채 글쓰기 작업을 할 수밖에 없었다. 그럴 때마다 ‘이 또한 지나가리라’는 말을 주문(呪文)처럼 되새겼다. 주문이 통했는지 냉수욕의 시원하고 개운한 맛을 알게 한 이번 여름도 기운을 잃어가고 있다.

드디어 〈인문의 힘〉 시리즈 총 5권의 출간을 마무리했다. 저자 스스로 오감(五感) 인문학이라고 칭하면서 인간이 지닌 시각, 청각, 후각, 미각, 촉각 등의 다섯 가지 감각으로 인간이 남긴 무늬와 흔적을 좇는 작업의 대단원의 막을 내렸다. 그동안 세상의 무대에 올려진 저술들은 2022년 5월 《인문의 눈으로 세상을 보다》의 출간을 시작으로, 2023년 1월 《인문의 마음으로 세상을 읽다》, 2023년 9월 《인문의 귀로 세상을 듣다》, 2024년 3월 《인문의 언어로 세상을 말하다》 그리고 이번에 《인문의 향기로 세상을 품다》 등 총 다섯 권이다(2021년 7월 〈고려대학교출판

문화원〉에서 출간한 《현대인의 인문학》을 더하면 6권에 이른다). 〈인문의 힘〉 시리즈를 출간하겠다는 저자 자신 그리고 출판사와의 약속을 지킬 수 있어 다행스럽게 생각한다. 시리즈를 종료하면서 독자에 대한 고마움은 일일이 나열할 수 없을지라도 고마움의 대상을 구체적으로 나열하는 것은 최소한의 예의라고 생각한다. 혼자만의 힘으로 되는 일이 어디 있겠는가.

먼저, 저자의 인문적 관심과 재능을 알아보고 그것을 밖으로 끄집어내 인문학자로서 저자의 정체성을 확고히 하도록 도와준 동료 박연정 교수님에게 감사를 드린다. 박 교수님은 2020년 당시 교양 주임으로서 학생들에게 다양하고 균형 잡힌 교양과목의 개설을 고민하던 중에 저자를 발굴하여 《현대인의 인문학》이라는 과목 개설에 참여토록 이끌어 주셨다. 박 교수님이 동료의 관심과 재능에 무관심했다면 오늘날의 인문학자 염철현은 없었을지도 모른다.

둘째, 저자의 투박하고 거친 원고에 끊임없는 피드백을 제공하고 인문적 상상의 나래를 활짝 펼치도록 마중물 역할을 해준 졸업생 박신아 교우님에게 고마운 마음을 전하고 싶다. 박 교우님은 빼어난 교열 및 교정 전문가로서 저자의 졸고(拙稿)를 빛나는 보석으로 만들었을 뿐 아니라 시리즈를 이어나가는 데 필요한 다양한 소재를 제공하고 방향을 제시했다. 박 교우님으로 말하자면 저자와는 사제의 연을 맺고 있지만, 글쓰기에 관한 한 저자의 멘토이자 스승이나 다름없다 할 것이다.

셋째, 〈박영스토리〉의 노현 상무님과 전채린 차장님의 노고에 대해서는 말로써 고마움을 표현하기는 여백이 부족할 정도다. 시리즈 5권 초고를 보낼 때, 노 상무님이 저자에게 이렇게 물으셨다. "교수님, 몇 권까지 쓰실 것인가요?" 이 질문에 담긴 행간의 의미를 저자는 알고 있다. 출판사의 입장에서 출간된 시리즈 4권까지 팔린 부수가 얼마나 되는지 알고 있기 때문이다. 노 이사님은 인문학 저술의 출판이 출판사에 의미 있는 수익창출로 연결되지 않는다는 것을 너무나 잘 알고 계시지만, 출판사가 지향하는 가치에 들어맞는다는 것만으로 흔쾌히 출간하는 데에 뜻을 함께하셨다. 마음 같아서는 사비를 털어서라도 일정량의 부수를 구입하는 것이 도의에 맞겠다 싶기도 하지만, 이 또한 정상적인 상도덕은 아닌 듯하여 마음으로만 응원하기로 했다. 전 편집인은 저자의 온갖 요구사항을 묵묵히 그리고 친절하게 수용하면서 저술의 완성도를 최고치로 끌어올리는 데 수훈갑(首勳甲)이 되었다. 시리즈 3권의 경우에는 열두 번에 걸쳐 교정지를 주고받았을 정도다.

넷째, 고려사이버대학교 인재개발학부 재학생과 졸업생들의 지지와 격려는 지속해서 글쓰기를 하는 데 큰 동력이 되었다. 그들은 '작가 사인회' 및 '저자와의 대화' 등과 같은 무대를 마련하여 저자를 부끄럽게 만들었는가 하면, 몇 사람은 전체 시리즈를 구입하고 읽은 소감을 보내오기도 했다. 시리즈를 읽은 제자 독자들은 먼발치에서 바라보는 교수님이 아니라 친근한 이웃집 아저씨와 같은 저자의 인간적인 모습이라든지 저자가 중시하는 삶의 가치를 알게 되어 좋았다고 한다.

마지막으로 고마운 마음을 전하고 싶은 사람이 있다. 아내와 가족이다. 저자는 자신과 가족을 스스로 앞에 내세우는 것이 익숙하지 않지만, 시리즈의 대미(大尾)를 장식하면서 그들에게 고맙다는 말을 전하지 않고서는 인문학자로서 인간성이 메말랐다고 질책받을지도 모를 일이다. 시리즈가 한 권씩 출간될 때마다 마치 시험공부를 하듯 정독(精讀)

하고 공감해준 아내에게 진심으로 고마운 마음을 전한다. 저자의 든든한 버팀목이 되어 준 가족이 있기에 오늘의 시리즈를 완성할 수 있었다. 그리고 저자가 카카오(Kakao)에서 운영하는 콘텐츠 퍼블리싱 플랫폼 브런치스토리에 글을 쓰도록 안내하고 다양한 소재를 제공해 준 어진과 민서 부부에게도 고마움을 남긴다.

인문(人文)은 인문(人紋)이다. 문(紋)은 무늬를 가리키며, 인문은 곧 사람의 무늬다. 시리즈에서 다루었던 인물, 역사, 철학, 사상, 문화 등과 관련된 수많은 서사(敍事)를 체질한 결정체도 결국 사람의 무늬라는 것을 알 수 있다. 사람의 무늬는 그 사람의 나이테로 치환할 수 있다. 나무에 나이테가 있듯이 사람에게도 삶의 나이테가 있다. 지구상에 존재하는 모든 생물, 즉 식물뿐 아니라 동물 심지어는 물고기에게도 나이테가 있다. 나무의 나이테를 자세히 관찰해보면 목질(木質)이 다르다. 북쪽에서 자란 나무의 나이테는 추위를 견뎌 촘촘하고 강도가 높다. 남쪽에서 자란 나무는 상대적으로 무르다. 같은 느티나무라도 물가에서는 빨리 성장한 대신 푸석푸석하고, 자갈밭에서 자란 나무는 나이테를 따라 균열이 있다고 한다. 인간의 무늬도 나무의 나이테와 비슷할 것이다. 어렵고 힘든 세월을 견뎌낸 사람의 무늬는 단단할 것이다. 대신 편안하게 살아온 사람의 무늬는 부드러울 것이다. 사람의 무늬를 알면 그 사람이 어떤 환경에서 살아왔는가를 알 수 있다. 저자가 시리즈를 완성해가면서 인간과 자연에 새겨진 수많은 유형의 나이테를 들여다보고 그 의미를 짚어낼 수 있었던 것은 저자의 삶에서 가장 특별한 경험이 될 것이다.

시리즈를 집필하면서 인문학자가 좇아가야 할 인간의 근본적인 무늬,

즉 인간의 본질에 대한 지식과 지혜가 더 충만해진 듯하다. 그리고 인문학이 탐구해야 할 기본 영역에 해당하는 인간의 본질을 알기 위해서는 인간과 역사, 인간과 우주와 자연의 질서, 인간과 철학, 인간과 사상, 인간과 문화 그리고 신의, 우정, 배려, 희로애락 등 인간성의 근본을 좇는 노력을 게을리 하지 않아야 한다는 것도 알게 되었다. 인문학이라는 그릇이 담아야 할 구성 요소들을 이해하고 나름대로 확신을 하게 되면서 글쓰기가 쉬워졌다고 생각한다. 구성 요소들에 대한 확신이 부족한 채 글을 쓸 때는 마치 학술 논문의 주제를 잡고 논지를 전개하는 것과 같이 거창한 담론으로 생각했지만, 지금은 우리 주변에서 얼마든지 인문학의 소재를 발견하여 인간의 본질을 터치하고 거기에 함축된 삶의 무늬를 다양한 관점에서 그려낼 수 있게 되었으니 얼마나 값진 깨달음인가 싶다.

겁 없이 시작한 시리즈 출간을 마치고 난 소감은 시원섭섭하다고 할 것이다. 마음먹었던 과업을 완수했다는 후련한 감정은 이내 아쉬움과 그리움으로 바뀌었다. 앞으로 아쉬움과 그리움을 달래기 위해서라도 글쓰기 작업은 계속할 것이다. 다시 한 번 부족한 저자의 글에 공감하며 격려와 성원을 보내주신 독자 여러분께 진심으로 감사의 인사를 드린다.

2024년 8월
북촌 화정관에서
염철현 드림

차례

제1부 | 역사(歷史)

제2부 | 배려(配慮)

제3부 | 질서(秩序)

제4부 | 신의(信義)

제5부 | 철학(哲學)

제1부

역사(歷史)

트로트

민족의 애수와 한(恨)을 흥과 끼로 버무린 서사

음치에 가까운 저자도 노래를 듣는 것은 좋아한다. 학창 시절에는 가곡이나 클래식을 듣거나 팝송을 따라 부르기도 했지만, 요즘엔 듣기 편하고 이해하기도 쉬운 트로트를 듣게 된다. 트로트를 즐겨 들으며 대리만족을 느낀다. 트로트만큼 인간에게 내재된 희로애락(喜怒哀樂)의 감정을 진솔하게 표현하는 노래도 드문 듯하다. 무엇보다 트로트는 시대가 추구하는 정신과 가치를 반영한 노래가 많다. 맞춤복을 입은 것처럼 딱 맞다. 대개는 트로트를 즐겨 듣는 사람은 진부하거나 시대변화에 뒤떨어진 사람이라고 생각할 수 있지만, 다양한 트로트의 장르를 생각하면 그렇게 생각할 필요도 없다. 취미와 취향의 문제다.

어머니도 트로트를 참 좋아하셨다. 어머니는 이미자의 팬으로 가장 즐겨 부르는 곡은 〈동백 아가씨〉와 〈섬마을 선생님〉이었다. 앙코르곡으로는 〈목포의 눈물〉을 부르셨다. 어머니는 바쁜 농촌 생활에서 약간이라도 여유가 생기면 이미자의 노래를 틀어놓고 따라 부르곤 하셨다. 2012년 10월 뇌수술을 하고 기적적으로 회복하셨을 때, 저자는 어머니에게 이미자의 노래를 들려 드렸다. 어머니는 웃음을 지으시면서 박수로 장단을 맞추셨다. 어머니의 뇌가 완전히 회복되지 않은 상태였지만, 이미자의 노래는 어머니의 웃음을 되찾게 해주었다.

요즘 저자 자신도 트로트에 흠뻑 빠졌다. 트로트를 들으면 마음이 편해지고 어쩌면 이제까지 살아온 나만의 인생 이야기에 곡을 붙인 것과 같다는 생각이 든다. 트로트 가수가 저자를 대신하여 스토리텔링을 하고 있다는 착각을 하기도 한다.

방송국에서 주관하는 공개 오디션 프로그램을 놓치지 않고 본다. 오디션에 출연하는 가수 지망생들은 10대부터 대학생과 직장인까지 다양하다. 트로트는 중장년 이상이 부르는 노래라는 선입견이 단번에 무너진다. 10대 초반의 트로트 영재들은 성인도 소화하기 어려운 노래를 부른다. 그들이 인생의 희로애락을 주제로 하는 노래를 어떻게 감정처리를 할지 걱정했지만, 기우(杞憂)에 불과했다. 그들은 시청자의 감정을 풀어 헤쳐 놓는가 싶더니 금세 제자리로 가져다 놓는다. 감정의 연출을 풀고 감기를 반복했다. 트로트의 전성기가 다시 찾아온 듯하다.

젊은 시절에는 트로트를 부르거나 듣는 사람을 '고루하다'라고 생각할 때가 있었다. 클래식을 듣거나 팝송이나 빠른 박자의 랩 정도는 불러야 고상하고 멋을 안다고 생각했다. 트로트의 역사라든지 곡의 배경에 대해 제대로 알지도 못하면서 괜히 비하한 것이다. 세상을 넓은 시야로 보지 못한 탓이다.

우리나라 트로트의 역사는 민족의 기쁨과 슬픔 그리고 아픔과 나란히 한다. 일제 강점기와 6·25전쟁을 거치는 동안 트로트는 슬프고 애절한 감정, 이루어지지 못한 사랑, 신세나 처지에 대한 비관, 고향을 떠난 실향민이나 나그네의 애잔한 슬픔과 고통 등의 내용이 주를 이루었다. 일제강점기에 불린 〈황성옛터〉(1932년), 〈타향살이〉(1934년), 〈목포의 눈물〉(1935년), 〈나그네 설움〉(1940년) 등은 조국을 빼앗긴 한민족의 설움과 슬픔을 노래에 담았다. 남과 북의 분단과 동족이 싸웠던 6·25 전쟁 때는 〈가거라 삼팔선〉, 〈단장의 미아리 고개〉, 〈꿈에 본 내 고향〉 등의 노래에 분단과 전쟁의 슬픔과 고통을 담았다. 그때 트로트는 우리 민족의 국권 상실, 분단, 전쟁으로 실의에 빠졌던 사람들의 마음을 어루만졌다. 우리나라 트로트는 한민족의 가슴에 응어리져 표현하기 어려운 한(恨)을 절묘하게 조합하여 노래에 담았다.

1960년대 이후 트로트를 국민가요의 위치로 올려놓은 가수는 이미자, 배호, 하춘화, 남진, 나훈아 등 트로트의 전설들이다. 그때 트로트의 주제는 대부분 사랑과 이별 그리고 이루지 못한 꿈과 회한에 관한 것이었다. 전쟁은 끝났지만 당장 내일 먹고사는 것을 걱정해야 했던 보릿고개 시절에도 인간이 궁극적으로 추구하던 사랑과 행복 그리고 과거에 대한 회상 등 인간적인 고뇌를 주제로 국민의 가슴을 후벼팠다. 트로트의 멋과 맛이다. 이미자의 〈동백 아가씨〉, 배호의 〈돌아가는 삼각지〉, 조미미의 〈바다가 육지라면〉, 남진의 〈가슴 아프게〉, 나훈아의 〈사랑은 눈물의 씨앗〉, 하춘화의 〈물새 한 마리〉 등은 당시 유행했던 대표적인 주옥같은 노래들이다.

한편 권위주의 정부에서는 일부 트로트가 지나친 애수의 감정을 담고 있거나 퇴폐적이고 건강하지 못하다는 이유로 금지곡으로 지정하기도 했다. 〈동백 아가씨〉는 왜색(倭色, 일본 문화나 문물의 영향을 받은 양식을 낮잡아 이르는 말)이 짙다는 이유로 1965년 금지곡으로 지정돼 1987

년에야 해금됐다. 지금 생각하면 지나가는 소도 웃을 조치였다. 1970년대는 포크송이나 록이 인기를 얻게 되면서 트로트의 인기가 주춤해지기도 했지만, 1970년대 후반 조용필이 혜성같이 등장하면서 트로트의 전성시대를 다시 열었다. 조용필은 〈돌아와요 부산항에〉를 시작으로 트로트의 전성기를 부활시켜 가왕(歌王)이라는 영예를 얻기까지 했다.

저자는 트로트만큼 우리 민족의 감정을 제대로 표현하고 있는 노래도 드물다고 생각한다. 트로트는 더 이상 '뽕짝'이란 이름으로 폄하되거나 저학력층, 하층민이 부르는 노래가 아니다. 또한 특정 집단이 즐겨 부르는 올드송(6070이나 7080 등 나이 많은 사람이 듣는 옛날 노래)이거나 고루한 사람만이 즐기는 노래도 아니다. 트로트는 어린이, 청년, 중장년 그리고 노년층 등 나이를 불문하고 모든 세대를 아우르는 음악이 되었다. 흥미로운 것은 트로트가 타 분야의 예술 장르와 융합 현상을 나타내고 있다는 점이다. 성악 전공자, 국악 전공자, 발레리나, 뮤지컬 배우가 트로트를 부르면서 트로트의 새로운 장르를 만들어 내고 있다. 트로트의 장르가 다양해지면서 대중의 관심도 높아지고 있다. 트로트에 열광하는 팬들은 트로트 가수의 팬카페 회원으로 탄탄한 팬덤(fandom, 어떤 대상의 팬들이 모인 집단을 일컫는 말) 문화를 형성하여 사회적, 문화적 영향력을 행사하고 있다.

오늘날 트로트 가수들에 대한 팬덤 현상은 1990년대 아이돌 팬덤 못지않다. 오히려 아이돌 팬덤보다 지지층이 넓고 충성도와 결집력이 강하다. 공개 오디션으로 트로트 스타가 된 임영웅, 김호중, 영탁, 이찬원의 팬카페 회원 수를 합치면 수십만 명에 달할 정도다. 조은재 대중문화평론가는 "그동안 중장년층이 즐길 만한 놀이문화나 또래 문화가 제한적이었다. (중략) 놀이문화에 대한 갈증이 컸던 만큼 팬덤의 충성도와 결집력이 강해졌다고 볼 수 있다"라고 진단한다(신동아, 2021). 트로트가 중장년층의 놀이문화에 대한 갈증을 해소하고 또래 간의 결속을 강화한다는 것이다. 미디어학자이자 팬덤 연구자인 헨리 젠킨스(Henry Jenkins)는 "팬덤을 이루는 팬들의 활동이야말로 평범한 삶을 영위하기 위해 억압해야 했던 흥분과 자유를 회복시켜 주는 대안적 문화 경험의 영역"이라고 주장한다(장유정, 조선일보). 트로트 팬들의 참여는 '일상의 삶에서 느꼈던 억압에서 해방되고 인간다운 삶을 되찾기 위한 문화 활동'의 차원에서 이해할 수 있다. 우리나라 트로트는 민족의 애수와 한을 노래로 담은 전통적인 트로트 영역에서 벗어나 현대인의 대안적인 놀이문화 또는 또래 문화로 진화하고 있다.

트로트가 오랫동안 국민의 가슴에 울림을 주는 비결은 무엇일까? 트로트 작사가와 작곡가들이 새로운 트로트 장르를 만들면서 사랑과 이별 그리고 과거에 대한 후회와 미래에 대한 희망이라는 인간의 기본적인 감정이나 욕구를 표현하기 때문일 것이다. 트로트의 가사들이 솔직담백한 인간미를 풍기며 내면의 세계를 있는 그대로 드러내는 것도 대중이 열광하는 이유일 것이다. 시장에 출시된 제품이 인간의 기본 욕구를 자극하게 되면 대중이 적극적으로 반응하는 것처럼 트로트도 마찬가지다.

저자에게도 한 가지 걱정이 생겼다. 프로가수 뺨치는 아마추어 트로트 가수가 저자에게 한 말이다. "트로트의 매력에 한 번 빠지게 되면 다른 노래를 부르지 못한다." 신선하고 새로운 트로트 장르를 기대하는 것은 저자만이 아닐 것이다. 대한민국 트로트의 부활을 축하하며 '트로트 한류’ 또는 ‘어덜트(adult) K팝’의 새 장을 펼쳐나가길 기대한다. 트로트 특유의 흥과 재미가 우리 국민의 답답한 마음을 확 뚫는 청량제가 되면 좋겠다.

📖 백경권. (2023). 《작곡가 백영호》. 서울: 윤진.
김지영. (2021). 《신동아》. 〈임영웅 ‘영웅시대’ 15만, 김호중 ‘트바로티’ 10만 … 문화 지형 바꾼 트로트 팬덤〉. 4월호.
이가영. (2024). 《조선일보》. 〈“이 가수 노래는 원천 차단” 北, 유행 막으려 ‘콕’ 집어 언급〉. 5월 25일.
장유정. (2022). 《조선일보》. 〈트로트 팬덤〉. 12월 1일.
〈트로트〉. 한국민족문화대백과사전.

장충단공원

조선의 국립현충원

우리나라의 60대 이후 연령대에서는 가수 배호(1942~1971)가 부른 〈안개 낀 장충단공원〉을 잘 알고 있을 것이다. 노래 가사를 적어보자.

안개 낀 장충단 공원
누구를 찾아왔나
낙엽송 고목을 말없이
쓸어안고 울고만 있을까
지난날 이 자리에 새긴 그 이름
뚜렷이 남은 이 글씨
다시 한 번 어루만지며
떠나가는 장충단 공원
비탈길 산길을 따라
거닐던 산기슭에
수많은 사연에
가슴을 움켜쥐고 울고만 있을까

가버린 그 사람이 남긴 발자취

낙엽만 쌓여 있는데

외로움을 달래가면서

떠나가는 장충단 공원

가사를 읊다 눈길이 멈추는 문장이 있다. “지난날 이 자리에 새긴 그 이름/ 뚜렷이 남은 이 글씨/ 다시 한 번 어루만지며/ (중략)/ 수많은 사연에/ 가슴을 움켜쥐고 울고만 있을까/ 가버린 그 사람이 남긴 발자취.” 가사를 따라가면 마치 묘지를 찾은 가족이나 절친이 묘지명을 어루만지며 옛일을 회상하는 것처럼 보인다. 노래도 애절한 감정을 담고 있다. 장충단공원에 어떤 사연이 있어 이다지도 노래가 구슬프단 말인가. 안개 낀 공원은 분위기가 스산하고 애잔하다.

장충단공원은 일반 공원과는 그 분위기가 다르다. 우리나라의 아픈 역사와 밀접한 관계를 맺고 있다. 장충단공원은 공원으로 조성된 것이 아니다. 원래 이름은 장충단(奬忠壇), 즉 ‘충을 장려하는 제단’이다. 1900년 고종은 장춘단을 조성하여 을미사변(1895) 당시 순직한 홍계훈과 이경직 그리고 장졸들의 혼을 모셨다. 이후 임오군란(1882)과 갑신정변(1884) 때 죽은 충신들의 위패를 모셨다. 이처럼 장충단은 순국한 군인들의 영혼을 배향하여 제사를 지내던 현대적 의미의 국립현충원이다.

을미사변은 1895년(을미년) 8월 20일(음력)에 일본이 기획하여 실행에 옮겨진 명성황후 민 씨(민비) 시해 사건이다. 명성황후는 고종의 왕비이면서 조선의 국모였다. 그래서 국모 시해 사건이라고 한다. 왜, 일본은 국가범죄를 기획하며 일국의 왕비를 살해했을까? 대강의 전말을 살펴보기로 하자. 일본은 동학농민혁명(1894)의 진압을 빌미로 한반도에 진군하여 청일전쟁에서 승리하며 조선 국정을 완전히 장악한 것처럼 보였다. 그러나 삼국간섭, 즉 러시아, 독일, 프랑스가 청일전쟁 승리의 대가로 일본이 차지한 랴오둥(遼東)반도를 청에 반환하도록 요구하면서 삼국간섭이 시작되었다. 유럽 열강의 간섭으로 일본이 주춤하는 사이에 조선에는 친러파 혹은 친미파가 속출하였다. 궁중에서는 민비가 반일세력의 구심점을 형성하여 일본에 노골적으로 반대하였다. 민비는 일본에 눈엣가시와 같은 존재였다.

8월 20일(양력 10월 8일) 새벽, 일본군과 낭인, 일본인 교관이 배속된 훈련대 제2대대(대대장 우범선) 등 일단의 무리가 대원군을 앞세워 경복궁에 쳐들어갔다. 그들은 황후의 처소인 건청궁에 난입하여 황후를 살해하고 그 시신을 궁 안의 우물에 던졌다가 궁궐 밖 솔밭으로 다시 끌어내어 장작을 쌓아놓고 불태우는 참혹한 만행을 저질렀다. 일본은 황후를 살해한 후 이 사건을 조선군의 만행으로 뒤집어씌웠다. 조선 훈련대가 대원군을 추대하여 쿠데타를 일으키는 과정에서 명성황후를 살해한 것이고 일본군은 훈련대 내부 충돌을 진압하기 위해 개입하였다고 거짓 발표를 했다. 그때 황후 시해를 현장에서 목격한 외국인이 있었다. 러시아 건축가 사바틴(G. Sabatin)과 미국인 시위대 교관 다이(W. M. Dye)가 시해 사건의 목격자로 이 사건을 폭로하였다. 조선인이 사건의 목격자로 나섰다면 일본은 완강히 부인했겠지만, 외국인의 진상 폭로에 대해서는 이의를 달 수 없었다.

시해 사건 당일 훈련대장 홍계훈(洪啓薰, 1842~1895)은 새벽에 경복궁으로 밀려드는 일본군과 일본이 훈련한 훈련대의 진입에 대항하였으나 역부족으로 여러 군데 총칼의 상처를 입고 순직하였다. 영국의 지리학자인 이사벨라 비숍은 《한국과 그 이웃 나라들》에서 홍계훈이 일본 장교의 칼에 피습된 뒤 여덟 발의 총탄을 맞아 치명상을 입었다고 기록했다. 이경직(李耕稙, 1842~1895)은 명성황후의 외사촌 오빠이면서 당시 궁내부 대신으로 당일 궁중 숙직이었는데 황후를 지키다 목숨을 잃었다.

무사 집안 출신의 홍계훈은 민비와 얽힌 사건으로 출세도 하고 장충단 제단에도 이름을 올렸다. 홍계훈과 민비와의 관계는 임오군란으로 거슬러 간다. 군란 당시 궁궐 수문장이었던 홍계훈은 민비의 목숨이 위험에 처했을 때 민비를 누이로 속여 업고 경기도 여주로 피신하는 데 성공했다. 민비와의 인연으로 그의 출셋길은 탄탄대로였다. 충청감사, 장위영 영관을 거쳐, 동학농민혁명이 일어났을 때는 양호초토사(兩湖招討使)로 동학 농민군에게 빼겼던 전주성을 되찾아 전주화약(全州和約)을 맺고 철수했다. 전주화약은 1894년 6월 동학 농민군이 초토사 홍계훈에게 화약의 조건으로 제시한 폐정개혁에 관한 문서를 제시하고 조선 정부가 이를 수락하면서 체결됐다. 주요 개혁안은 노비 문서는 불태워 버릴 것, 청춘과부(青春寡婦)의 개가를 허락할 것, 토지는 평균으로 분작(分作)하게 할 것 등이다.

초토사 홍계훈은 동학농민혁명 당시 청군을 우리나라에 불러들이는 데 일정한 역할을 한 것으로 보인다. 홍계훈은 동학 농민군을 실제보다 과대평가하여 조선 관군이 진압할 수 없다는 점을 강조하며 청군 차병(借兵, 군대를 빌려 옴)을 요청했다고 한다. 이 부분에 대해 서울대 이태진 명예교수는 "청의 위안스카이가 병조판서 민영준을 압박하여 청군을 조선에 차병하는 데 결정적인 역할을 했다"라고 주장한다. 위안스카이는 조선에서 동학 농민군을 진압하여 청의 영향력을 만회하려는 속셈이었다. 조선 정부가 청군의 파병 요청을 결정하기 위해서는 전쟁터 지휘관의 의견을 무게 있게 받아들였지만, 고종도 청군에 의지하여 민란을 제압하고 싶었을지 모른다. 조선 정부가 동학 농민군을 진압할 목적으로 청군을 불러들였을 때, 일본군 역시 진군해 들어올 것이라는 걱정은 나중 문제였다. 당장 급한 불을 끄는 데 급급했다. 이 지점에서 조선 정부의 무능력과 국제정세에 대한 무감각을 확인할 수 있다.

1910년 일본은 조선을 병합한 뒤 장충단을 철저히 왜곡시켰다. 일본은 조선을 합병한 해에 '장충단'을 '장충단공원'으로 바꿔 부르고 제사를 중단시켰다. 벚꽃을 심고 연못, 산책로, 놀이터 등을 조성하여 일본식 공원으로 만들었다. 일본은 우리나라의 민족정신이 새겨진 역사적 공간을 위락시설로 만드는 데 선수다. 창경궁도 동물원과 식물원으로 조성하여 시민에게 개방했다. 이토 히로부미(伊藤博文)가 안중근 의사에게 저격당해 죽었을 때 장충단공원에서는 거국적인 국민 대 추도회가 개최되었다. 1932년에 조선총독부는 지금의 신라호텔 영빈관 자리에 이토 히로부미를 추모하기 위한 사찰인 박문사(博文寺)를 짓고 사찰이 자리 잡은 언덕을 춘무산(春畝山)이라고 불렀다. '박문사'라는 이름은 이토의 이름인 이등박문(伊藤博文)에서 따왔고, '춘무'는 이토의 호이다. 또한 일본은 장충단공원에 전쟁에서 전사한 일본 군인들의 동상을 세웠지만 광복 후에 철거됐다. 오늘날 장충단공원 일대는 사명대사, 3·1 운동 기념비, 한국유림독립운동파리장서비(韓國儒林獨立運動巴里長書碑, 유림 측에서 프랑스 파리에서 개최되는 강화회의에 한국독립을 호소하는 장문의 서한을 작성한 사건을 기념한 비), 만해 한용운 시비와 유관순, 이준 열사, 김용환 선생 동상 등이 민족 공원으로서 위상을 지키고 있다.

장충단공원의 새 이름은 '서울 남산공원'이다. 장충단공원은 남산공원 장충 지구다. 이름이 바뀐 탓인지 시민들은 장충단비와 장충단공원에 얽힌 역사적 배경에는 큰 관심을 두지 않는다. 살아 있는 역사를 왜 그렇게 묻어버리려고 하는지 모르겠다. 역사는 과거와의 끊임없는 대화라고 하는데, 왜 대화를 단절하려고 하는가. 장춘단비는 1969년 서울특별시 유형문화재로 지정되었다. 원래 비문은 신라호텔 영빈관 자리에 있었던 것을 현재의 자리로 옮겼다. 비문은 을사늑약(1905년)에 반대하며 자결한 민영환(閔泳煥, 1861~1905)이 썼다.

> 전경 삼가 생각건대 우리 대황제 폐하께서는 자질은 상성(上聖)을 타고났고 운수는 중흥(中興)을 만나 태산과 만석 같은 공업을 세우고 불운의 조짐을 경계하였다. 그러나 어쩔 수 없이 시국이 가끔 험난하다가 마침내 갑오·을미사변이 일어나 무신(武臣)으로서 난국에 뛰어들어 죽음으로 충성을 바친 사람이 많았다. 아, 그 서릿발보다 늠름한 의열과 태양처럼 빛나는 명절(名節)은 길이 재향을 누리고 기록에 남아 있어야 마땅하다. 이리하여 임금은 특별히 충성을 포상하는 의리를 기려 이에 애통해하는 조서를 내리고 제단을 쌓고 비를 세워 표창하였으며 이어 또 봄·가을로 제사를 드리는 법을 정하여 높이 보답하는 뜻을 보이고 교화를 삼으니 이는 참으로 백 대를 놓고 보아도 없는 특전이다. 사기를 북돋우고 군심(軍心)을 분발시키는 것은 오직 여기에 있다. 아, 위대하다. 아, 훌륭하다.

장충단의 역사와 비문을 읽으면서 씁쓸한 감상을 지울 수가 없다. 국가는 수많은 사람의 희생과 헌신으로 유지, 지속된다. 특히 왕조 시대에 국난을 당하면 수만, 수십만 명의 백성이 동원되어 무명 전사자가 되고 만다. 양반이든 상민이든 목숨은 하나요, 등가의 가치를 갖고 있다. 조선 왕조는 수많은 외침을 당했고 수많은 백성이 나라를 지키다 순국했다. 전쟁이 끝난 후에는 총사령관 정도의 지위를 가지고 순국한 지휘관을 추모하는 사당이나 위령비를 세워 배향했다. 그러나 장충단비는 파격이다. 을미년에 일어난 국모 시해 사건이라는 참변을 당한 고종은 왕비를 지키려다 순직한 장졸과 신하를 위해 특정한 장소에 비를 세웠다. 그리고 여론에 못 이겼는지 아니면 대의명분을 세우기 위해서였는지, 십여 년 전에 일어났던 임오군란과 갑신정변에 순열한 장졸과 문신까지도 장충단에 배향하게 했다. 장충단의 역사적 배경을 공부하고, 비문을 읽으면서 '국가는 왜, 존재하는가?', '국가란 백성에게 무엇인가?'에 대해 질문을 던진다.

📖 비숍, 이사벨라. (1996). 《한국과 그 이웃들》. 이인화 옮김. 서울: 살림.
신병주. (2024). 《서울의 자서전》. 파주: 글항아리.
이태진. (2024). 《중앙선데이》. 〈일본군, 청과 싸우기도 전에 경복궁 담부터 넘었다〉. 1월 13일.
〈전주화약〉. 한국민족문화대백과사전.

전쟁의 승패
변수는 날씨와 타이밍

"하늘도 무심하시지…"라는 말이 있다. 사람의 힘으로 어떻게 해볼 수 없는 일을 당했을 때 하는 말이다. 하늘의 무심함으로 피해를 당한 사람이 세상에서 정의롭거나 유익한 일을 한 사람이라면 하늘에 대한 원망은 더 커진다. 무심한 하늘은 전쟁에도 적용된다. 화살을 주무기로 하는 고대 전쟁에서 적군으로 불던 바람이 갑자기 아군 쪽으로 바람의 방향이 바뀌면 전쟁의 양상도 바뀐다. 바람이 적군 쪽으로 불면 화살은 바람의 탄력을 받아 목표물에 신속하게 도달할 것이다. 바람이 아군 쪽으로 불면 화살은 바람의 저항을 받아 원하는 목표물에 도달하기 어려울 것이기 때문이다.

고도의 최첨단 기술이 동원된 현대전에서도 하늘의 유심(有心)과 무심(無心)은 전쟁의 승패를 가르는 중요한 변수로 작용한다. "천기를 알면 전쟁에서 승리한다." 우리나라 국군도 기상단을 운영하며 기상을 전문적으로 관측한다. 항공기상 관측, 위성 관측, 지상 관측, 레이더 관측 등 각종 데이터를 슈퍼컴퓨터에 입력해 기상 예보 자료를 축적한다. 군사작전을 하기 위해서는 임무별로 맞춤형 관측자료가 필요하다. 예를 들어, 항공 임무에서는 구름의 높이와 양 그리고 가시거리가 중요하지만, 포병 임무에서는 고도별 바람의 속도가 중요하다.

날씨의 중요성을 가장 잘 드러낸 전쟁은 중국 최초의 역사 소설《삼국지연의》에 등장하는 적벽대전(赤壁大戰)일 것이다. 서기 208년 촉나라 유비와 오나라 손권의 10만 연합군은 조조의 80만 대군과 양자강 남안의 적벽(赤壁)에서 맞닥뜨렸다. 절대적 수적 열세였던 연합군은 화공(火攻)으로 조조군을 궤멸한다는 전략을 세웠다. 화공, 즉 적에게 불화살을 쏘려면 바람이 불어줘야 하는데, 연합군에 불리한 북서풍이 불었다. 유비의 책사 제갈량이 "동짓날(음력 11월 20일)부터 3일 동안 거센 남동풍을 빌려오겠다"라며 하늘에 제사를 지낸다. 약속한 날에 남동풍이 불어 조조군은 불화살에 궤멸했다. 하늘에서 바람을 빌린 제갈량의 능력은 신기(神技)다. 《삼국지연의》는 허구적인 내용이 많은데, 사실 제갈량이 신통력을 부려 하늘의 이치를 알고 바람의 방향을 바꿨다는 것도 허구라고 한다. 청나라 역사학자 장학성은 《삼국지연의》는 칠실삼허(七實三虛), 즉 7할은 사실이고 3할은 허구라고 주장했다. 제갈량은 어떻게 바람의 방향을 예측할 수 있었을까?

부경대 변희룡 교수에 따르면, "제갈량은 저기압이 온난전선을 동반하고 온난전선 앞면에 항상 남동풍이 분다는 사실을 알았을 가능성이 높다"라고 풀이했다. 이 해석이 맞는다면 제갈량의 능력은 북서풍을 남동풍으로 바꾸는 '신통력'이 아니라 온난전선이 지나갈 때를 미리 알고 그때 부는 바람을 이용한 지혜였던 셈이다. 또한 제갈량은 한 어부에게서 동짓날을 전후해 미꾸라지가 물 위로 부지런히 들락거리면 남동풍이 분다는 사실을 알아냈다. 국립수산과학원 이두석 연구관은 "저기압의 영향으로 대기 중 기압이 낮아지면 물에 녹아있는 산소량이 줄어든다. 기압에 민감한 미꾸라지가 호흡하기 위해 물 위로 머리를 내미는 것이다"라고 설명했다. 위성사진이나 레이더 영상이 없었던 시대에 구름 모양과 미꾸라지의 움직임으로 날씨를 예측한 제갈량은 '베테랑 예보관'으로 평가받을 만하다(서금영, 2009 재인용).

무대를 고려 시대로 옮겨보자. 강감찬의 귀주대첩(龜州大捷)을 기억할 것이다. 을지문덕의 살수대첩과 이순신의 한산대첩과 함께 우리나라 3대 대첩으로 꼽힌다. 1019년 강참찬이 지휘하는 고려군은 귀주에서 거란군과 대회전(大會戰, 양측이 특정 시기에 일정 장소에 모여서 벌이는 대규모 전투)을 벌였다. 귀주에서도 날씨와 타이밍이 승패를 가르는 결정적 변수였다. 전투 초반에는 바람이 고려군 쪽으로 불어 고려군이 어려움에 놓였다. 역풍을 맞으며 쏘는 고려군의 화살은 거란군을 효과적으로 타격하지 못했다. 그러나 천우신조(天佑神助)였는지, 시간이 가면서 바람의 방향이 거란군 쪽으로 바뀌기 시작했다. 게다가 고려의 기병이 거란군의 후미를 공격하면서 승패는 갈리게 됐다. 이렇게 거란의 3차 고려 침략은 거란의 후미에서 고려 정예 기병이 출현함과 동시에 바람의 방향이 바뀌면서 거란의 참패로 끝났다. 고려의 운명을 건 거란과의 전투에서 하늘은 고려에 무심하지 않았다.

조선 인조 2년(1624년)에 일어난 이괄(李适, 1587~1624)의 난도 바람의 방향이 승패를 갈라놓았다. 이괄은 안산(鞍山, 서대문구 홍제동에 있는 산으로 종로구 인왕산과 맞닿아 있으며 그 사이에 무악재 고개를 두고 있다)을 점거한 진압군의 수가 적은 것을 보고 도성 백성들에게 '진압군을 단숨에 무찌르겠다. 싸움을 구경하고 싶은 사람은 누구나 성 위에 올라가서 구경하라'는 포고문을 곳곳에 써 붙이기까지 했다. 백성들은 아침부터 인왕산 성벽에서 싸움을 구경했다. 개전 초기 무악 꼭대기로 동풍이 불면서 반란군이 바람을 등에 업고 기습 공격을 감행하자 진압군은 후퇴해야 했다. 그런데 바람의 방향이 갑자기 바뀌어서 동풍이 서북풍으로 바뀌면서 반란군은 바람과 마주하며 싸워야 했다. 조총의 적중률이 떨어졌고 또 모래바람으로 전열이 흐트러져 전세가 삽시간에 역전되었다. 싸움은 진압군의 대승으로 끝났다. 인조가 공주산성으로 피난을 가야 했던 이괄의 난은 거의 성공할 뻔했지만, 날씨 때문에 실패로 끝났다. 하늘이 돕지 않으면 되는 일이 없는 법이다.

겨울철 매서운 추위를 가리킬 때 동장군(冬將軍)이라는 표현을 사용한다. 영어로 동장군을 'Frost General'이라고 하는데 이 단어의 유래도 날씨와 관련된다. 1812년 6월 22일, 나폴레옹(1769~1821)은 러시아 원정을 강행했다. 유럽을 손아귀에 넣었던 나폴레옹은 60만 대군을 거느리고 러시아를 침략했다. 나폴레옹은 트라팔가르해전(1805)에서 영국에 패배한 뒤 영국에 단행한 경제적 봉쇄 정책으로 유럽 대륙 국가들에 영국과의 통상 금지, 영국 선박의 대륙 출입 금지령(대륙봉쇄령)을 내렸는데, 이를 따르지 않은 러시아에 대한 응징이었다. 나폴레옹 군대가 모스크바에 진격했을 때 도시는 텅 비어있었다. 러시아는 청야작전(淸野作戰, 주변에 적이 사용할 만한 모든 군수물자와 식량 등을 없애 적군을 지치게 만드는 전술)으로 도시를 불태웠다. 겨울에 접어들면서 날씨는 영하 20℃~30℃를 기록했다. 나폴레옹 군대는 매서운 추위 때문에 후퇴할 수밖에 없었다. 당시 영국 언론은 나폴레옹을 꺾은 러시아의 추위를

‘제너럴 프로스트(General Frost)’라고 이름을 붙였다. 우리나라에서 사용하는 동장군은 일본이 제너럴 프로스트를 ‘후유쇼군(冬將軍)’으로 번역하여 사용하면서 차용되었다. 나폴레옹의 60만 대군 중 프랑스에 도착한 인원은 2천 명도 되지 않았다고 한다. 대자연의 위력에 인간은 속수무책으로 당할 수밖에 없다.

1941년 6월 22일, 제2차 세계대전의 전범국인 독일은 소련을 침략했다. 공교롭게도 나폴레옹의 러시아 침략 일자와 일치한다. 히틀러의 소련 침략은 소련에서 공산주의자의 제거, 남부 우크라이나의 곡창지대와 돈강 일대의 산업지대 점령 그리고 유전이 있는 카프카스 지역으로 진출해 경제적 자원을 확보할 목적이었다. 하지만 히틀러도 동장군의 기승 때문에 목적을 달성하지 못했다. 그해 겨울은 예년보다 빨리 찾아왔다. 독일군은 속도전으로 소련을 점령할 수 있을 것으로 생각하고 겨울을 대비하지 않은 상태로 원정을 감행했다. 날씨는 영하 30℃를 오르내렸다. 장거리 이동을 해야 하는 원정, 즉 동선이 긴 상황에서는 다양한 변수가 발생한다. 인간은 보급품 수송 문제, 병력 분산 등 눈에 보이는 변수들에 대해서는 대응할 수 있지만 날씨의 변화에 대해서는 어떻게 해볼 도리가 없는 것이다. 히틀러는 나폴레옹이 밟았던 전철을 그대로 답습했다.

침략 전쟁, 즉 나폴레옹의 러시아 침공과 독일의 소련 침공이 6월 22일로 같은 달, 같은 날이라고 한다. 6월 22일은 우리 민족에게도 매우 의미심장한 날이다. 1592년 임진왜란이 발발했을 때, 전라도 정읍의 선비 안의(安義)와 손홍록(孫弘錄)이 전주사고에 소장된 《조선왕조실록》과 태조 이성계 어진(御眞, 임금의 화상이나 사진)을 내장산으로 이안(移安, 신

주나 영정 따위를 다른 곳으로 옮겨 모심)한 날이다. 그들은 383일간 밤낮으로 수직(守直)하며 《조선왕조실록》과 어진을 지켜냈다. 매년 6월 22일이 '문화재 지킴이의 날'로 정해진 이유다. 인류 역사는 빼앗으려는 자의 탐욕과 지키려는 자의 비장함이 충돌하는 시공간이기도 하다. 창과 방패처럼 모순(矛盾)을 반복하며 역사의 수레바퀴가 전진하기도 하고 후퇴하기도 한다.

시기적으로 전쟁은 대개 6월에 시작되는 경우가 많다. 특히 유럽에서 봄과 겨울에는 바람이 강하게 불고 폭풍이 잦은 시기라는 점에서 6월을 택하는 경우도 많다고 한다. 한국전쟁을 비롯하여 나폴레옹의 러시아 침략과 독일의 소련 침략, 고구려와 중국 수나라의 전쟁, 제2차 세계대전의 노르망디 상륙작전도 6월에 일어났다. 중동전쟁 역시 6월에 시작되었다. 6월은 사막의 모래폭풍이 발생할 가능성이 낮은 시기다. 그러나 고도의 기술과 정보를 토대로 세운 전략이라도 날씨 변화 앞에서는 속수무책이 되고 만다. 날씨를 빌려오는 제갈량의 신통력이나 강감찬에게 찾아온 하늘의 유심이 없다면 전쟁은 시작하지 않을 일이다.

아이젠하워 장군의 말이다.

> "훌륭한 장군은 전략을 배우고, 유능한 장군은 병참학을 공부한다. 하지만 전쟁에서 승리하는 장군은 날씨를 아는 장군이다."

📖 신병주. (2024). 《서울의 자서전》. 파주: 글항아리.
염철현. (2023). 《인문의 귀로 세상을 듣다》. 서울: 박영스토리.
김민수. (2022). 《뉴스 1》. 〈날씨는 누구 편일까 … 복잡해지는 푸틴의 우크라이나 공격 셈법〉. 2월 13일.

김정탁. (2024). 《중앙일보》 〈[김정탁의 인문지리기행] 진압군 얕본 이괄, 안산의 바람 방향 바뀌자 패퇴〉. 4월 19일.

반기성. (2017). 《동아사이언스》. 〈나폴레옹이 6월에 전쟁을 떠난 이유〉. 6월 22일.

서금영. (2009). 《동아일보》. 〈삼국지 적벽대전 '제갈량 남동풍'의 비밀은〉. 9월 23일.

양낙규. (2017). 《아시아경제》. 〈전시상황 가장 무서운 敵은 '기상'〉. 9월 4일.

왜, 제야(除夜)의 종은 서른세 번을 치는가

국태민안(國泰民安)을 기원하는 종소리

매년 12월 31일 자정이면 제야(除夜)의 종을 타종하는 장면을 생중계로 보게 된다. 제야(除夜)는 '어둠을 걷어내고 밝은 새해를 맞이한다'라는 의미다. 주변 사람에게 "왜, 제야의 종을 서른세 번 칩니까?"라고 물으면, 세 명 중 두 명은 "3.1 운동 민족 대표 33인을 기리기 위해서가 아닌가요"라고 대답한다. 그럴듯한 생각이다. 33번의 타종 의식과 민족 대표 33인의 숫자가 일치한 것에서 비롯된 생각일 것이다(실제 민족 대표는 48인이라는 주장도 있다. 독립선언서에 서명한 33인 외에 준비 과정에 깊숙이 개입했지만, 명단에서 빠진 15인이 있었다. 거사를 도모하기 위해서는 세상에 이름을 드러내는 자와 이름은 가려져도 없어서는 안 될 인물이 있기 마련이다).

조선 시대에도 통행금지를 해제한다는 신호로 종각(鐘閣)의 종을 서른세 번 쳤다. 이를 파루(罷漏, 또는 바라)라고 한다. 종을 치는 기준은 오경삼점(五更三點)이다(하룻밤의 시간을 오경(五更)으로 나누고 그 경을 다시 다섯으로 나누어 점(點)이라 하였다). 오경(五更)이 새벽 3시에서 5시 사이이므로 오경삼점은 새벽 4시경일 것이다. 왜, 조선에서는 파루에 서른세 번의 종을 쳤을까? 전문가들은 불교 우주관과 깊은 관련이 있다고 말한다.

불교의 우주관에 따르면 세상의 중심에는 수미산(須彌山)이 있는데, 수미산의 꼭대기에 도리천(忉利天)이라는 하늘이 있다. 도리천에는 동서남북 사방에 봉우리가 있고, 그 봉우리마다 천인(天人)들이 사는 8개의 천성(天城)이 있다. 중앙에는 제석천(帝釋天, 불법을 지키는 수호신 중 가장 핵심이 되는 신)이 사는 궁전인 선견성(善見城)이 있는데 이를 모두 합치면 33개의 천궁(天宮)이 된다. 도리천을 '33천(天)'이라고 부르는 이유다(천天은 '신들이 사는 곳'이라는 뜻으로 '33천'이라는 인도어를 우리말 발음으로 번역한 것이 '도리천'이다). 제야의 종을 서른세 번 타종하는 것은 수미산 정상 도리천에 사는 33명의 신에서 유래한 것으로 볼 수 있다.

티베트 불교에서는 티베트 라싸에서 1,300km 떨어진 높이 6,714m의 카일라스산(Mt. Kailash)을 수미산이라고 믿고 있다. 많은 순례자가 카일라스산을 찾아 산 주위를 돌며 기도한다. 이 순례를 '코라'라고 하는데 코라의 길은 53km로 보통 2박 3일 정도가 걸린다. 한 번의 코라는 이생에서의 업(業, Karma)을 소멸시킬 수 있고 108번의 코라는 해탈에 이를 수 있다고 한다.

사찰에서는 어떻게 타종할까? 불교의 우주관에 따라 타종한다. 사찰의 종은 대개 범종(梵鐘)이라 부르며, 크기에 따라 소종과 대종으로 나뉜다. 소종은 법당 내에 두고 사용하며 대종은 법당 외부의 종각에 매달아 놓고 친다. 이 대종은 새벽에 28번, 저녁에 33번을 타종한다. 아침의 28번은 시방세계(十方世界), 즉 욕계(欲界) 6천(天), 색계(色界) 18천(天), 무색계(無色界) 4천(天) 등 28계(界) 세상을 다 열어 부처님의 도량으로 모이라는 소리이고, 저녁의 33번은 제석천왕이 머무는 선견성을 포함한 도리천 등 33천(天)마다 부처님의 음성이 널리 울려 퍼지기를 기원하는 의미를 담고 있다. 욕계는 식욕이나 성욕, 분노와 같은 동물적 감성을 갖는 거친 중생이 사는 세계이고, 색계는 이런 동물적 욕망을 완전히 끊어서 '빛과 같은 몸'을 갖는 고결한 천신들이 살아가는 세계이며, 무색계는 그런 몸조차 사라지고 오직 정신적 삼매의 경지만 지속되는 세계다. 삼계는 천상, 인간, 아수라, 아귀, 축생, 지옥 등 여섯 가지로 분류되는데, 이를 육도六道라고 부른다. 삼계 가운데 색계와 무색계는 모두 천상에 해당한다.

종합하면, 우리나라 제야 행사에서 서른세 번을 타종하는 것은 사찰의 타종 횟수에서 영향을 받은 것으로 볼 수 있다. 불교 우주관의 유래에 따라 타종 횟수를 따르고 있지만, 서른세 번 치는 타종의 의미를 현대에 재해석하면, '국가의 태평과 백성의 안녕을 기원', 즉 국태민안(國泰民安)의 염원을 담고 있다고 생각한다. 조선 시대 타종 의식이 불교의 영향을 받았다고 하지만, 불교 행사는 아니다. 유교를 국시로 했던 조선에서 불교 행사를 그대로 재현할 수는 없었을 것이다. 그러나 유교 국가 조선에서 불교적 우주관을 빌어 국가의 평안과 백성의 안녕을 종소리에 실어 하늘로 올려 보냈다는 것만은 부인할 수 없을 것이다. 종소리의 울림 속에는 경천애민(敬天愛民), 즉 하늘을 공경하고 백성을 사랑하고자 하는 군주의 의지를 담고 있었을 것이라는 생각에 이른다.

인류 역사가 시작된 이후 시간은 통치자가 백성을 통제하는 강력한 도구였다. 과학기술이 발달하면서 시간은 누군가의 독점 대상이 아니라 모든 사람이 공유하게 되었다. 조선 건국 직후에는 한양 한복판에 종루

(鐘樓)를 짓고, 큰 종(大鐘)을 걸어 놓고 시간을 알렸다. 시간이 지나면서 전국의 주요 지역의 특정 지점에서도 시간을 알렸다. 통행금지를 알리는 인정(人定, 매일 일경삼점一更三點에 28번의 종을 치고 성문을 닫았다) 때는 종을 치고, 파루 때는 북을 치기도 했다. 인정에 종을 치는 제도는 고대부터 행해지던 제도였지만, 파루 제도는 조선 초에 처음 생겼다. 인정과 파루 사이는 통행금지 시간으로 도성 안의 모든 사람은 함부로 돌아다닐 수 없었다. 돌아다니다가 순라군에게 발각되면 경수소(警守所)로 잡혀가서 날이 새면 곤장을 맞았다. 처음에는 초경 때 잡혀도 50대를 맞을 정도로 심하였으나, 나중에는 초경과 5경에는 10대, 2경과 4경에는 20대, 3경에는 30대를 맞았다. 고종 때에는 인정과 파루 때에 종을 치는 것과 함께 정오, 인정, 파루 때에 창덕궁의 금천교(錦川橋)에서 대포를 쏘기 시작하였다. 정오를 알리는 대포를 오포(午砲)라고 했다. 1895년 10월 29일부터 인정과 파루, 그리고 경·점 때에 종·북·징을 치는 제도는 중지되었다.

종로 보신각에서 서른세 번 타종하는 제야의 종소리는 새해를 시작하면서 하늘에 종소리를 올려 보내며 '국태민안'을 기원하는 기도 소리다. 서른세 번의 타종은 불교의 우주관과 유교의 통치관이 혼재된 숫자지만 좀 더 깊이 따져보면 하늘과 백성을 나라의 근본으로 여기는 경천애인의 사상이 스며있다. 고대사회나 현대사회에서도 '하늘을 공경하고 백성을 사랑'하는 경천애민이 국가통치자의 기본 철학임에는 변함이 없다. 문제는 실천이다.

오늘날 지구인들은 눈부신 과학기술의 발달로 다른 행성에 여행을 가는 시대를 맞이했지만, 물질문명의 풍요만큼 행복한 삶을 살고 있는

가에 대해서는 물음표다. 하늘을 공경하기는커녕 밤하늘의 별조차 보지 않고 사는 칠흑의 세상은 아닌지 묻고 싶을 때가 많다. 어둠을 걷어내고 밝은 날을 맞이할 수만 있다면 매일 자정마다 제야(除夜)의 종을 쳐도 좋을 듯싶다. 그나마 산사(山寺)와 교회와 성당에서 울리는 종소리는 일상에서 경천애인을 실천하고자 하는 한 가닥 희망의 끈이 아닌가 싶다. 오늘 아침 산사에서 울리는 종소리가 유달리 은은하다.

📖 김성철. (2021). 《불교신문》. 〈개똥밭에 굴러도 이승이 낫다〉. 3월 22일.
《중앙선데이》. (2011). 〈3.1 운동 민족대표는 '33인' 아닌 '48인'이었다〉. 11월 20일.
박경준. (2020). 《코리아트리뷴》. 〈도리천과 수미산, 그리고 우리 문화〉. 12월 11일.
이정우. (2020). 《불교신문》. 〈제야의 종 33번 치는 이유는?〉. 2월 29일.
〈시보, 인정과 파루〉. 우리역사넷.

현고'학생'부군신위(顯考'學生'府君神位)

인간은 학습동물이다

부친은 소천하시기 5년 전 선산에 자신과 모친이 묻히게 될 봉분을 조성하셨다. 위치는 아버지의 아버지와 어머니, 즉 할아버지, 할머니 봉분 바로 옆이었다. 아버지는 고인을 안치하기 전에 임시로 만든 가묘(假墓), 즉 허묘(虛墓)를 조성하셨다. 죽을 수밖에 없는 죽음을 대비해 자신과 모친의 가묘를 직접 준비하셨다. 핏줄을 이어받은 자식이라도 구십을 넘긴 부친이 자신의 봉분을 만들 때의 그 마음을 헤아릴 수는 없을 것이다. 선산에 올라 가묘를 볼 때면 묘한 기분이 들었다. 언젠가 맞닥뜨릴 부모님과의 이별을 미리 연습하는 장소가 되었으며, 그때를 어떻게 대비할 것인가를 생각하게 되었다. 무엇보다 죽음을 대비하여 자신과 모친의 장례에 따른 자식들의 고민을 해소해 주신 부친의 결단 앞에 존경하는 마음이 더 커졌다. 부친은 가묘 앞에 놓인 상석(床石)에 '현고학생부군신위(顯考學生府君神位)'라고 새겨 넣으셨다. 부친은 '학생'이라는 단어로 자신이 세상에서 살았던 삶의 의미를 집약했다. 조부모님의 제사를 모실 때 지방(紙榜)에서 보았던 '현고학생부군신위'를 부친의 가묘에서 보았을 때 그 글씨는 실제보다 훨씬 더 크고 뚜렷하게 다가왔다.

한자에 익숙하지 않은 저자이지만, 현고학생부군신위 중에 '학생(學生)'이란 단어에 눈이 멈췄고 동네 어른들에게 그 의미를 물었다. 동네에서 지식인으로 통했던 어른들도 선뜻 답하지 못했다. 대강 이런 뜻이다. 현고학생부군신위는 "배우는 학생으로 평생을 살다 돌아가신 아버지의 신령이시여 나타나서 자리에 임하소서"라는 의미이고, '학생'은 평범한 삶을 살다 돌아가신 고인에게 붙이는 일종의 사회적 지위를 나타낸다고 한다. 조선 시대와 같은 신분 계급 사회에서는 '관직을 하지 못하고 품계도 없지만 평생 배우다 돌아가셨다'라는 내용으로 해석할 수 있다. 단어를 하나씩 풀이하면 '현(顯)'은 '나타나다', '고(考)'는 '돌아가신 아버지'를 뜻하는데 생전에는 '부(父)'라 하고 사후에는 '考'라 한다. '학생(學生)'은 생전에 관직이 있으면 관직을 쓰고, 관직이 없으면 학생을 쓴다. '부군(府君)'은 '돌아가신 조상을 높이어 부르는 말'이다('부군'은 한자어에 따라 뜻이 다르다. 부군(父君)은 아버지의 높임말이고, 부군(夫君)은 남의 남편(男便)의 높임말이다). '신(神)'은 '신령'을, '위(位)'는 '자리'를 말한다. 글자 하나하나마다 깊은 의미를 담고 있다.

관직은 오늘날의 공무원에 해당한다. 품계는 요즈음의 이사관, 서기관, 사무관, 주사, 서기 등 직위에 해당할 것이다. 예를 들어, 서울특별시 공무원으로 서기관을 했으면 '현고서기관서울특별시 OO과장부군신위'로 적는데 '학생'이 빠지고 '서기관'이 들어간다. 지금은 관직을 써넣는 경우는 거의 찾아볼 수 없고 묘비에는 '학생'이라는 단어를 써넣는 것이 일반적인 추세인 듯하다.

왜, 묘비에 '학생'이란 단어를 사용하게 되었는가? 조선 시대에 학생은 두 부류가 있었다. 하나는 성균관, 사학, 향교에 소속된 유생과 전의감(典醫監) 등에 소속된 생도로서 공부하는 사람을 의미하고, 다른 하나는 '품계가 없는 사람(無品者)'을 가리켰다. 유학을 국시(國是)로 정했던 조선에서 학생이란 유생, 생원, 진사, 생도 등 각 학교에 소속되어 있는 유생(儒生), 즉 관직에 아직 오르지 않았거나 과거를 준비하며 학교에 재학 중인 사람을 통칭하였다. 이 학생 중에는 '평생 관직에 오르지 못하고 죽은 사람이 있었는데 이들을 어떻게 칭할 것인가?'를 두고 고민했다. 무관(無官)으로 죽은 사람은 학생이라 칭하지 않으면 다른 칭호가 없으니, 부득이 학생으로 쓸 수밖에 없다고 생각하였다. 17세기 이후 조선에서는 '살아서는 유학, 죽어서는 학생'으로 칭하는 관습이 유행했을 정도로 요람에서 무덤까지 유학의 본분을 다하는 것이 삶의 이유였고 목적이었다고 해도 과언이 아니다. 이러다 보니 조선 후기에 서인 신분에까지 가례(家禮)가 깊숙이 파급되고 실천되면서 무관자인 일반 서민들도 죽으면 위패에 '학생부군신위(學生府君神位)'라고 쓰는 관습으로 확대되었다(한국민족문화대백과사전). 아버지도 한국인의 보편적인 정신문화로 자리 잡은 묘비명의 관습, 즉 '학생'으로 표기해야 했을 것이다.

이렇듯 묘비명에 사용된 학생이란 유래를 통해 조선 시대의 유생들은 유학을 공부하여 관직에 올라 품계를 받는 것을 일생의 목표로 삼고 있었음을 알 수 있다. 또한 엄격한 신분 계급 사회에서는 묘비에도 상하서열(上下序列)을 매겼다. 한번 금수저이면 영원히 금수저로 살았고, 흙수저로 태어나면 죽어서도 흙수저였다. 숨이 막힐 것 같은 사회 질서 체제였다. 사람으로 태어나면 누구나 예외 없이 죽는 것이 우주의 질서요 자연의 이치인데 죽어서까지 서열을 나누는 상석의 묘비명이 달갑지만은 않다. 저자는 묘비명의 '학생'이라는 말에 다른 의미를 부여하고 싶다.

유교를 국시로 하는 국가에서 망자의 묘비명에 적어 넣은 '학생'이라는 단어는 유교적 사고체계가 낳은 사회적 신분과 위계를 상징한다는 점에서는 폐쇄적 사회의 단면을 나타내고 있지만, 현대의 평생학습사회와 관련지어서는 꽤 의미 있는 단어로 수용할 만하다. 우리 조상들은 마지막 죽는 순간까지도 배우는 학생으로 자신을 규정했다. 당시 개인이 평생 배울 내용은 유교가 이상으로 추구하는 윤리 덕목이 될 것이다.

흥미로운 점은 관직에 오르고 품계도 받았지만, 유교적 사고에서 벗어난 선조들도 있었다. 우리 선조들은 생전에 자신의 삶을 자평하는 자찬묘지명(自撰墓誌銘)을 지었다. 다산(茶山) 정약용(丁若鏞, 1762~1836)의 '자찬묘지명'의 일부다. "너는 말하지, 나는 아노라. 사서와 육경을. 하지만 행한 바를 살펴보면 어찌 부끄럽지 않으랴. 너는 명예를 바라겠지만 찬양할 것 하나 없다." 다산은 유학의 요체에 해당하는 사서삼경(논어, 맹자, 대학, 중용, 시경, 서경, 역경)을 넘어 육경(시경, 서경, 예기, 악기, 역경, 춘추)까지 공부하여 해박한 지식을 가졌지만, 실천하는 지식인으로서는 부끄럽다는 자기 고백을 묘지명에 적었다. 자신의 삶을 반성과 성찰로 마무리하였다. 저자는 자찬묘지명 중에 박필주(1665~1748)의 묘지명을 좋아한다. "험흔과 상난, 질병과 슬픔, 누가 알아주랴. 오직 귀신이 있을 뿐. 이처럼 살다가 이처럼 죽어, 태허(太虛, '하늘'을 달리 이르는 말)로 돌아가니 무어 걸릴 것 있으랴." 소박하면서 자연의 섭리를 있는 그대로 받아들이려는 마음이 좋은 것이다.

현대사회를 '평생학습사회'라고 한다. 학습이 시대를 관통하는 핵심 키워드가 되었다. 급격한 변화의 소용돌이 속에 놓여 있는 현대사회에서 개인은 변화에 적응하는 데 필요한 지식과 기술을 배우지 않으면 잘 살 수 없다. 요람에서 무덤까지 배워야 한다. '배우고 때때로 이를 익히면 또한 기쁘지 아니한가'라는 마음으로 공부해야 한다. 어떤 이는 학교 공부도 지긋지긋하였는데 평생을 공부하란 말이냐고 우스갯말을 하지만 세상이 평생 배움을 요구하는데 어쩔 도리가 없는 것 같다. 평생학습사회에서 평생을 떼고 '학습사회'라고 해도 무방할 듯싶다. 평생학습사회의 든든한 사상적 배경이 되어준 독일의 철학자 임마누엘 칸트는 인간과 학습의 관계를 이렇게 규정했다. "인간은 교육의 산물이며, 교육이 필요한 유일한 동물이다." 곧 인간이 인간답게, 인간다움을 갖추기 위해서는 교육을 받아야 한다는 말이다. 그 교육은 반드시 학교교육 같은 형식교육일 필요는 없다. 밥상머리에서 이루어지는 무형식교육도 중요하다. 인간은 학습 동물이라는 말이 괜히 나온 것이 아니다.

'인간이 학습 동물이다'라는 명제를 확인하는 것은 어렵지 않다. 우리나라에는 수백 개에 달하는 문해 학교가 산재하고 있다. 지역의 문해 학교를 가보라. 학교에서 배움의 기회를 놓친 성인 학습자들이 주경야독(晝耕夜讀)으로 배움의 꿈을 좇고 있다. 그들의 사연을 들어보면 눈물을 흘리지 않을 수 없다. 전쟁으로 배움의 때를 놓친 사람, 가정 형편이 어려워 학교를 아예 다니지 못했거나 중도에 포기한 사람, 남존여비(男尊女卑) 사상의 영향 아래 여성이라는 이유로 부모가 가르치지 않았던 사람 등 다양한 이유로 배움의 기회를 누리지 못했던 늦깎이 학생들이 공부하고 있다. 학생 대다수가 여성이라는 점에서 전통사회에서 성차별이 얼마나 극심했는가를 짐작할 수 있다. 문해 학교에 다니는 할머니는 얼마나 학교에 다니고 싶었던지 방에 교복을 입고 가방을 든 인형을 세워놓았다고 한다. 학교에 다니는 꿈을 이룬 할머니는 지금도 서 있는 인형을 보며 포기하지 않고 배움의 길을 걷는 자신이 대견스럽고 그렇게 행복할 수가 없다고 말씀하신다.

유교적 철학과 신분 질서의 산물인 '학생'은 근현대를 거치면서 한국인 특유의 교육열로 승화된다(물론 조선 시대 학생이 배우는 지식과 현대 한국의 학생이 배우는 지식은 전혀 다른 차원이다). 그 교육열은 부존자원이나 인적자원이 턱없이 부족한 한국이 정치적으로 민주주의를 쟁취하고 경제적으로도 중견 국가로 도약하게 하는 원동력이 되었다. 병인양요(1866) 당시 강화도를 침략했던 프랑스 병사가 민가를 약탈하던 중에 안방 서가에 꽂혀있는 책들을 보고 감명을 받았다는 일화가 있다. 오늘날 한국이 세계가 부러워하는 나라가 된 데에는 전쟁, 기아, 일제강점기 등 수많은 내우외환(內憂外患)을 겪는 과정에서도 살아서나 죽어서나 오직 '학생'으로서의 본분을 잊지 않았기 때문이라고 생각한다. 저자도 자찬묘지명을 준비해야 할 것 같다. 자신의 봉분을 준비하면서 몇 날 며칠 밤잠을 설쳤을 아버지가 더 존경스럽고 더욱 그리워진다.

📖 심경호. (2022). 《내면기행》. 서울: 민음사.
H. 쥐베르. (2010). 《프랑스 군인 쥐베르가 기록한 병인양요》. 유소연 옮김. 파주: 살림.
최승희. (1989). "조선후기 '유학(幼學)' · '학생(學生)'의 신분사적 의미". 〈국사관논총〉, 국사편찬위원회.
〈학생〉. 한국민족문화대백과사전.

우리는 누군가의 꽃받침이다

인류 역사는 꽃받침의 역사

'꽃받침'이란 꽃의 구성 요소 중에서 가장 바깥쪽에 꽃잎을 받치고 있는 보호 기관의 하나이다. 꽃받침이 없다면 꽃잎은 설 자리가 없을 것이고 꽃을 피우지 못할 것이다. 박노해는 시인에 대한 정의를 이렇게 말한다. "맨 처음 말하거나 최후에 말하는 사람이다." '꽃받침'에 대해 시인은 어떻게 말할까 궁금하다. 임성구 시인의 〈꽃받침〉을 감상해 보자.

> 오로지 그댈 위해 이 한 몸 바치리다
> 온몸이 짓물러도 달 보는 마음으로
> 그대를 환하게 피우리다
> 어여쁜 나의,
> 금(錦)이여!

꽃받침은 꽃피울 대상을 위해 하나뿐인 자신의 목숨을 바치는 존재다. 꽃받침은 온몸이 짓물러도 목숨을 던질 준비가 되어 있다. 그 대상이 사람이든 조국이든 아니면 이루고자 하는 꿈이 되었든 말이다. 꽃받침을 사람에게 비유하면 어떤 존재일까? 부모야말로 꽃받침의 전형적인 사례가 될 것이다. 자식들은 그 꽃받침을 딛고 꽃을 피운다. 부모라는 꽃받침을 딛고 핀 꽃, 즉 사람꽃(人花)이 가장 예쁘다고 하던가. "꽃이 곱다 해도 사람꽃만 하랴"는 말이 괜히 생기지 않았을 것이다.

갓난아기의 눈에 눈을 맞추며 그의 티 없이 맑고 환한 웃음을 보라. 갓난아기의 얼굴은 꽃 자체다. 놀라운 사실은 그 사람꽃에게 특유의 향긋한 향기가 난다는 것이다. 저자도 갓난아기의 정수리 부분에서 나는 향기를 자주 맡았던 경험이 있다. 그 향기는 부모와 자식 간의 탄탄한 연결고리라는 느낌과 함께 특별한 유대감을 느끼게 해준다. 일본 과학자들은 갓난아기 머리 냄새에서 31종의 구성성분을 밝혀냈는데, 15종은 어머니의 양수(羊水, 태아를 보호하며 출산할 때는 흘러나와 분만을 쉽게 한다) 향을 구성하는 물질이고, 나머지 16종은 아기 고유의 냄새로 추정된다는 연구결과를 밝혀냈다. 연구팀은 "막 태어난 아기는 냄새를 통해 자신을 지켜달라는 신호를 보호자에게 보낼 가능성이 있다"라고 말했다. 성서 속에서 한 아기를 두고 다툰 두 엄마에 대한 솔로몬의 판결도 갓난아기의 냄새를 본능적으로 알고 있는 친모 앞에서는 민망스럽다 할 것이다. 갓난아기에서 발산되는 냄새 신호는 개미가 발산하는 페르몬처럼 모성애와 부성애를 자극하는 강력한 향이다. 부모가 갓난아기를 보호하는 꽃받침이라는 것을 증명하고도 남는다.

공중에 꽃받침이 있다면, 땅에는 밀알이 있다. 밀알은 희생과 사랑을 이야기할 때 등장하는 대표적인 아이콘이 아니겠는가. 밀의 낟알을 뜻하는 밀알은 어떤 일에 작은 밑거름이 되는 것을 비유적으로 이르는 말이다. 밀알은 성경 요한복음에서 유래하면서 널리 쓰이게 됐다. "내가 진실로 진실로 너희에게 이르노니, 한 알의 밀이 땅에 떨어져 죽지 아니하면 한 알 그대로 있고, 죽으면 많은 열매를 맺느니라(I tell you the truth, unless a kernel of wheat falls to the ground and dies, it remains only a single seed. But if it dies, it produces many seeds)." 밀알은 세상에 생명을 주는 씨앗이다. 밀알은 땅속에서 썩어 본래 생명은 사라지지만 새로운 생명을 탄생시킨다. 자신을 희생하여 풍성한 열매에 이른다.

꽃받침과 밀알은 그 결이 다르지만 모두 희생과 사랑을 비유한다. 공중의 꽃받침이 생명의 보호라는 측면이 강하다면, 땅속의 밀알은 또 다른 생명의 탄생을 위한 희생이라고 할 것이다.

다시 시(詩)로 돌아가자. 시는 인간의 내면에 잠재된 사유(思維)라는 두꺼운 얼음을 깬다. 시의 엄청난 파괴력이요, 위대성이다. 그 얼음 파편이 시어(詩語)라고 하면 파편을 모아놓은 것은 한 편의 시에 해당한다. 임성구 시인의 〈꽃받침〉만 해도 그렇다. 꽃을 자세히 들여다 보라. 꽃은 꽃받침에 의지하고 있다. 꽃받침은 각양각색의 모양으로 꽃이 자리잡을 수 있는 공간을 만들고 있다. 꽃받침이 없는 꽃은 없고 그런 꽃은 존재할 수도 없다. 시인은 꽃받침을 희생과 헌신의 아이콘으로 재탄생시켰다.

우리 모두는 누군가의 꽃받침이다. 그 누군가는 또 우리의 꽃받침이 될 수 있다. 단지 그 대상을 누구라고 특정 짓지 않을 뿐이다. 꽃받침이 될 대상이 있다는 것만큼 다행스러운 일은 없을 것이다. 인류 역사, 아니 우주의 역사는 그 꽃받침의 헌신과 희생이 있기에 미래를 담보할 수 있는 것이다. 꽃받침은 눈에 보이는 가시적인 존재에 국한되지 않는다. 정신적, 사상적, 신앙적 꽃받침도 얼마든지 존재한다. 예수는 기독교인의 꽃받침이고 부처는 불교인의 꽃받침이라고 말할 수 있을 것이다. 꽃받침이야말로 가장 확실한 사람다움의 예시다. 꽃받침의 대상이 된 누군가는 그 꽃받침의 희생과 사랑을 잊지 말자. 저자도 욕심을 부려본다. 저자에게 꽃받침이 되어준 누군가들처럼 저자도 단수가 아니라 복수에게 꽃받침이 되길…….

임성구. (2024). 《고함쳐서 당신으로 태어나리》. 서울: 천년의 시작.

최소라. (2019). 《YTN》. 〈[과학본색] ① 보호 욕구 자극하는 '아기 냄새'의 비밀〉. 9월 18일.

회화나무와 쉬나무 이야기

사회 지도층의 존재감, 배움과 익힘

공부하는 학자로서 좋아하는 어록이 있다. "배우고 때때로 익히면 이 또한 기쁘지 않겠는가?" 공자가 남기신 말씀이다. 공자가 이 말씀을 얼마나 중하게 여기셨는지 공자 사후 그의 제자들이 집필한 《논어》의 제일 앞장에 실렸을 정도다. 이 말씀은 배움의 이유를 압축적으로 묘사하고 있다. 공자는 배움(學)과 익힘(習)을 동시에 일어나는 작용으로 보기보다는 배움 다음에 익힘을 위한 노력이 필요하다는 점을 강조한다. 배움은 교사와 학습자 간의 상호작용으로 일어나지만, 익힘이란 학습자가 주체가 되어 자기 주도적인 반복학습을 해야 한다는 말일 것이다. 공자의 이 말씀을 공자 사상의 핵심인 인(仁), 즉 사람다움의 실현을 위해 노력하는 자의 마음과 자세, 그리고 보람과 희열로 해석하는 학자도 있다. 사람다움을 위한 원리를 깨우치고 설파해 온 공자는 70여 년의 삶을 사는 동안 배우고 익히는 노력을 게을리하지 않았던 평생학습의 모범생이라고 할 것이다.

공자 이야기를 꺼내는 것은 옛사람들은 요람에서 무덤까지 배우고 실천하기 위한 노력을 쉬지 않고 지속했다는 점을 부각하기 위해서다. 우리나라와 중국 역사 드라마를 보게 되면 사회 지도층이었던 선비(사대부 혹은 양반이라는 표현과도 일치됨)는 집에 혼자 있을 때 책 읽는 모습을 볼 수 있다(조선에서는 문관 관료로서 4품 이상을 대부(大夫), 5품 이하를 사(士)라고 하였다. 사대부는 대부와 사를 합친 말하지만, 때로는 문관 관료뿐 아니라 문무 양반관료 전체를 포괄하는 명칭으로 사대부라는 표현을 사용했다). 선비는 책 읽는 것을 일생의 업으로 삼았다. 과거(科擧)라고 하는 국가 공무원 채용시험을 준비하기 위해 책을 읽는 경우도 있지만, 대부분은 생을 다할 때까지 책을 읽고 또 읽는 것이 선비의 일이었다. 독서가 평생 직업이었다. 조선의 르네상스 시대를 열었던 세종대왕은 유능한 인재들을 선발하여 사가독서(賜暇讀書), 즉 오늘날 대학의 연구년제에 해당하는 제도를 시행하여 독서에 전념할 수 있도록 했다.

선비라고 해서 매일 앉아 책을 읽는다는 것은 결코 쉬운 일이 아니었을 것이다. 공부 안 하고 놀고먹는 사람은 선비 축에 끼지 못했다. 선비의 기본 조건은 공부였다. 그 공부는 오늘날의 지식공부와는 결이 다르다. 성현의 말씀을 좇는 인격 수양 공부였다. 묘비명에도 '현고학생(學生)부군신위'라고 적었다.

선비는 책을 읽으며 자신의 인격을 갈고 닦는 중 국가의 부름을 받아 공복으로 일하는 것을 최고의 명예로 알았다. "때를 만나지 못하면 숨어 살고, 때를 만나면 세상에 나와 벼슬하는 것이 선비의 떳떳한 일이다"라는 을파소(乙巴素, 고구려 고국천왕 때 명재상)의 말을 떠올리게 된다. 농사를 짓다 천거되어 국가를 위해 명재상으로 이름을 날렸던 을파소야말로 전형적인 선비상이 아닐 수 없다. 선비는 수기치인(修己治人),

즉 스스로를 수양하고 다른 사람을 다스리는 일을 최고의 덕목으로 삼았다.

자연 현상을 면밀히 관찰하고 그 특성을 인간 세계에 적용하는 데 탁월한 지혜를 발휘했던 옛사람들은 나무 중에서 '학자수(學者樹)', 즉 학자 나무를 지정했다. 학자수는 공부하는 사람이 가까이 심어 놓고 학습을 일깨우는 상서로운 나무다. 영어로는 차이니스 스칼러 트리(Chinese Scholar Tree)다. 그 주인공이 되는 나무는 회화나무다. 우리나라에서는 회화나무로 부르지만, 한자어로 괴목(槐木)이라고 한다. 이 '괴'의 중국 발음이 '홰(huái)'로 들려 회화나무 혹은 홰나무가 되었다고 한다. 괴목은 느티나무를 의미하는데 괴산군(槐山郡)의 군목이 느티나무로 지정된 것은 자연스러운 일이다.

이왕 느티나무 이야기가 나왔으니 저자가 알고 있는 한 가지 설화를 짚고 넘어가고 싶다. 우리나라의 땅이름이나 지방, 지역의 이름을 나타내는 지명(地名)은 그 지역을 끼고 있는 강, 하천, 산의 지형 그리고 역사적 위인이나 사건을 따라 짓는 것이 대부분이다. 그러나 동물 개(犬)와 느티나무를 결합한 지명이 있다. 전라북도 임실군 오수(獒樹)면이다. '큰 개 오(獒)'자와 '나무 수(樹)'자를 합한 것에서 유래하였다. 고려 시대 최자(崔滋, 1188~1260)의 《보한집(補閑集)》에 나오는 이야기다. "어느 날 김개인이란 선비가 낮술에 취해 잔디밭에서 잠이 들었다. 그때 잔디밭에 들불이 번졌다. 선비를 따라 왔던 개는 주인이 위험에 처하자 가까운 개울에 뛰어들어 적신 몸을 잔디에 뒹굴기를 수없이 반복했다. 고군분투 끝에 불길을 막아 주인을 구했지만 그 개는 기진맥진하여 죽었다. 선비는 개를 정성껏 묻어주고 지팡이를 꽂아두었다. 이듬해 봄 개의 무덤에서 느티나무가 자랐다. 사람들은 느티나무를 개의 화신(化身)으로 생각하고, 이 느티나무를 개나무란 뜻으로 오수(獒樹)라고 부르고 마을 이름도 바꾸었다고 한다." 우리나라에는 느티나무와 관련된 설화나 전설이 많다. 그만큼 느티나무는 우리 민족의 삶과 함께해 온 역사 속의 나무라는 의미로 풀이된다(박상진, 2018). 전라북도는 오수면 원동산에 의견비(義犬碑)를 건립하고 민속국가유산 제1호로 지정했다. 임실군은 개나무 마을, 오수면을 반려동물 산업 메카로 조성하고 있다. 전통사회의 설화가 현대의 문화관광산업 콘텐츠로 진화하고 있다.

그렇다면 회화나무가 상서로운 학자수가 된 이유는 무엇일까? 자유분방하게 뻗은 회화나뭇가지의 형상이 '학자의 호연지기(浩然之氣)를 상징한다'라고 생각했기 때문이다. 어디 회화나무 가지만이 멋대로 가지를 뻗겠는가만은 옛사람들은 회화나무에 그 영예를 안겨 주었다. 나무의 가지 뻗음의 모양을 보고 학자다운 기개 운운하는 것이 재미있는 발상이다. 반대로 회화나무 가지의 자유분방함에 다른 의미를 부여하기도 한다. 멋대로 뻗은 가지 모양을 곡학아세(曲學阿世), 즉 자신의 신념과 가치관을 바꿔 세상과 타협하고 권력에 아첨 혹은 굴복하는 행위로 보았다. 나무 가지의 모양을 놓고 이런저런 주장을 할 수 있는 선비들의 높은 사유 세계는 혀를 내두를 지경이다. 회화나무를 놓고 부여된 다른 의미, 즉 호연지기와 곡학아세는 공부하는 사람이 어떻게 처세하며 삶의 지침을 어디에 두어야 하는지에 대한 교훈을 던져준다.

회화나무에 대한 긍정적 의미와 부정적 의미가 교차하지만, 회화나무는 중화사상이 팽배했던 조선의 사대부들이 정원수로 가장 선호했던 나무였다고 한다. 주류 계층에 의해 한 번 각인돼 버린 의미는 세월의 흐름에 따라 더 강하게 뿌리내리기 마련이다. 회화나무의 의미는 공부하는 선비들이 선호하는 나무를 넘어 벽사(辟邪), 즉 집안에 귀신이 범접하지 못하게 하는 나무로까지 확장된다. 회화나무를 집 문 앞에 심으면 집안에 좋은 기운이 모여 가문이 번창하고 큰 학자나 인물이 나오며 잡귀신이 감히 오지 못하게 하는 길상목(吉祥木)으로 대우받았다. 회화나무가 얼마나 높은 위상을 차지했는가를 알 수 있는 것은 궁궐 건축 시 왕이 영의정, 좌의정, 우의정을 만나는 자리에 회화나무를 심었을 정도다.

'인생의 덧없고 헛된 꿈'을 뜻하는 남가일몽(南柯一夢)이라는 고사도 회화나무에서 유래했다. 당나라 이공좌(李公佐)의 전기소설(傳奇小說) 남가태수전(南柯太守傳)에 나오는 이야기다. 순우분(淳于棼)이라는 선비가 집에 있는 아름드리 회화나무 고목 아래에서 친구들과 술을 마신 뒤 깜빡 잠이 들었다. 꿈에서 괴안국(槐安國) 왕의 사위가 되고, 남가군(南柯郡)이라는 지역의 태수를 지내며 20여 년간 선정을 베풀면서 행복한 시간을 보냈다. 다섯 아들 모두 높은 벼슬에 오르고 딸은 왕가에 시집보냈다. 태수를 그만두고 고향으로 돌아와 눈을 떠보니 그가 누린 온갖 호강들은 회화나무 아래에 있는 개미나라에서 벌어진 꿈속의 일이었다. 인생여백구과극(人生如白駒過隙), 즉 '인생은 문틈사이로 백마가 지나가는 것과 같다'라고 할 것이다.

선비가 낮에만 책을 읽는 것은 아니다. 그들은 밤에도 독서에 정진해야 한다. 밤을 밝히기 위해서는 기름이 필요했고, 석유가 나오기 전 그 기름은 동식물에서 얻었다. 저자 역시 지금처럼 전기가 들어오지 않았던 시절, 등잔에 불을 켜놓고 있으면 심지에 그을음이 생겨 방 안의 공기가 매캐했던 기억이 난다. 그 옛날 매캐한 공기는 더 심했을 것이다. 오래 전의 전통사회에서 대표적인 유지(油脂) 식물로는 유채, 해바라기, 아주까리, 들깨였다. 목화씨에서 얻는 면실유도 기름으로 사용하였다. 나무로는 소나무, 동백나무, 쉬나무가 대표적인 유지 식물이었다. 소나무 옹이 부분의 관솔과 동백기름은 널리 알려졌지만, 저자는 쉬나무 열매에서 얻는 기름에 대해서는 금시초문이다. 알고 보니 쉬나무는 가장 효율이 좋은 기름 나무로 불이 맑고 밝으며 무엇보다 그을음이 적다고 한다. 밤을 밝혀 책과 씨름해야 하는 선비들에게 쉬나무는 최고의 기름 공급원이었던 셈이다. 눈여겨볼 점은 쉬나무도 회화나무와 마찬가지로 집안의 재앙을 막는 벽사의 상징성을 가지고 있다는 점이다.

옛사람들은 집안에 들이는 것, 그것이 동물이든 식물이든 간에 최우선의 기준은 집안에서 재앙의 기운을 물리쳐야 하고, 그다음으로 생활에 효용성이 있어야 한다. 회화나무와 쉬나무는 그 기준에 맞는 나무였다. 잡귀신을 범접하지 못하게 하는 공통점을 가지고 있다. 회화나무와 쉬나무는 일생 책 읽는 것이 주업이었던 선비들의 공부에 대한 일념을 집 안팎에서 지켜보았던 나무들이다. 지금도 궁궐, 서원, 사대부의 고택(古宅)에 가면 회화나무가 보호수나 천연기념물로 지정되어 수백 년 수령의 위용을 자랑하고 있다. 마을 근처나 뒷산에서는 기름 공급원으로서 쉬나무를 쉽게 만날 수 있다.

우리 사회에서 많이 배운 사람들이 사회에 부정적 영향을 끼치는 것을 볼 수 있다. 더 나아가서는 알량한 권력에 빌붙어 사슴을 말이라고 하고 거짓과 위선으로 사리사욕에 눈이 먼 모습을 보게 된다. 회화나무 가지의 자유분방한 호연지기를 왜곡, 변질시켜 세상을 자기중심으로 재단하고 공동선을 외면하는 것은 아닌지 우려된다. 세기말적 현상을 보이는 오늘날, 나무에 상징적인 의미를 부여하면서까지 선비다운 삶을 올곧이 지켜내겠다는 그들의 지조와 신념이 깊이 와닿는 것은 저자만이 아닐 것이다. 선비들은 이사를 가면서 학자수 회화나무와 등불을 밝히기 위한 쉬나무의 종자는 반드시 챙겨갔다고 한다. 현대인들이 이사가면서 반드시 챙기는 물건은 무엇일까 싶다. 배우고 때때로 익히는 것은 언제나 기쁜 일이다. 그 기쁨은 인간만이 누리는 삶의 특권이다. 공부가 힘들고 고달파도 희열과 기쁨에 비교할 수 없을 것이다. 하늘을 스쳐가는 솔개의 날갯짓도 고맙다는 이 무더운 여름, 회화나무와 쉬나무에서 울어대는 매미 소리가 마치 옛 선비들이 몰려오는 졸음을 이겨내기 위해 소리 내어 책을 읽는 소리로 들린다.

📖 박상진. (2018). 《문화와 역사로 만나는 우리나무의 세계 2》. 파주: 김영사.

신동열. (2019). 《한국경제》. 〈[신동열의 고사성어 읽기] 남가일몽(南柯一夢)〉. 10월 7일.

이종민. (2021). 《매일신문》. 〈[이종민의 나무 오디세이] 회화나무 있는 집에 큰 인물 난다〉. 9월 17일.

〈임실군 홈페이지〉. https://www.imsil.go.kr

나의 바둑 이야기

인생의 가치 동반자

저자는 바둑에 특별한 의미를 부여한다. 바둑은 취미를 넘어 삶의 의미까지도 되새김질하게 하는 둘도 없는 벗이요, 소중한 가치 동반자이다. 저자는 우연히 바둑을 알게 되었다. 저자에게는 두 분의 숙부님이 계셨는데 두 분 모두 바둑을 좋아하셨다. 도시에 살던 숙부님들이 제삿날을 기리거나 명절을 지내기 위해 고향에 오시는 날이면 바둑으로 날을 샜다. 저자도 어깨너머로 바둑 놓는 것을 보고 그 원리를 알게 되었다. 막내 숙부님이 기력이 제일 셌는데 기원(棋院)에 출입하며 실력을 기르셨다고 한다.

중학교 시절이었을 것이다. 저자가 숙부님들과 바둑을 두고 싶다고 하면 숙부님들은 여러 점을 놓고 두는 접바둑이 내키지 않으셨는지 좀처럼 대적을 해주지 않으셨다. 현격한 실력 차이가 나 재미없었을 것이다. 대국자들의 심리는 자기보다 상수와 바둑을 두면서 수를 늘리길 바란다. 몇 번 간청을 드린 끝에 드디어 대국 허락을 받았을 때는 날 듯이 기뻤다. 지금도 기억이 뚜렷하다. 저자가 다섯 점을 놓고 막내 숙부님과 바둑을 두었다. 숙부님은 처음에는 여섯 점을 깔았으면 했지만, 저자가 우겨 다섯 점으로 결정됐다. 혈기 충천한 아마추어 기사가 산전수전 겪은 노련한 프로기사에게 겁 없이 도전하는 모습을 방불케 했다. 초·중반 형세는 접바둑의 효과가 나타나면서 형세가 저자에게 상당히 유리하게 전개되었다. 저자는 이번 판에서 이기면 치수(置數, 바둑에서 기력(棋力)의 정도에 따라 누가 먼저 둘 것인가를 정하는 기준. 호선(互先), 선상선(先相先), 정선(定先), 선을 겸하는 접바둑, 접바둑의 다섯 가지가 있다)를 네 점으로 내려달라고 할 생각에 내심 쾌재를 부르고 있었다.

바둑, 특히 접바둑에서 사달은 종반전에서 나타난다. 저자는 숙부님의 승부수에 말려 다 이긴 바둑을 지고 말았다. 다 잡은 고기를 놓친 셈이다. '잡은 고기를 놓치면 그 고기가 더 크게 보인다'라는 속담이 있는 것처럼 상대가 돌을 던져도 괜찮은 바둑을 놓쳤으니 억울하고 분하기까지 했다. 마치 마술을 부리듯 저자의 마음을 혼란스럽게 만들고 판을 흔들었다(상대의 마음을 어지럽히거나 혼란스럽게 만드는 것은 바둑 용어로 '흔들기'에 해당한다. 흔들기는 주로 자신의 바둑이 불리할 때 사용하는 고차원의 전략으로 바둑 실력이 뛰어나다는 증거다. 웬만한 실력으로는 판세를 전환하는 데 필요한 흔들기를 잘할 수 없다. 흔들기를 잘못하면 '제 도끼에 제 발을 찍는' 결과를 초래할 수 있다. 숙부님은 고수(高手)답게 흔들기로 종반 역전에 성공하였다). 그때 하수였던 저자는 숙부님의 흔들기를 신사적인 플레이로 보지 않았다.

저자는 바둑을 제대로 공부하고 싶었다. 바둑책을 살 형편은 아니었다. 형들과 동네 선배들의 바둑책을 빌려 봤다. 수학 공식이나 영어 문법을 알아야 기본기가 탄탄하고 응용력이 높아지듯이 바둑도 마찬가지였다. 바둑의 기본 정석을 익히기 위해 반복 학습을 했다. 바둑 정석을 어느 정도 익힌 다음 숙부님에게 다시 도전했다. 문제는 숙부님이 정석대로 두어주지 않았다. 정석을 정석대로 두지 않고 중간에 변칙을 구사했다. 정석이 태권도의 약속 대련이라면 정석에 변칙을 구사하는 것은 자유 대련으로 볼 수 있을 것이다. 정석은 정석대로 익혀야 하지만, 정석을 응용한 다양한 응용 정석도 익혀야 했다. 바둑이 처음으로 어렵게 느껴졌다. 바둑에 정나미가 떨어져 바둑 공부를 포기하고 싶기도 했다. 이제까지 바둑을 위해 투자한 시간이 아까웠다. 매몰 비용(sunk cost, 어떤 선택의 번복 여부와 무관하게 회수할 수 없는 비용을 가리키는 말. 처음의 선택을 바꾸게 되면 그에 상응하는 비용은 대체로 회수할 수 있는 기회비용과 대비되는 개념)이 아까워서라도 그만둘 수 없었다.

저자는 바둑 외에는 취미가 맞지 않았다. 70, 80년대 젊은이들에게 인기 있는 취미와 놀이는 당구였다. 당구를 치려면 당구장으로 가야 하고 비용 또한 부담이었다. 바둑은 바둑판만 있으면 캠퍼스의 의자나 잔디에서도 둘 수가 있었다. 자취방이나 하숙집에서도 둘 수가 있었다. 바둑 동아리에 가입하면 바둑 친구(棋友)도 사귈 수 있었다. 실력을 검증받을 목적으로 기원을 찾아 바둑을 두기도 했지만, 기료(棋料)를 내야 하고 무엇보다 담배 연기를 참을 수 없었다. 또한 기원에는 아마추어 강자가 상주하며 주로 내기바둑을 두었다. 무협지 주인공으로 비유하면 시내 기원에는 무림의 고수들이 즐비했다.

80년대 학번인 저자가 학교 다닐 때 시국은 어수선했다. 강의는 정상적으로 이루어지지 않았고 하루가 멀게 시위가 있었다. 도서관에 앉아 차분하게 책을 볼 수도 없는 환경이었다. 시위와 시험이 겹치면 눈치를 보며 시험을 쳤다. 강의에 빠진 학생을 결석 처리하는 교수는 어용교수로 몰리기도 했다. 캠퍼스는 최루탄으로 매운 냄새가 진동했다. 학생으로서 마음을 잡고 본분의 역할을 하기 어려웠다. 미래의 희망이 보이지 않은 우울한 날의 연속이었다.

마음이 심란할 때 바둑에 집중하게 되면 정신이 맑아지고 우울감도 사라졌다. 저자에게 바둑은 기예를 겨루는 차원을 넘어 둘도 없는 친구가 되었다. 바둑 동아리 '기우회(棋友會)'에 가입하여 동아리 활동도 했다. 동아리 회원 중에는 대학 패왕전에서 우승한 선배 등 고수들이 즐비했다. 동아리방에 비치된 바둑 정석, 응용, 기보 등을 빌려 공부하며 기초를 탄탄하게 쌓았다.

바둑의 이론을 공부하면 할수록 바둑의 오묘한 매력에 더 깊이 빠져들었다. 바둑의 맛을 느끼게 되었다. 저자는 내기바둑을 절대 하지 않았다. 한 점이라도 남겨 이기기 위해 피를 말리는 대결을 하고 싶지 않았다. 승부에 초연하여 친선 바둑을 두며 좋은 수를 찾는 데 주안점을 두었다. 바둑을 저자와 동행하는 친구로 가치를 부여하면서 바둑을 두는 것이 즐거웠다. 바둑을 두는 그 자체에 의미를 부여했고 좋은 수를 찾아내기 위해 반상을 응시했다. 나관중의 소설 《삼국지연의》에서는 어깨에 독화살을 맞은 명장 관우가 바둑 명인 마량과 바둑을 두는 사이 화타가 어깨뼈 수술을 진행했다. 관우는 화타가 뼈를 긁어 독을 제거하는 장면에서도 바둑에 열중한다. 허구를 허용하는 소설이지만 저자도 관우처럼 그런 상황이 닥치면 신체적 고통을 이겨내고 바둑에 몰입할 수 있을 것 같다. 승부에 초연하여 좋은 수를 찾아내기 위해 노력하자는 바둑 철학을 가슴에 품게 되면서 급수가 몇 단계는 올라간 듯했다.

깨달은 바가 있었다. 사업이든 바둑이든 일정 수준 이상의 단계에 진입하기 위해서는 그에 걸맞은 철학적 배경이 있어야 한다는 것이다.

저자가 얼마나 애기가(愛棋家)인가를 알게 하는 일화가 있다. 무더위가 기승을 부린 여름방학의 어느 날, 친한 기우와 함께 바둑판을 들고 산 정상으로 올라갔다. 큰 소나무를 그늘 삼아 바위에 앉아 바둑을 두었다. 산꼭대기에서 부는 바람은 시원했고 맑은 공기가 두뇌 활동을 촉진하였다. 신선이 부럽지 않았다. 일부 등산객들은 관전에 열을 올렸다. 산에서 두는 바둑은 지상에서 두는 바둑의 맛과 비교가 되지 않을 정도로 달랐다. 착점할 때의 손맛이 경쾌했고 수도 훨씬 잘 떠올랐다. 그림에서 신선들이 바둑 두는 모습이 부러웠는데 저자가 그림 속의 주인공이 되었다. '신선놀음에 도낏자루 썩는 줄 모른다'라는 속담이 틀리지 않았다.

당시 대학의 교수님들도 바둑을 즐겼다. 교수휴게실에서는 바둑돌 놓는 소리가 끊이지 않았다. 공강(空講) 시간에는 바둑을 좋아하는 교수님의 연구실에서 수담(手談, 서로 상대하여 말이 없이도 의사가 통한다는 뜻으로, 바둑 또는 바둑 두는 일을 이르는 말)을 나눴다. 친구들은 저자를 국수(國手)로 불렀다. 친구들이 바둑을 좋아하는 저자에게 불러준 애칭이었지만 싫지 않았다. '국수(國手)'는 바둑에서 주로 쓰는 말로 알려졌지만, 원래는 소리, 악기, 무예, 글씨, 그림 등 나라 안에서 최고의 경지에 오른 예술가나 일인자를 지칭하는 말이다. 지금처럼 바둑 채널이 없던 시절이었다. 주로 일요일 아침 이른 시간이나 늦은 밤 시간대에 바둑 강의를 하거나 대국을 중계했다. 텔레비전의 프로바둑 중계는 한 편의 드라마나 소설이었다. 당시 바둑 해설가 중 김수영 9단, 윤기현 9단, 양상국 9단 등은 구수한 목소리와 족집게와 같은 예측으로 인기를 한 몸에 받았다. 지금은 인공지능(AI)이 인간이 두는 바둑의 착점을 평가하고 이후 진행을 예측하는 시스템으로 진행되면서 해설가의 역할이 축소됐다. 프로들의 바둑은 모순(矛盾) 관계다. 한쪽은 날카로운 창으로 공격하고 다른 쪽은 어떤 창으로도 뚫지 못하는 방패와 같다. 바둑은 인간의 감정 변화를 반영한다. 반전을 거듭하면서 상대방이 잠시 방심하거나 판세를 낙관할 때 그 빈틈을 날카로운 창이 비집고 들어간다. 반상은 손에 땀이 날 정도로 긴장감이 흐르고 반집으로 승패가 갈리는 경우를 보게 된다(프로기사가 되지 않길 잘했다고 생각한다. 피를 말리는 승부의 세계에서는 견딜 수 없었을 것이다. 프로기사를 '승부사' 또는 '검투사'라고 부르는 이유다). 바둑에서 반집은 행운이고 한집 반은 실력이라고 했다. 반집 승리를 거둔 선수는 행운의 여신이 지켜준 것이다.

저자는 프로기사 중 서봉수 9단(1953년생)의 팬이다. 그의 승부에 대한 끈기와 집념을 좋아한다(승부사의 기질이 떨어지는 저자에게 대리 욕구를 만족시켜 주는 기사라서 더 좋아하는 것도 같다). 60, 70년대 우리나라 바둑계는 일본 유학파가 프로기전을 석권했던 시기였다. 조남철, 김인, 조훈현, 하찬석 등 우리나라 바둑 전성기를 열었던 프로기사들은 일본에서 바둑 공부를 한 유학파다. 그때 일본 바둑이 선진 바둑으로 주목을 받았지만, 오늘날에는 일본에서 우리나라로 유학을 오고 있다. 서 9단은 독학으로 공부하며 조훈현 9단의 독주에 맞섰던 당랑거철(螳螂拒轍)에 비유할 수 있었다. 당랑거철. 수레바퀴를 막아선 사마귀처럼 그때 수레바퀴처럼 도도했던 조 9단에게 맞선 서 9단을 사마귀에 비유하면 그의 기력을 과소평가하지 않았나 싶지만 조 9단은 프로기전 전관왕을 세 번이나 차지할 정도로 그 위세는 대단했다. 서 9단은 지금도 한국기원에 매일 출근하여 손자뻘 되는 연구생이나 젊은 후배 기사들과 바둑 공부를 하며 잘 이해가 되지 않으면 후배들에게 묻는 것을 주저치 않는다. 불치하문(不恥下問), 즉 '아랫사람에게 묻는 것은 부끄러움이 아니다'라는 옛 성현의 말을 실천하고 있다. 자신을 내려놓고 열린 마음으로 바둑 공부에 정진하는 서 9단이야말로 평생학습자의 본보기다.

최근 서 9단은 한국 바둑 역사에서 신기원의 금자탑을 쌓았다. 2024년 5월 〈대주배 남녀 시니어 최강자전〉에서 역대 최고령 우승자가 되었다. 그는 우승 소감 인터뷰에서 이렇게 말했다. "역전되는 줄 알았는데 운 좋게 승리한 것 같다. 오랜만에 우승해 더 기쁘고, 앞으로 열심히 바둑을 두는 기사로 기억되고 싶다." 겸손하고 진솔한 서봉수 9단의 참모습은 인터뷰에서도 그대로 나타났다. 사실 프로바둑기사는 40세만 되어도 시니어 그룹에 진입할 정도다(대개 20대에 최고의 성적을 낸다). 70대의 우승은 예삿일이 아니다. 그의 우승은 우연의 결과가 아니다. 그가 공부의 끈을 놓지 않고 끊임없이 정진한 결과라는 점에서 더 값진 우승이고 노익장 기사들에게 자신감을 주고 있다. 저자는 서봉수 9단이 출전하는 대국은 바둑 채널에서 빼놓지 않고 보고 있다. 그의 멈추지 않는 지적 호기심과 프로기사로서 프로정신은 평생 학습자로서도 본보기가 되고 있다. 서봉수 9단의 바둑에 대한 정의를 음미해 보자. "바둑이란 무엇인가?"라고 묻자, 그는 이렇게 대답했다. "점을 이어가는 것이다." 산전수전 겪으며 한국 바둑계의 산증인이자 현직 선수로 활약하고 있는 서 9단다운 명쾌한 정의다. 반상에 놓인 한 점 한 점이 이어져 세력을 형성하고 집이 된다. 바둑돌 한 점은 사람의 나이 한 살에 해당하고 그 나이들이 이어져 각자의 인생이 되는 이치와 같다.

저자와 형들의 바둑 이야기도 해보자. 3형제의 기력은 중형이 가장 셌고 저자는 그다음이었다. 큰형의 바둑은 정석을 충분히 연마하지 않은 탓인지 기본기는 약하지만, 임기응변에는 강했다. 저자가 큰형 바둑을 평가할 때 쓰는 말이 있다. 허허실실(虛虛實實) 전법이다. 큰형은 상대방이 마음껏 바둑판을 활보하도록 하면서 상대의 실착을 파고들어 승리를 결정짓는 진격작전을 잘 구사해 저자를 당황스럽게 만든 경우가 많았다. 큰형 바둑을 하수 취급하며 몰아붙이다간 역습을 당하기 일쑤였다. 중형 바둑은 탄탄한 기본기에 형세 판단이 빠르고 실리를 밝히는 기풍이다. 저자와 중형과의 대국은 용호상박(龍虎相搏)의 호각세를 이루고 있다. 미세한 바둑으로 끝나는 대국이 많아 '눈 터지는 계가'를 해야 한다. 부모님이 살아 계실 때는 매년 고향에서 네다섯 번을 만나 바둑을 두었다. 3형제의 대국은 아침에 시작하여 봉수(封守, 저자는 '봉수'라는 말이 서봉수 9단의 이름과 발음이 같아 사용하기를 꺼려한다)를 하고 점심을 먹은 다음에 다시 진행되었다. 《일본기원》에서 주최하는 프로기전에서 1박 2일 동안 바둑이 진행되는 경우를 보았는데, 우리 형제는 바둑의 한 수 한 수마다 정성을 들이면서 진지한 대국자의 자세를 보여주었다. 대국이 끝나고 복기까지 하다 보면 해가 서산마루에 걸렸다. 형제의 바둑을 지켜보며 판세를 저울질하시던 아버지의 모습이 지금도 선하다. 형제들에게 공통의 취미가 있다는 것도 형제의 우애를 지속하는데 중요하다. 우리 형제는 바둑으로 우애를 돈독히 하고 있다. 요즘 70대의 큰형은 저자에게 2점을 놓고 둔다. 저자는 중형과 여전히 호각세를 유지하고 있다. 중형 집에서 텔레비전의 채널은 항상 바둑TV로 고정되어 있다. 프로기사가 최정상의 자리를 지키는 데는 특별한 노력이 필요한 법이다. 일본에서 활동하던 조치훈 9단이 인터뷰에서 집에 바둑의 흰 돌과 검정 돌을 상징하는 하얀색과 검은색 고양이를 기르며 그들이 싸우고 어울리는 모습을 보며 호수(好手, 바둑에서 좋은 수)를 생각한다고 말한 적 있다. 끈기와 집중은 아마추어 고수나 프로기사의 공통적인 덕목에 해당한다.

저자의 바둑은 농촌에서 진가를 발휘하고 있다. 저자가 새로 이주하여 사는 마을은 바둑을 좋아하는 애기가들이 기대 이상으로 많다. 아마추어 4급에서 7급 사이의 애기가가 열 명 정도 된다. 농촌 인구가 급감하고 고령 인구가 대다수인 농촌 마을에서 이 정도의 바둑 인구가 있다는 것은 흔치 않은 경우다. 고만고만한 바둑을 두던 마을에서 저자와 같은 기력의 소유자는 마치 평범한 고기가 살던 물에 나타난 메기에 비유할 수 있을 것이다. 그들은 저자에게 많게는 6점에서 3점까지 깔고 둔다. 저자는 바둑이 끝나면 복기를 해주면서 친절하게 피드백을 해준다. 올해 설 명절에는 〈노인회장배 바둑대회〉를 개최하여 이틀에 걸쳐 리그전을 펼쳤다. 같은 마을에 살면서 서로를 더 잘 알 기회가 되었고 자신의 기력을 되돌아보는 계기가 되었다고 만족했다. 저자는 공식적으로 마을 기우회를 결성하고 회장을 선출하고 총무 역할을 자청했다(바둑 실력으로는 저자가 가장 고수이지만 총무 역할을 하면서 기우회의 반석을 다지고 싶었다. 나이를 따졌을 때도 저자가 가장 연소자여서 총무로서 제격이었다). 마을과 인연을 맺고 두 번째 맞이한 설날에 바둑을 구심점으로 단합하고 화목한 시간을 보낸 것이 보람이 컸다. 나이와 세대를 초월한 바둑의 매력이 아닐 수 없다. 저자는 바둑으로 노년을 외롭지 않게 보낼 수 있는 사회적 자산을 마련했다.

2년 전 지인의 소개를 받아 30대 초반의 젊은 바둑 고수를 알게 되었다. 그는 예의가 바르고 단정한 국문학 전공자이자 시 쓰기를 즐기는 젊은이다(산을 좋아하는 이 젊은이와 등산을 마친 후 서로 시를 지어 발표하기도 했다). 그는 초등학교 때 기재(棋才, 바둑을 잘 두는 재능)를 드러내 바둑학원에서 정식으로 공부했던 고수다. 그의 아버지는 아들이 기재를 살려 바둑 공부를 계속하는 것보다 학교 공부를 하길 원하셨다고 한다. 그와 저자는 호선(互先) 바둑으로 잘 어울렸으며 그의 바둑은 기본기가 좋고 빈틈을 찾아보기 어려울 정도의 탄탄한 바둑을 두었다. 저자는 아들 같은 이 젊은 바둑 친구와 (승부를 떠나) 좋은 바둑을 두기 위해서라도 바둑 공부를 계속하고 실전 감각을 잃지 않도록 노력하고 있다. 최근 공기업에 취업한 그가 타지에서 근무하는 탓에 자주 대국할 수는 없지만, 나이와 세대를 초월한 그와의 바둑은 언제나 기다려지고 신명 나는 일이다. 우리는 바둑을 두고 난 후 승패를 떠나 복기(復棋)하면서 어떤 수가 최선이었는가를 놓고 서로의 의견을 교환한다. 이 젊은이에게 특별히 배울 점이 있다. 바둑을 두는 자세다. 대국자 중에는 국면이 자기에게 유리하게 돌아가면 딴 곳을 보거나 딴짓하며 여유를 부리는 경우가 있는데, 이 젊은이는 형세의 유불리와 상관없이 바둑판을 응시하며 대국에 임한다. 구도자의 자세로 흐트러지지 않는 모습을 유지한다. 이창호 9단이 전성기 시절 돌부처(石佛)라는 별명을 얻었는데 이 젊은이가 진지하게 대국에 몰입하는 자세는 입신(바둑에서 프로 9단을 뜻하며 '신의 경지에 이르렀다'라는 의미를 나타낸다)의 경지다.

나에게 바둑이란 무엇인가? 삼익십훈(三益十訓), 즉 세 가지의 유익함과 열 가지의 교훈으로 정리할 수 있을 것이다. 세 가지의 유익함이란 첫째, 나에게 바둑이란 무엇보다 좋은 친구요, 벗이다. 친한 벗을 만나면 마음이 편안하고 행복한 생각이 드는 것처럼, 마음이 심란하고 평정심을 찾지 못할 때 바둑을 두고 나면 마음이 차분하게 가라앉고 평정심을 되찾게 해주는 최고의 치유제가 된다.

둘째, 나에게 바둑이란 나이와 세대를 초월하여 인간관계를 맺는 데 중요한 역할을 하는 사회적 자산이다. 바둑으로 맺어진 인연은 순수하고 세속적인 욕구와는 거리가 멀다. 반상(盤上)에서 맺어진 인간관계는 나이와 세대를 초월한 기우(棋友)로 이어진다. 저자가 숙부님과 바둑을 둘 수 있었고, 대학 은사님과 바둑으로 인간관계를 이어갔고, 새로 이주한 마을 공동체에서 소속감과 유대감을 돈독히 할 수 있는 것은 바둑이 가진 개방성, 포용성의 힘 때문일 것이다.

셋째, 나에게 바둑이란 인생의 의미를 되짚어 보게 하는 둘도 없는 기록이면서 흔적이다. 흔히 바둑을 인생의 축소판이라고 한다. 인생에 생로병사(生老病死)가 있고 희로애락(喜怒哀樂)이 있는 것처럼 바둑에도 반상에 놓인 바둑돌 하나하나에 생명이 있다. 바둑 한 수를 착점(着點)하는 것은 인생의 발걸음을 한 걸음 앞으로 내딛는 것이다. 그 생명의 돌들이 고통을 극복하며 살아나기도 하고 고통 속에 죽기도 한다. 수천 번의 바둑을 두고 승부를 가렸지만 쉽게 이긴 바둑은 거의 없다. 한판의 승부에는 수많은 장애물을 건너뛰어야 하고 평정심을 유지하며 자신과의 심리적 싸움에서도 이겨내야 한다.

바둑에서 생각해 볼 수 있는 열 가지의 교훈이란 무엇인가? 첫째, 바둑에서 '두 집을 내지 않으면 죽는다'라는 불변의 규칙을 잊지 말아야 한다. 바둑돌이 살려면 '두 집'을 만들어야 하듯 사람 역시 사람답게 살려면 '두 집'을 만들어야 한다. 한 집은 '건강한 정신'이고 다른 한 집은 '건강한 신체'다. 건강한 정신에 건강한 신체다.

둘째, 바둑의 승패는 평정심의 유지에 달려있다. 대국하다 보면 상대방의 집이 유별나게 커 보일 때가 있다. '상대방의 집이 커 보이면 진다'라는 바둑 격언이 있을 정도다. 바둑도 인간의 심리적, 정서적 변수가 많이 작용한다. 대국자 중 평정심이 먼저 흔들리는 쪽이 무리수 혹은 악수를 둘 가능성이 크다. 실제로 저자는 몇 해 전 경기도 양주에서 열린 〈김삿갓배 전국바둑대회〉 토너먼트 경기에 출전하여 첫판에서 패배하여 탈락했다. 저자는 초반에 바둑이 잘 풀린 탓에 평정심을 잃고 욕심을 부려 역전패하고 말았다. 전국대회에 처음 출전한 저자를 응원하러 온 지인들이 행사장에 도착하기도 전에 탈락하고 말았으니 자칭 고수의 체면이 여지없이 깎이고 말았다. 바둑 고수가 바둑판에서 평정심을 잃지 않듯이 일상에서도 평정심이 흔들리지 않게 중심을 잘 잡는 사람이 인생 고수가 아니겠는가.

셋째, 사석(死石, 바둑에서 상대편에게 죽은 돌)작전이 필요할 때도 있다. 바둑판에 놓인 모든 돌을 살릴 수는 없다. 상황에 따라서는 버릴 줄도 알아야 한다. 돌을 버리는 것은 자신의 살점을 자르는 듯한 고통을 동반하지만, 대의를 위해서는 버려야 할 때가 있다. 인생 역시 바둑의 사석처럼 필요하면 버리고 내려놓을 줄 알아야 한다.

넷째, 자충수(自充手, 바둑에서 자기가 놓은 돌로 자기의 수를 줄이는 일. 이는 쓸데없는 짓을 하여 손해를 보는 것을 의미)를 경계해야 한다. 바둑을 둘 때 대세를 그르치는 몇 가지 중 하나가 자충수를 두는 것이다. 특히 대마의 생사를 놓고 치열한 수 싸움을 할 때 자기 수를 줄이는 자충을 두는 것은 패배를 선언하는 것이나 마찬가지다. 누구나 살아가면서 한 번쯤은 자충의 유혹에 빠질 때가 있다. 당장 눈앞의 이익을 좇는 의사결정이 자충수가 되어 낭패를 볼 때도 있다. 바둑도 그렇지만 인생에서도 자충수만 두지 않아도 살 만하다.

다섯째, 바둑은 '던지는 것부터 배워라'는 말을 귀담아들어야 한다. 바둑의 판세가 회복 불가능할 정도로 불리하면 종국(終局)까지 갈 필요는 없을 것이다. 중간에 항복 선언을 하는 것이 예의다. 프로기사들은 1.5집, 즉 한 집 반 차이가 났을 때 불계(不計)를 선언하는 때도 있다. 반집은 행운이고 한 집 반은 실력이라는 말이 괜히 나오지 않았다. 아마추어 바둑에서 수십 집 차이가 나더라도 끝까지 바둑을 두는 대국자가 있다. 최선을 다하는 자세는 높이 평가하지만, 간혹 불필요하거나 전혀 수가 나지 않는 곳에서 상대방을 시험하려는 듯한 모습은 아름답지 못하다. 우리네 인생은 경쟁을 동반한다. 선의의 경쟁을 하지만 대세가 기울면 깨끗하게 승복할 필요가 있다.

여섯째, 바둑판은 넓고 둘 곳은 많다. 지금은 역사 속으로 사라진 대우그룹이 있었다. 대우그룹의 김우중 회장(1936~2019)은 《세계는 넓고 할 일은 많다》라는 책을 남겼다. 젊은이에게 세계를 멀리 넓게 보면서 도전하는 것을 주저하지 말 것을 당부했다. 바둑판도 이 세계와 마찬가지라는 생각이다. 바둑판은 크게 네 귀와 중앙으로 나누는데, 이를 오대양 육대주의 세계로 비유할 수 있다. 바둑을 두면서 멀리 넓게 생각하면 입체적인 사고가 가능해진다. 짧고 좁게 생각하면 수가 잘 보이지도 않고 사고의 폭도 좁아지고 무엇보다 바둑이 늘지 않는다. 우리 인생도 원대한 꿈을 가지고 멀리 넓게 생각하자. 호랑이를 그리다 고양이를 그린다는 말도 있지만, 고양이를 그리다가 쥐를 그리는 형세는 만들지 말아야 한다.

일곱째, 바둑은 순서가 중요하다. 누가 선수(先手, 상대편이 어떤 수를 쓰기 전에 먼저 중요한 자리에 두는 것)를 잡느냐가 대세를 결정짓는다. 선수는 곧 대세점이고 판세에 큰 영향을 미친다. 고수들은 선수를 잡기 위해 웬만큼 집을 양보하는 경우가 많다. 하수는 선수보다 집을 차지하는 경우가 많다. 우리의 삶에서 선수는 기회를 먼저 얻는 것에 비유할 수 있다. 기회를 먼저 얻는 사람은 다른 기득권을 내려놓을 줄 알아야 한다. 기득권을 지키면서 기회 포착도 제일 먼저 하려는 것은 욕심이 지나치다 할 것이다.

여덟째, 흉내 바둑을 둘 수는 있지만 아무 때나 두는 것은 아니다. 우리나라 바둑 역사에서 유명한 흉내 바둑이 있었다. 그것도 프로기전의 결정전에서 일어났다. 저자의 롤모델 서봉수 9단이 1980년 왕위전 도전기 7번기에서 조훈현을 상대로 흉내 바둑을 두었다. 흉내 바둑에 대한 서봉수의 이야기를 들어보자. "판을 좁히자는 뜻이었다. 조훈현은 감각이 탁월하고 발이 빠르다. 그래서 조훈현과 겨룰 때는 언제나 포석에서 밀렸다. 중반 전투나 부분 수읽기나 끝내기 계산이라면 나도 최소한 대등하게 버틸 수 있었다. 흉내 바둑의 핵심은 초반을 엇비슷하게 짜놓자는 것이었다. 상대가 감각을 휘두를 여지를 되도록이면 줄이고 빠른 걸음을 묶어두자는 것이었다. 간단히 말해 초반 포석을 똑같이 해놓고 곧바로 중반부터 시작하자는 뜻이었다." 서봉수는 흉내 바둑의 철학과 전략을 가지고 있었다. 서봉수는 초반 포석의 약점을 흉내 바둑으로 보완하고자 했다. 서봉수는 이 전략으로 무적(無敵) 조훈현을 꺾고 우승을 차지했다. 저자도 흉내 바둑을 둬봤지만 언제 어디에서 흉내를 멈추고 자기 바둑을 둬야 할지 혼란스러웠다. 아무나 흉내 바둑을 둘 수 없다. 흉내 바둑을 우리의 삶에도 적용할 수 있다. 사람의 지문(指紋)은 다 다르다고 한다. 지문이 다르듯 자기만의 삶을 살아야 한다. 남의 삶을 흉내내는 것은 자신의 삶이 아니다. 아마추어기사이건 프로기사이건 바둑을 즐기는 궁극적인 목표가 바둑 수를 늘리는 것이라고 한다면, 실전에서 흉내 바둑보다는 자기 수를 치열하게 고민하는 것이 바람직할 것이다. 바둑 수가 느는 만큼 삶에 대한 깊이와 지혜 또한 더불어 늘 것으로 생각하기 때문이다.

아홉째, '손 따라 두면 진다'라는 바둑 격언이 있듯이 상대의 주문대로 따라 두다 보면 이길 수가 없다. 이 교훈은 언뜻 '흉내 바둑을 두지 말라'와 유사한 말로 들리지만 전혀 다르다. 흉내 바둑은 상대의 바둑을 그대로 흉내 내어 두는 것이지만, 손 따라 두는 것은 상대의 요구에 순응하며 끌려다니며 두는 바둑이다. 손 따라 두는 바둑은 대개 기력 차이가 크게 나는 바둑에서 왕왕 볼 수 있는데, 바둑을 배우는 입장에서는 가장 지양해야 할 교훈이다. 바둑 수를 늘리기 위해서는 지더라도 자신이 생각한 수를 두면서 끊임없는 시행착오를 통해 최상의 수를 찾아내는 학습을 해야 한다. 바둑에서 하수는 배우는 사람이고 얼마든지 실수를 연발해도 되는 사람이다. 실수와 착각을 통해 바둑 수가 늘고 자기만의 바둑을 만들 수 있다. 우리 삶에서도 주체 의식과 자기만의 색깔을 나타내는 삶의 방식을 고집할 필요가 있지 않는가.

열째, 당나라 현종 대에 시인이자 바둑 고수로 유명한 왕적신(王積薪)

의 위기십결(圍碁十訣)에서 한 가지를 인용하고자 한다. 왕적신은 외출할 때 바둑돌과 천으로 만든 바둑판을 들고 다니면서 바둑을 둘 줄 아는 사람이라면 신분과 연령에 구애받지 않고 누구와도 오로(烏鷺, 까마귀와 해오라기를 뜻하지만 흑과 백을 비유적으로 이르는 말로 바둑을 뜻한다. 인터넷 바둑사이트 '사이버오로'는 곧 '사이버바둑'을 의미한다)를 즐겼다. 위기십결은 바둑을 두는 사람이 간직해야 할 십계명이다. 저자는 이 중 세 번째 공피고아(攻彼顧我), 즉 '상대를 공격하려면 먼저 나를 돌아보라'는 계명을 강조하고 싶다. 바둑에서 상대방을 맹렬하게 공격하면서 신나게 몰아붙였는데, 별다른 소득을 얻지 못한 채 역으로 자신의 대마가 죽거나 살기 위해 바둥거리는 경우를 보게 된다. 닭 쫓던 개가 지붕 쳐다보는 모양새다. 전쟁에서도 공격하는 측이 병력, 무기, 병참, 날씨 등 다양한 환경을 검토, 확인해야 하는 것처럼, 바둑 역시 상대를 공격하기 위해서는 자신의 환경을 꼼꼼히 파악해야 한다. 내실을 갖추지 못한 공격은 손바람을 내지만 허세로 판명될 위험이 있다. 지피지기(知彼知己)의 순서는 자신을 먼저 파악하는 것에서 시작해야 한다.

저자가 생각하는 바둑의 세 가지 유익함과 열 가지 교훈은 반세기 이상 바둑을 두면서 얻은 인문학적 결론이다. 저자가 자녀들에게 유언으로 남긴 말이 있다. "내가 죽으면 관 속에 바둑판과 바둑돌을 넣어달라." 천국에서 기우들과 바둑을 두며 유유자적(悠悠自適)하면 얼마나 멋지겠는가…….

📖 김성동. (2018). 《국수(國手)》. 서울: 솔.

양재호. (2012). 《매일경제》. 〈[GS칼텍스배 프로기전] 흉내바둑의 핵심〉. 7월 12일.

차준철. (2022). 《경향신문》. 〈"나는 하수다 … 후배든 중학생이든 누구에게도 배울 수 있다"〉. 10월 11일.

제2부

배려(配慮)

'그냥'
상대에 대한 최고의 배려

사람이 한 일에 대해 대가를 기대하는 것은 자연스러운 이치이다. 보상의 의미인 대가의 단위가 돈이 됐든 승진이 됐든 간에 사람은 그 대가에 따라 자신의 존재감이나 자존감을 확인하려고 한다. 그러나 아무런 대가도 바라지 않고 일할 때도 있다. 우리말에 '그냥'이라는 단어가 있다. '그냥'이란 '아무런 대가나 조건, 그리고 의미 따위가 없다'라는 뜻이다. 예를 들어, 아래에서 친구 간의 대화 내용을 살펴보자.

A: "왜, 그 일을 했어?"
B: "그냥"
A: "힘들었을 텐데 어떻게 사례를 해야 할까?"
B: "아니야. '그냥' 했어. 괜찮아."

친구 간의 대화에서처럼 '그냥'은 일을 한 사람이 아무런 대가나 조건을 바라지 않고 하고 싶어서 하는 일이다. 물론 '그냥'의 의미는 상황에 따라 그 뉘앙스가 다르다. '그냥 그렇다'라고 하면 '대수롭거나 특별하지 않고 평범하다'라는 의미를 나타낸다. '그냥 해본 소리'라고 말하면 '별 뜻이 없이 한 말'이 되거나, '자신의 말에 신경 쓰지 않아도 된다'라는 뜻이 된다. 언어의 다의성(多義性)이다.

'그냥'에서 '그'를 떼어 내면 조선 시대 화폐의 단위로 사용된 '냥'(兩, 화폐나 무게의 단위에서는 '냥'으로 발음한다)이 된다. 한 냥, 두 냥, 세 냥 ……. 신분 계급 사회에서 차별과 냉대를 받았던 무지렁이 백성들은 냥(兩)을 사용하여 수준 높은 해학을 만들었다. '개를 팔아 두 냥을 받았으니 양반(兩班)은 한 냥 반으로 개 한 마리 값만도 못하다.' 양반(兩班)을 양반(兩半), 즉 한 냥에 닷 돈을 더한 금액인 한 냥 반이라는 의미의 한자어로 고쳐 못난 양반을 놀림조로 표현했다.

저자가 '그냥'이라는 단어를 그냥 넘어가지 않고 이런저런 이야기를 하는 것은 이유가 있어서다. '그냥'은 쌍방이 교환하거나 거래하는 화폐 단위는 아니지만, 수백, 수천, 수만 냥보다 더 가치 있는 것이 '그냥'이 될 수 있기 때문이다. 사람 간에 사용하는 '그냥'이란 단어는 가장 진정성이 밴 상대에 대한 최고의 배려가 아닌가 싶다. 개인 간에 또는 가정에서나 직장에서 '그냥'이라는 말을 사용하는 상황이 많이 생기면 좋겠다. 한 냥, 두 냥 … 값으로 평가하는 이 세상에 '그냥'이라는 가치 중심의 말이 얼마나 소중한가. 카피라이터 정철(2022)은 '그냥'에 대한 가치 부여를 이렇게 한다. "사람이 만든 언어에는 한계가 있다. 사람의 그 복잡다단한 감정을 한두 마디 말로 표현하는 건 처음부터 불가능한 일인지도 모른다. 그래서 태어난 절묘한 말이 '그냥'이다." 그래도 상대를 배려한답시고 '그냥'이라는 말을 허투루 사용하지는 말자. 맥락에 맞지 않게 사용하면 자칫 실없는 사람이 될 수 있다.

📖 정 철. (2022). 《영감달력》. 서울: 백도씨.

'좌우지간(左右之間)'
갈등을 푸는 대안

우리말 중에 '좌우지간'이라는 말이 있다. '자우지간' 또는 '자오지간'이라는 사투리로도 사용된다. 저자도 대화 중에 자주 사용하는 단어다. 대략 이런 상황이다.

A: "이 사람아. 왜 그런 일을 했어?"
B: "좌우지간 나는 윗분이 시키는 대로 했을 뿐이야. 어떤 결과가 나오든 난 잘못이 없어."

두 사람 이상이 대화 중에 앞 내용을 막론하고 뒤 내용을 말할 때 쓰여 앞뒤 문장을 이어 주는 말이다. 즉 '모양, 형편, 정도나 조건 따위가 어떻게 되어 있든지 간에'의 뜻으로 쓰인다. 화자가 청자에게 자신의 행동을 설명하기 난처한 상황이나 처지에 놓였을 때 앞의 말과는 무관하게 말을 서둘러 끝내고자 할 때 자주 사용하는 말이기도 하다. 좌우지간과 유사한 단어는 아주 많다. '아무튼', '어쨌든', '여하간(如何間)',

‘하여튼’, ‘어쨌거나’, ‘하여튼지’ 등 일상생활에 자주 사용하는 말이다. 좌우지간은 본래 좌우간(左右間)에서 비롯된 말로 좌우지간에서 지(之)는 아무 뜻이 없는 이음말이다. 이 말은 ‘좌우지간’에 ‘말이야’를 붙여 ‘좌우지간에 말이야’로 말하면서 뜸을 들이며 뭔가 새로운 돌파구를 제시할 것 같은 몸짓을 취할 때가 많다.

왜 우좌지간이 아니라 좌우지간이라고 했을까? 그 이유를 조선 시대 관리들의 벼슬 이름에서 찾기도 한다. 조선 시대에는 영의정, 좌의정, 우의정 등 삼정승을 두었는데, 영의정은 국무총리, 좌의정과 우의정은 부총리에 해당한다. 같은 직급이지만 통례상 좌의정이 우의정보다 서열이 높았다. 또 삼정승을 보좌하는 좌찬성과 우찬성을 두었는데 여기서도 좌찬성이 우찬성보다 서열이 높았다. 언어의 유래를 신분 계급 사회의 질서에서 찾을 수 있겠지만, 누군가 한 번 사용한 말이 사람들의 입에 오르내리다 보면 관행으로 굳어지는 것 또한 언어의 속성이기도 하다. 미술에서 인상주의 화파가 있는데, 한 비평가가 조롱과 야유의 뜻으로 “대강 그린 그림이 참, 인상적이네”라고 말한 것에서 인상주의가 유래했다는 말이 있을 정도다.

좌우지간에서 좌우(左右)는 왼쪽과 오른쪽의 방향을 의미하는 것보다는 정도나 조건을 뜻하지만, 단어 자체는 좌측 혹은 우측을 가리키는 뉘앙스를 풍긴다. 그래서인지 선거철이 되면 ‘좌우지간’이라는 단어가 유독 눈에 띈다. 언뜻 보기에 좌파 또는 우파를 연상시키는 말이기 때문일 것이다. 선거를 치르기 두어 달 전부터 전화를 받기가 부담스럽다. 하루에 두서너 번은 여론조사다 뭐다 해서 선거와 관련된 전화에 짜증이 날 정도다. 발신자가 확인되지 않은 전화는 받질 않는다. 좌우지간 받지 않기로 마음먹었다. 주요 정당의 토론자들이 텔레비전에서 토론을 벌이는 중에도 좌우지간이라는 단어가 자주 들린다. 쌍방의 의견이 극단으로 치닫고 감정이 격화됐을 때 대화를 서둘러 마무리할 만한 적당한 말이나 구실을 찾지 못할 때 '좌우지간'이라는 말로 화제를 돌려 대화를 끝낼 속셈이다. 대화에서 좌우지간은 약방의 감초와 같은 효능이 있다.

좌우지간은 평형을 필요로 하는 생물과 무생물 모두에게도 좌우지간 필요한 법이다. 고인이 되신 이어령 선생은 좌우지간을 흥미롭게 풀이한다. 그는 좌우지간을 이 세상에 존재하는 모든 것의 '공통언어'로 간주한다. "인간은 물론이고 크거나 작거나 생명이건 무생물이건, 자연물이든 기계든 이 세상의 모든 것엔 조타수처럼 키를 움직여 평형을 유지하려는 '좌우지간'의 공통언어가 있다." 그는 일간지와의 인터뷰에서 "'좌우지간에 말이야'는 좌와 우 사이에서 뭔가를 찾자는 거지. 너와 나의 입장 사이에 싸움을 푸는 무엇인가 있다는 생각이야. (…) 우리는 극단적 이항 대립에서 벗어나 제3항의 '거시기 뭐'를 찾으려고 했어. 말이나 논리로는 꼭 찍어낼 수 없는 세상이 분명 존재한다. 그것을 찾는 것이 창조적 삶이다"라고 말했다. 좌우지간으로 이쪽과 저쪽 사이, 즉 이 사람의 주장과 저 사람의 주장 사이에서 절충점을 찾아낼 수 있는 시간적 여유를 버는 것이다. 시대의 지성이 보여준 혜안이 아닐 수 없다.

우리 사회는 언제부턴가 편을 가르는 진영으로 쪼개지고 말았다. '진영'이란 전쟁에서 아군과 적군이 대결하기 위해 군대를 배치하는 모양이다. 보수 혹은 진보의 진영으로 쪼개진 사회 구성원은 서로 대면하길 불편해하고 심지어는 밥도 같이 먹지 않는다고 한다. 다양성과 다원성을 중시하는 사회에서는 중립적인 사고와 언어가 설 자리가 많아야 하는데 점점 좁아지고 있다. 서로 다른 신념 체계들을 가진 사람들이 살기 어려운 형편이다. 좌우지간의 평형을 이루려는 치열한 노력을 해도 부족한 마당에 내 편, 네 편을 가르면서 진영 대결로 치닫고 있는 형국이 안타깝다. 실제 통계청이 발표한 2023년 한국의 사회지표 자료에 따르면, 우리 사회에서 가장 갈등이 심하다고 인식되는 주제는 보수와 진보인 것으로 나타났다. 갈등 인식률은 82.9%를 보였다. 이념 갈등이 가장 심하다는 이야기다. 갈등이 심화되고 그 갈등을 풀지 못한 채 내버려두거나 증폭하게 되면 사회는 혼란하고 우리의 삶의 수준은 퇴보할 수밖에 없다. 삶에 만족하는 사람의 비율은 74.1%로, 2022년보다 1.3% 감소했다. 고(高)갈등은 곧 고(高)비용 사회가 되고 만다. 갈등 해결은 국방이나 수출보다 훨씬 더 중요한 영역이다.

'연잎 현상'이 있다. 연잎이 웅덩이의 반쯤 덮었던 시점에서 바로 그 다음 날 웅덩이 전체를 덮는다는 비유다. 우리 사회의 갈등 수준을 보면 연잎이 수십 개의 웅덩이를 덮고도 남을 지경이다. 갈등의 임계점이 어느 선을 넘어버리면 백약이 무효가 될 수 있을 터인데 걱정이 많다. 갈등 수위를 높이는 건 정치, 그것도 선거다. 누가 더 악마인가, 누가 더 친일인가, 누가 더 종북인가의 틀을 씌워 상대방을 걸고넘어진다. 선거는 시민의 혈세를 쓰며 수단과 방법을 가리지 않고 상대방을 악마화, 혐오화하면서 증오와 비방의 언어로 꾸며진 아수라장의 무대가 되고 만다. 젊은 세대가 선거 행태를 보면서 "넷플릭스 영화를 보는 것 같다"라는 말을 괜히 하는 건 아닌 듯싶다. 오로지 당선만 될 수 있다면 '너 죽고 나 살자'라거나 '아니면 그만이고'라는 식의 저급하고 비열한 행태를 반복한다. 이런 무대에서 대화, 타협, 상생, 공존, 공동체와 같은 이야기를 꺼낼 수 있겠는가. 미래지향적인 언어나 중립적인 언어는 찾아보기 어렵다.

자전거를 배울 때 좌우로 심하게 움직이는 앞바퀴의 핸들을 좌우지간으로 평형을 유지하지 않으면 넘어지고 만다. 바다에서 서핑(파도타기)하는 서퍼 역시 좌우지간으로 평형을 잡아야 한다. 우리 사회가 진영의 대치를 풀고 극단적 대립에서 벗어나 '좌우지간에 말이야'에서 의미하는 창의적 대안을 모색하는 문화를 만들면 좋겠다. 좌로든 우로든 국민을 극단으로 내몰지 않았으면 한다. '좌우지간에 말이야(여)'가 작동하여 한쪽으로 치우치지 않고 평형을 이루는 사회가 되면 좋겠다.

📖 김영란. (2024). 《판결 너머 자유》. 파주: 창비.

이어령. (2008). 《디지로그》. 서울: 생각의 나무.

변동빈. (2023). 《장성군민신문》. 〈좌우지간(左右之間)〉. 8월 28일.

정형모. (2015). 《중앙선데이》. 〈좌우지간에 마음 놓고 생각해 봐〉. 1월 31일

후회할 말, 하지 말아야 할 말

사과는 언제든 늦지 않다

현대 영국을 상징하는 문화 아이콘으로 〈비틀스(The Beatles)〉를 빼놓을 수 없을 것이다. 〈비틀스〉를 우리나라의 〈방탄소년단(BTS)〉에 비유하면 팔이 안으로 굽는다고 말하는 사람이 있을까. 〈비틀스〉는 저자가 태어나기도 전인 1960년 영국 리버풀에서 결성된 록 밴드로 그 구성원인 존 레넌, 폴 매카트니, 조지 해리슨, 링고 스타는 숱한 화제를 낳았다. 〈비틀스〉가 부른 〈예스터데이(Yesterday)〉는 BBC가 선정한 20세기 최고의 곡으로 선정되기도 했다. 우리나라에서도 한국인이 좋아하는 팝송 1위를 차지하곤 한다.

최근 폴 매카트니가 〈예스터데이〉 가사에 담긴 배경과 의미를 설명하면서 세간의 주목을 받았다. 폴은 가사 중 "내가 뭔가 말을 잘못했나 봐요. 이제 나는 지난날이 몹시도 그리워요(I said something wrong. Now I long for yesterday)"에 얽힌 사연을 설명했다. 언뜻 가사를 들으면 연인 사이에 오해가 생겨 둘이 이별을 한 상황으로 생각할 수 있지만, 사실은 폴과 자신의 어머니 사이에서 일어났던 일화라고 한다. 어린 시절 어머니가 한 말을 두고 무안하게 쏘아붙였던 것에 대한 반성에서 비롯된 가사다.

폴의 어머니 메리는 아일랜드 출신의 간호사였는데 상류층 영어를 즐겨 사용했다. 감수성이 민감한 청소년기였던 폴은 어머니가 상류층을 따라 하는 말투를 쓴 것에 대해 화를 내고 쏘아붙였다. 이를테면 폴의 어머니는 아들에게 이렇게 말을 했다. "폴, 그에게 갈 건지 물어봐 줄래?(Paul, will you ask him if he's going?)" 이때 폴은 어머니가 '애스크(ask)'를 '아스크(arsk)'로 발음하며, 영국 상류층 특유의 말투를 따라 했다고 느꼈다. 폴은 "엄마, 그건 애스크라고 해야 해요(It's ask mum)"라고 쏘아붙였다. 아들의 말에 어머니는 크게 당황했다고 한다. 폴은 어머니가 세상을 떠나고 약 10년이 지난 시점에 〈예스터데이〉 가사를 썼다. 불후의 명곡은 인간의 아픔과 성찰을 동반한다. 〈예스터데이〉의 우리말 가사를 음미해 보자.

지난날
나의 모든 고통이란 멀리 있는 듯하였지
그러나 이제 그 어려움들이 내 곁에 찾아와 언제고 머물러 있을
것만 같아,
오, 지난날이 좋았었는데…

갑자기
나는 옛날의 반도 못 되는 사람이 되어버렸어
어두운 그림자가 나를 길게 뒤덮어 버렸지
아, 행복했던 어제의 일들은 갑자기 사라져 버린 거야

왜 그녀는 가야만 했을까, 난 알 수가 없어
그녀는 좀처럼 말하려 하지 않았지
나는 무언가 말을 잘못했던 거야
이제 나는 지난날이 그리울 뿐

지난날
사랑은 그렇게 쉬운 놀이였건만
이제 나는 몸을 숨길 곳이 필요해
아, 지난날은 좋았었는데…

폴은 어렸을 적 어머니의 말투가 거슬려 '욱'하여 어머니를 몰아붙였던 일을 평생 가슴에 담고 있을 것이다. 저자도 동병상련(同病相憐)이다. 그와 비슷하거나 똑같은 실수를 반복했으니까 말이다. 저자에게도 세상이 흰색과 검은색으로만 보이던 시절이 있었다. 옳고 그름을 칼로 무 자르듯 하려고 했던 때다. 저자에겐 고등학교와 대학교 시절이 그런 시절이었다. 중학교까지는 밀물과 썰물처럼 이리저리 따라다니다 고등학교에 들어와서 세상을 나의 가치관에 맞춰 재단하기 시작한 것 같다. 가족과의 대화에서도 상대방 입장을 헤아리거나 배려하기보단 상대방의 말이 끝나기도 전에 내 생각을 토해내듯이 말하고 내 말대로 하지 않으면 나와 정서적으로 맞지 않는 사람으로 보기도 했다. 지금도 가슴 한구석이 아픔과 후회로 남아 있는 설화(舌禍)가 많다. 사람이란 자신에게 편리한 대로 생각하고 기억하고 싶은 것만을 기억하는 인지구조를 가지고 있지 않나 싶다. 지금 기억에 남는 설화보다 훨씬 더 많을지도 모를 일이다. 폴과 같은 나이의 철없던 시절에 얼마나 부모와 형제에게 상처를 주는 말을 많이 했을까 싶다.

저자 역시 폴과 같이 어머니와의 대화에서 어머니를 무시하는 듯한 발언을 여러 번 한 것 같다. 대학생일 때 농촌에서 생활하시는 어머니가 세상 변화에 대해 잘 모르시면서 이런저런 말씀을 하실 때 저자는 "그것은 어머니가 잘 몰라서 그러는 것이에요. 세상이 얼마나 바뀌었는데요……." 도시물 좀 먹었다고 뽐내는 듯한 말이다. 지금 생각해 보면 어머니가 어찌 세상을 몰라서 그렇겠는가? 단지 사회가 변화하면서 사용하는 용어가 달라지고 과거보다 기술이 좋아졌을 뿐인데 말이다. 폴은 저자보다 한참 어렸을 적에 어머니에게 대들었던 일화를 떠올리며 어머니에게 사과하는 마음으로 노래를 지었다고 하는데, 저자는 폴보다 훨씬 나이가 많았던 시기에 어머니를 몰아붙였다. 생전 어머니에게 따뜻한 사과를 드리지 못해 늘 송구한 마음뿐이다. 어머니라는 이유로 자식의 모든 허물을 이해할 것으로 생각했지만, 저자 자신이 자식을 키우면서 깨달은 것은 부모라고 해서 자식의 모든 행동을 이해할 수는 없다는 것이다. 지금도 가끔은 '욱'하는 성질을 삭이지 못하고 있다. '욱'하는 성질은 저자의 아킬레스건이다.

저자는 살면서 늘 경계하고 실천에 옮기기로 약속한 10가지 계명(誡命)이 있다. 첫 번째, 부모의 은덕을 기억하라. 두 번째, 나를 대하듯 형제에게 하라. 세 번째, 형제나 친구와 돈거래를 하지 마라. 네 번째, 지금 할 일을 나중으로 미루지 마라. 다섯 번째, 욱하지 마라. 여섯 번째, 책은 사서 보라. 일곱 번째, 세상을 향해 질문하라. 여덟 번째, 종교나 정치 이야기를 먼저 꺼내지 마라. 아홉 번째, 이웃을 정답게 대하라. 열 번째, 자식을 충분히 가르쳐라. 성경의 십계명 중 다섯 번째는 '네 부모를 공경하라' 이다. 저자는 십계명 중 다섯 번째를 '욱하지 마라'로 정하고 젊은 시절에 어머니를 몰아붙였던 때를 뒤돌아보며 평생 경계하면서 살고자 한다.

〈예스터데이〉의 가사는 가수 이선희가 부른 〈아! 옛날이여〉(1985년)의 가사와 그 맥락이 비슷하다. 사람은 꿈처럼 아름다웠던 시절을 아쉬워하지만, 그 시절이 다시 재현될 수 없다고 생각하면 잊어야겠다고 마음먹는 것은 인지상정인 것 같다. 그러나 어디 그 시절이 쉽게 잊힐 수 있을까. "아 옛날이여/ 지난 시절 다시 올 수 없나 그날/ 아니야 이제는 잊어야지/ 아름다운 사연들 구름 속에 묻으리/ 모두 다 꿈이라고."

누구나 후회할 말을 하게 된다. 아니, 후회할 줄 알면서도 말해야만 직성이 풀릴 때가 있다. 말이 흉기보다 더 무서운 법이다. 아무 말이나 하지 말아야 한다. 폭력 중에서도 언어폭력이 가장 무섭다. "욕은 말로 하는 살인이다"라고 하지 않던가. 한자 품(品)은 물건이 가지런히 질서 정연하게 쌓아놓은 모양에서 비롯되어 인품(人品)이나 품격(品格)을 나타내는 한자어로 쓰인다. 품(品)을 자세히 들여다보면 입구(口) 세 개가 안정감 있게 가지런하게 제 자리를 차지한다. 인간이 맑고 향기로운 인품을 갖추고 높은 수준의 품격을 갖기 위해서는 입에서 가지런한 말이 나와야 한다. 무엇보다 상대방에게 말로 상처를 주었을 때는 가능한 한 빨리 사과하자. 사과는 가장 용기 있는 행위다.

📖 김가연. (2024). 《조선일보》. 〈매카트니가 밝힌 '예스터데이' 가사 … "어머니에 상처 준 후회"〉. 2월 26일.

누군가는 우리의 '버팀목'이다

우리는 죽은 자에게 빚진 채 살아간다

3년 전 정원에 은목서를 심었다. 은목서는 그 은근하고 진한 향은 말할 것도 없지만 거실을 적당히 가려준다. 작년 10월 처음으로 꽃망울을 터트린 목서 꽃이 내뿜는 향기는 잊을 수가 없다. 달콤하고 매혹적인 향을 가까이 맡기 위해 코를 꽃에 마주친 탓에 톱니처럼 날카로운 가시에 찔리기도 했다. 또 1년 반 전에는 정원 중앙에 청단풍나무를 심었다. 단풍나무를 밖에서 보면 집을 가려 답답하게 보이겠다고 걱정하는 사람도 있지만, 집 안에서 바라보면 제법 운치를 풍기고 기품을 유지하며 전체적으로 중심을 잡아주는 역할을 한다. 무엇보다 한여름 땡볕을 견디지 못하는 화초에게 시원한 그늘을 만들어 주고 있다. 얼마 전에는 단풍나무 아래 제법 큰 바위를 놓아두었다. 해가 긴 여름의 해름 녘에 걸터앉아 차라도 마시면서 시원한 바람을 맞을 요량이다.

날이 풀린 화창한 봄날의 햇볕을 맞으며 정원에서 일을 하다 갑자기 은목서와 단풍나무에 세워놓은 버팀목(木)이 눈에 띄었다. 버팀목은 각목으로 세운 삼각형 모양으로 새로 심은 나무 중앙에 완충 역할을 하도록 헝겊을 두껍게 둘러치고 끈으로 감아 묶어놓았다. 3년이 지난 채 빛이 바랬다. 새로 심은 나무가 반듯하게 뿌리내리기를 바라는 마음만 있었지 버팀목의 존재에 대해서는 생각조차 하지 못하고 지냈다. 매일 수십 번도 더 보는 정원이지만 왜 그런지 버팀목은 눈 밖에 있었다. 무관심도 이만저만이 아니었다. 각목으로 둘러친 버팀목은 굵은 철사로 묶여 새로 심은 나무가 혼자서도 버틸 수 있도록 묵묵히 지탱하고 있었다. 아, 사람의 마음이란 이런 것이구나. 복효근 시인의 〈버팀목에 대하여〉는 그런 저자의 마음을 잘 표현하고 있다.

태풍으로 쓰러진 나무를 고쳐 심고
각목으로 버팀목을 세웠습니다.
산 나무가 죽은 나무에 기대어 섰습니다.
그렇듯 얼마간 죽음에 빚진 채 삶은
싹이 트고 다시
잔뿌리를 내립니다.
꽃을 피우고 꽃잎 몇 개
뿌려주기도 하지만
버팀목은 이윽고 삭아 없어지고
큰바람이 불어와도 나무는 눕지 않습니다.
이제는
사라진 것이 나무를 버티고 있기 때문입니다.
내가 허위허위 길 가다가
만져 보면 죽은 아버지가 버팀목으로 받쳐시고
사라진 이웃들도 만져집니다.

언젠가 누군가의 버팀목이 되기 위하여
나는 싹을 틔우고 꽃 피우며
살아가는지도 모릅니다.

산 나무를 버텨주는 것은 다름이 아닌 죽은 나무로 만든 버팀목이었다. 살아 있는 생명에 대해서는 관심이 컸던 반면 그 생명을 살도록 해 준 죽은 나무는 관심 밖이었다. 산 나무를 살릴 목적으로 사용된 버팀목이라는 수단과 방법에는 관심을 두지 않은 것이다. 필요할 때는 사용하고 용도가 끝나면 팽개치는 토사구팽(兎死狗烹)이라고 하면 지나친 비유일까.

인간에게 최고의 버팀목은 자신을 낳고 길러주신 어버이(부모)일 것이다. 평소에는 자녀의 버팀목으로서 어버이의 존재감을 제대로 느끼기란 어려운 일이다. 저자 역시 마찬가지다. 부모와 영영 이별을 하고서야 두 분이 얼마나 대단한 버팀목이었던가를 깨닫게 되었다. 가끔 섬(島)에 혼자 버려져 있는 듯한 느낌이 들 때도 있다. 부모를 잃은 자녀를 고애자(孤哀子), 즉 어버이가 모두 돌아가셔서 외롭고 슬픈 자식이라고 말하는지 알게 되었다. "죽은 아버지가 버팀목으로 만져지고 사라진 이웃들도 만져집니다." 시인의 말에 백번 공감한다. 그러나 죽는다고 다 사라지는 것이 아니라고 하니 얼마나 큰 위안이 되는지 모르겠다. 죽은 나무가 산 나무를 살리는 버팀목이 되는 것처럼 죽은 사람이 산 사람의 버팀목이 된다.

사람은 혼자 되는 법이 없다고 한다. 혼자서 살 수는 있어도 '잘' 살 수는 없다. 한자 사람 인(人)자의 모양도 서로 등을 받쳐 주는 형상이다. 우리는 누군가의 버팀목이고, 누군가는 나의 버팀목이 되니 살아갈 수 있다. 죽은 뒤에도 누군가의 버팀목이 된다고 생각하면 생(生)과 사(死)는 이별이나 분리가 아닌 셈이다. 죽지만 살아있는 존재다. 살아있는 생명체가 삶과 죽음을 반복하는 윤회(輪廻)란 이것인가 싶다. 산 나무가 죽은 자에게 빚을 지고 있는 것처럼, 우리 역시 죽은 자에게 빚을 진 채 살고 있다고 생각하면 어떻게 살아야 할지는 자명해진다. 오랫동안 말없이 묵묵히 버티면서 산 나무를 받쳐 준 버팀목이 저자에게 던져 준 소중한 교훈이 아닐 수 없다.

가슴이 따뜻한 리더가 답이다

가천대 이길여 총장

가천대학교. 2012년 경원대학교와 가천의과대학이 통합한 사립대학으로 수도권에서 가장 부상하는 대학으로 주목받고 있다. 짧은 시간에 경쟁력 있는 사립대학으로 떠오른 이유가 있을 것이다. 이길여(李吉女, 1932~) 총장의 리더십이 아닐까 싶다. 이 총장은 의사 출신의 대학 총장이다. 그는 의료보험제도가 없던 시절, 생계가 어려워 '병원에서 주사 한 대 맞으면 원도 없겠다'라는 마음으로 병원을 찾은 환자들에게 보증금을 받지 않고 수술한 병원으로 잘 알려졌다. '보증금을 받지 않는다'라는 문구를 병원 입구와 수납 창구에 써 붙였다.

이길여 총장과 관련한 언론 기사와 인터뷰 그리고 그에 관해 쓴 책들을 읽어보고 느낀 것은, 이 총장은 한마디로 남의 행복을 자신의 행복으로 여기는 가슴 따뜻한 리더라는 점이다. 따뜻한 일화가 있다. 산부인과 의사 이길여는 청진기를 가슴에 품고 다녔다. 청진기는 차가운 금속체로 만들어졌다. 그는 환자의 신체 부위에 청진기가 닿을 때마다 환자가 움찔하거나 놀라지 않도록 하기 위해 청진기를 가슴에 품고 다니면서 체온으로 덥혔다. 예민한 산모가 차가운 고무장갑에 놀라지 않도록 내진 전에 따뜻한 소독물에 담가 놓는 것은 기본이었다. 환자를 배려하는 그의 따뜻한 마음 씀씀이를 보면 저절로 병이 치료될 것 같다.

2024년 정부와 의료계가 의대생 증원 규모를 놓고 진통을 겪고 있다. 의료계에서도 의대생 증원이라는 대의에 대해서는 찬성하고 있지만 규모와 방법을 놓고 정부와 첨예한 이견을 나타내고 있다. 의대 재학생까지도 휴학계를 제출하는 등 배수진을 치면서 유급 걱정을 하는 형편에 이르게 되었다. 한 치의 양보가 없는 극한의 대립이다. 이런 상황에서 4월 8일 이길여 가천대 총장이 가천의과대학 학생들에게 편지를 보냈다. 편지에는 선배 의사로서, 원로 교육자로서 진솔하면서도 호소력 있는 내용을 담고 있다. 장문의 편지 내용을 간추려본다.

> 의사라는 직업은 사람의 생명을 다루기에 정말 숭고합니다. 선망의 대상인 동시에 사회의 존경과 사랑을 받지만 무거운 사회적 책임 또한 뒤따릅니다. 여러분은 그 숭고한 의사의 길을 선택했고, 절대 잊지 말아야 할 것은 언제, 어떤 상황에서라도 환자를 포기해서는 안 되며, 환자를 위해서라면 기꺼이 나의 희생도 감수하는 것 또한 의사의 숙명이라는 것입니다. (…) 지금의 상황이 너무 혼란스럽고 고통스럽겠지만, 6·25 전쟁 당시 포탄이 날아드는 교실에서도, 엄중한 코로나 방역 상황에서도, 우리는 책을 놓지 않았습니다. 우리에겐 모두 미래가 있기 때문입니다. 그 어떤 상황에서도 배움을 멈춰서는 안 됩니다. 이번 사태는 정부와 의료계 선배들이 지혜를 모아 최선의 결과를 도출할 것입니다. 그것을 믿고, 여러분은 이럴 때일수록 학업이라는 본분에 충실해야 합니다.

의사 출신 이길여 총장이야말로 의대생들에게 학업 복귀를 촉구하는 편지를 쓸 자격을 갖추었다고 생각한다. 만약 다른 대학의 총장이 이와 비슷한 내용의 편지를 보내 의대생들의 학업 복귀를 설득했다면 당장 총장 퇴진 운동이 벌어졌을지 모를 일이다. 구순을 넘긴 이 총장이 학생들을 위해 무슨 일을 어떻게 했는가를 잘 알고 있기에 이 편지가 많은 사람의 입에 오르내리면서 선한 영향력을 행사할 수 있다고 생각한다.

이 총장은 지하철 가천대역 1번 출구 앞 분수 광장에 "학생이 왕이다"라는 현수막을 걸어놨다. 이 총장은 "학교는 왕으로 모실 테니 너희는 왕답게 리더가 되라는 의미를 전하고 싶었다. 학생이 어려서부터 내가 최고라고 생각하게 해주고 싶다"라고 그 의미를 설명했다. 1998년 경원대를 인수한 그는 낡은 책걸상부터 바꿨다. 학생들이 샘플 의자에 직접 앉아보고 선택하게 했다. 가천대 캠퍼스에서는 진귀한 풍경을 볼 수 있다. 무당벌레 모양의 소형 전기버스 '무당이'가 캠퍼스를 돌아다닌다. 이 총장이 "학생들이 오르막길 오르는 게 안쓰러워서" 만든 것이다. 이 총장은 학생을 제대로 가르치고 키우는 일을 최고의 행복으로 생각한다. 학생 중심의 대학 경영의 철학이란 무엇이고 그 실제가 무엇인가를 보여주는 사례가 아닐 수 없다.

리더십의 진수는 위기 상황에서 나타난다. 무엇보다 어려운 고비마다 선배들이 길을 밝혀 후배들에게 손을 내밀고 이끌어 주어야 한다. 교육계의 원로들은 다 어디로 갔단 말인가. 위기 상황에서 학생들을 사랑으로 보듬고 대안 제시를 마다하지 않는 이길여 총장의 리더십이 돋보인 이유다. 자신의 직을 걸고 언제든지 그 자리에서 내려올 준비가 되어 있는 리더라야 가능한 일이다. 이길여 총장의 호는 가천(嘉泉), 즉

'향기롭고 아름다운 샘'이라는 뜻이다. 향기롭고 아름다운 리더십을 발휘하는 이 총장을 바라보면서 사회의 원로가 지향해야 할 언어와 처신은 무엇인가를 생각해 본다.

📖 남윤서. (2024). 《중앙일보》. 〈"먹튀해도 붙잡지마라" … 이길여가 'X' 표시한 환자의 정체〉. 3월 12일.

정순태. (2008). 《월간조선》. 〈길병원 50주년 맞은 이길여 가천의과대 총장〉. 6월호.

사과는 언제 해야 할까?

사과하기에 늦은 때란 없는 법이다

부부 간에 말다툼을 한 뒤에는 누군가 먼저 사과하고 화해해야 한다. 침묵으로 며칠을 보내는 사람도 있다고 하지만, 저자는 그 침묵의 시간이 무척 불편하고 견디기 어렵다. '침묵은 금이다'라는 말이 있는데, 이때 침묵은 금이 아니라 엄청난 고통이다. 이제까지 쌓아온 신뢰 관계를 위협하는 '매우 위험한 침묵(very dangerous silence)'이다. 침묵이 빚어낸 분위기는 죽음보다 못하다. 그렇다고 죽을 수야 없지 않겠는가. 누가 먼저 사과하는 것이 그렇게 대단한 일인가. 고인이 된 미국의 카터 전 대통령은 부부가 다툼을 한 바로 그날 안에 화해하라고 코칭했다. 바로 당일에 사과하고 화해하기란 무척 힘든 일이 아닐 수 없다. 사과는 언제 해야 효과적일까?

사과에는 빠른 사과와 늦은 사과가 있다. 언제 사과를 빨리하고, 언제 사과를 천천히 해야 할까? 사과 전문가들은 사건이 덜 심각한 경우에는 즉시 사과하고, 심각한 사건일수록 좀 시간을 가지고, 즉 상대가 분노를 삭이는 시간을 가진 다음에 사과하라고 조언한다. 버스 안에서 다른 사람의 발을 밟았다면 즉각 사과해야 한다. 거리를 가다 반대편에서 오는 사람의 어깨를 쳤다면 바로 사과해야 한다. 우연히 발생하거나 심각하지 않은 사건에서는 빨리 사과해야 한다.

가해자가 시간을 가진 다음에 사과 타이밍을 잡아야 할 때도 있다. 가해자가 누군가를 공개적으로 망신 주거나 친구를 속이고 거짓말을 했을 때와 같은 심각한 사적 가해행위를 저질렀을 때다. 심각한 사안에 대해 가해자는 왜 시간을 가진 후 피해자에게 사과하는 것이 좋을까? 피해자는 피해 사실에 대해 가해자가 깊이 공감하고 진지한 반성을 하는 것이 중요하다고 생각하고 있는데, 가해자가 피해자에게 바로 사과하게 되면 피해자는 가해자의 즉각적인 사과가 정말 진정성 있는 사과인지 회의감을 가지게 된다. 가해자가 피해자에게 즉각적으로 사과하는 것은 가해자가 불편한 상황으로부터 빨리 벗어나려는 의도로밖에 느껴지지 않는다는 것이다(라자르, 2020: 232–234).

부부 중 어느 한쪽이 도덕적으로 심각한 잘못을 저질렀을 때 잘못한 쪽이 그렇지 않은 쪽에게 바로 사과하는 것이 효과적일까? 전문가들은 시간을 충분히 가진 다음에 사과하는 것이 효과적이라고 조언한다. “부부의 관계가 지속되려면 충분한 시간을 가지고 만약 아이가 있다면 아이와 분리된 장소 또는 심리상담사의 치료실 등에서 만나 그동안 무슨 일이 벌어진 것인지, 잘못을 한 사람이 어떻게 해명하는지, 적절한 보상은 무엇인지, 향후 서로의 관계를 어떻게 할 것인지에 대해 차분히 논의하고 이해할 필요가 있다.” 만약 잘못이 발각된 뒤에 바로 잘못을 인정하고 뉘우치고 해명하고 사과한다면 어떻게 될 것인가? 쿨한 사과일 순 있지만 결혼생활은 파국으로 치달을 것이라고 한다.

잘못을 인정하는 것도 어려운 일이지만 사과의 타이밍을 판단하는 것은 더 어려운 일인 것 같다. 사과의 타이밍을 결정할 때 고려해야 할 중요하고 복잡한 상황적 요소가 다양하기 때문이다. 사과 타이밍을 결정하기 위해 고려해야 할 요소로는 잘못의 심각성, 잘못을 가려내는 데 걸린 상대적 또는 절대적 시간, 사과에 대한 요구, 가해자와 피해자의 반응과 결과 등이다. 효과적인 사과를 위한 첫 단추는 사과의 타이밍을 판단하는 것이지만, 무엇보다 중요한 것은 타이밍을 놓쳤다고 하더라도 '사과하기에 너무 늦은 때란 없는 법이다'라는 것이다. 타이밍을 잘 맞추지 못했더라도 사과하는 것이 낫다.

우리나라 정치, 경제, 사회 등 지도자들이 보여준 사과의 타이밍은 실망스럽기 그지없다. 그들은 자신의 잘못이 밝혀져도 우선은 '아니다'라고 잡아떼고 본다. 언론과 여론의 눈치를 살피는 것이다. 시간이 지나면서 보다 더 구체적인 자료가 드러나거나 증인이 나타나면 그때 '정확한 기억은 나지 않지만 지금 생각해 보니 그랬던 것 같다. 그럴 의도는 아니었다. 앞으로 나와 주변을 잘 살피겠다'라는 식으로 말한다. 사과 타이밍이 한참 지났다. 사과를 해도 그 효과는 떨어진다. 여론에 등이 떠밀려 대국민 사과까지 하지만 '호미로 막을 것을 가래로도 막지 못하는' 사태가 되고 만다. 우리 사회에서 지도자로 존경받으려면 사과 타이밍에 대한 공부를 해야 할 것이다.

가수 김호중의 사례 역시 언제 사과할 것인가를 놓고 보면 반면교사로서 교훈을 남긴다. 그는 심야에 음주운전으로 택시와 접촉 사고를 낸 뒤 도주했다. 그는 줄곧 음주운전 혐의를 부인하다 사건 열흘이 지난 뒤에야 음주 사실을 인정하고 사과문을 발표했다. 사건의 진실을 숨기기에 급급했던 김호중의 때늦은 음주운전 시인과 사과는 빛이 바랬다.

먹는 과일 사과도 수확하는 타이밍이 중요하다. 시퍼런 상태로 수확하는 조생종부터 좀 더 시간을 가지고 숙성하여 수확하는 '부사(富士)'에 이르기까지 그 타이밍이 다양하다. 사람의 잘못이나 실수에 대한 사과도 과일 사과의 수확 시기와 유사하다. 사람이 자신의 잘못을 인정하고 피해자에게 사과하는 것은 중요한 일이지만, 언제 사과해야 효과적인지를 아는 것도 그에 못지않게 중요한 일이다. 자연계의 사과(沙果)도 적절한 수확 시기에 맞춰 출하했을 때 맛도 좋고 좋은 가격을 받는 것처럼, 인간계의 사과(謝過)도 적절한 타이밍을 잡아 제대로 사과하면 화(禍)가 복(福)이 될지도 모른다.

📖 라자르, 아론. (2020). 《사과에 대하여》. 서울: 바다.

사과는 어떻게 해야 할까?

사과에도 기술이 필요하다

매월 24일은 '부부가 서로 사과하는 날'이라는 우스갯말이 있다(〈한국사과연합회〉에서는 10월 24일을 '사과데이'로 정했다. 사과가 많이 나는 계절인 10월에 '둘이 서로 사과하고 화해하자'는 뜻을 담았다고 한다. 과일 마케팅 전략이지만 사과의 발음과 휴머니즘을 곁들인 재치 있는 아이디어가 아닐 수 없다). 실제 사과(謝過)하기가 쑥스러워 과일 사과(沙果)를 건네면서 분위기를 띄우는 경우도 본다. 사과는 어떻게 해야 제대로 하는 것일까? 사회적 영향력이 큰 유명 인사의 사례를 들면 설득력이 있을 것이다. 사과를 제대로 하는 사람으로 정평이 난 인사가 있다. 그는 사과의 정석을 보여주었다.

미국의 제44대 대통령 버락 오바마(재임: 2009~2017)는 민주당 대통령 후보 시절이었던 2008년 5월, 미시간주 자동차 공장 방문을 동행 취재한 여기자에게 '스위티(sweetie)'라고 부르는 실수를 했다. "후보님, 미국의 자동차 산업 노동자들을 어떻게 도울 생각인가요?"라는 기자의 질문에 오바마 후보는 "잠시 기다리세요. 스위티"라고 말한 뒤 즉답을 피했다. 기자의 질문에 즉답을 피한 것은 얼마든지 그럴 수 있다. 심각한 문제는 오바마가 여기자에게 '스위티'라고 한 말이었다. '스위티'는 주로 연인 간이나 아주 가까운 친구 사이에 부르는 말이다. 대통령 후보가 여기자에게 친근한 표현을 사용했다고 그냥 넘길 수도 있지만, 듣는 사람에 따라서는 성희롱에 해당하는 엄청난 실수다. 대통령 선거 운동 기간에 벌어진 이런 유형의 실수는 자칫 상대 후보로부터 약점을 잡히거나 유권자로부터 정치적 신뢰를 떨어뜨릴 수 있는 사건으로 비화할 수 있다. 오바마 후보는 어떻게 대처했을까? 오바마 후보는 곧바로 잘못을 깨닫고 즉각적인 반응을 보였다. 그는 여기자에게 전화를 걸어 사과하려고 했지만 통화가 되지 않아 음성 메시지를 남겼다.

> 안녕하세요. 버락 오바마입니다. 두 가지 사과할 일이 있어 전화했습니다. 하나는 당신의 질문에 답을 주지 못한 것인데, 무척 미안하게 생각합니다. (중략) 두 번째는 당신에게 '스위티'라는 표현을 쓴 것에 대해 사과합니다. 이는 저의 나쁜 말버릇일 뿐 비하하려는 의도는 전혀 없었습니다. 따라서 이번 실수에 대해 매우 유감스럽게 생각합니다. 제게 전화 한번 주세요. 다음에 디트로이트를 방문할 때, 제 홍보팀을 통해 당신에게 보답할 기회를 만들겠습니다.

오바마 후보는 자신이 무엇을 잘못했는지, 그리고 구체적으로 추후 조치를 어떻게 취할 것인지에 대해서도 언급했다. 오바마는 상대방에게 진심으로 사과하고 위기를 기회로 만들었다. 위기관리 리더십의 본보기다.

공적이든 사적이든 인간관계에서 가해자가 피해자에게 사과를 했지만 오히려 그 사과가 문제를 더 어렵게 만드는 경우를 보게 된다. "사실 그런 뜻이 아니라…"라는 서두를 꺼내면서 자신의 잘못을 인정하기보다는 변명을 섞어 구렁이 담 넘듯이 두루뭉술 얼버무리는 식의 사과는 진정한 사과가 아니다. 무조건 '미안하다'라고 말한다고 해서 해결되는 것도 아니다. 사과에도 기술(정석)이 필요한 법이다.

사과의 정석에는 4단계가 있다. 첫째, 인정 단계이다. 가해자가 잘못(과오)을 정직하게 인정한다. 가해자가 자기의 잘못을 '완전히' 인정하는 것이다. 실패한 사과는 이렇게 운을 떼든가 마무리를 짓는다. "제가 어떤 잘못을 했든…" "잘못이 있을 수 있습니다만…" "만일 실수가 있었다면…" "당신이 피해를 입었다고 하니까 하는 말인데…" "크게 사과할 일은 아니지만…" "피해를 주었다니 유감입니다" 등이다. 둘째, 후회 단계이다. 가해자가 진심으로 후회하고 뉘우치는 모습을 보인다. 가해자는 양심의 가책, 즉 내면에서 들려오는 목소리를 경청하고 피해를 준 데 대한 책임을 지는 것이다. 셋째, 해명 단계이다. 피해자는 가해자의 해명 없는 사과에 대해서는 만족하지 못한다. 가해자는 피해자에게 "왜 그런 일을 저질렀는지 말해주어야 한다." 가해자가 피해자에게 해명할 기회가 주어진다는 것은, 가해자에게는 위기를 기회로 바꿀 수 있는 둘도 없는 기회다. 해명이 정직하지 않거나 오만하거나 교묘하게 피해 가려고 눈 가리고 아웅 하는 식으로 변명하는 것은 오히려 상황을 더 악화시킬 수 있다. 마지막은 보상 단계이다. 가해자가 피해자가 입은 물적, 정신적 피해를 보상하는 것이다. 사과의 백미(白眉)는 피해자에게 어떤 방식으로 '적절하게' 보상하느냐에 달려있다. 이때 유의할 점은 '보상이 가해자의 생각과 피해자의 기대가 엇갈리게 되면 피해자에게 상처를 덧나게 하거나 부정적 효과를 초래할 수 있다(라자르, 2004: 107–177)'라는 것이다.

사과의 기술 정석은 인정, 후회, 해명, 보상 등 4단계를 밟는 것이다. 오바마 후보의 경우는 적절한 사례가 될 수 있다. 오바마 후보는 진정성 있는 사과, 잘못에 대한 책임과 해명 그리고 어떻게 하겠다는 구체적인 대안 제시까지 사과의 정석을 따르고 있다. 오바마 후보가 여기자에게 사과한 것이 공인으로서 대통령 후보와 언론을 대표하는 기자 사이에 벌어진 사례라면, 국가 차원에서 부끄러운 역사에 대해 어떻게 사과하는가를 보여준 적절한 사례가 있다. 미국 정부가 부끄러운 역사를 어떻게 대했고, 어떻게 사과했는지 살펴보자.

매독 치료제가 없었던 1930년대 초 미국 연방 보건부는 앨라배마주 터스키기에서 흑인 남성들을 대상으로 매독의 영향에 대한 연구를 시작했다. 연구자들은 무료 진료를 대가로 매독에 걸린 경험이 있는 흑인 남성 399명을 연구 대상으로 등록시키면서 '나쁜 피(bad blood)'에 대한 치료를 받는다고 말했다. 연구자들은 흑인들에게 매독 감염 사실을 알리지도 치료도 하지 않았다. 연구자들은 매독 환자가 치료를 받지 않을 경우 자연적으로 어떻게 진행되는지를 관찰하였다. 생체실험이었다. 1972년 내부 고발자와 언론이 실체를 폭로하면서 심각한 연구 윤리 논란을 불러일으켰다. 그동안 28명이 매독으로 죽고, 100명이 매독 합병증으로 사망했다. 이들 부인 중 40명이 감염되었고, 19명의 자녀가 매독균에 감염된 채 태어났다.

그동안 미국 정부는 잘못에 대해 사과하지 않았다. 사과는 뒷전이었고 보상과 치료를 제공하는 것으로 무마하려고 했다. 1979년 연방의회에서 이 생체실험에 대한 반성과 연구 윤리 기준의 필요성이 제기되면서 '벨몬트보고서(Belmont Report)'가 나왔을 뿐이다. 이 보고서에 따르면 임상 연구는 '인간에 대한 존중(Respect for person)', '선행(Beneficence)' 그리고 '공정(Justice)' 등 세 가지의 기본 윤리 원칙에 따라 수행되어야 한다. '벨몬트보고서'는 인간을 실험 대상으로 하는 연구자들이 기본적으로 받아야 하는 교육이다. 많은 사람의 고통과 희생의 대가로 얻은 뼈아픈 교훈이다.

1997년 5월 빌 클린턴(재임: 1993~2001) 행정부는 생체실험 65년 만에 생존자들과 그 가족들을 백악관에 초청하여 공식적인 사과를 했다. 그동안 미국 정부가 나치의 유대인 대학살이나 일본군의 생체실험 등 인간을 실험 대상으로 했던 비인간적, 비윤리적인 만행에 대해 강력하게 비난했던 것을 생각하면 매우 수치스럽고 곤혹스러운 시간이었을 것이다. 특히 터스키기 사건은 국가 간의 문제가 아닌 오로지 미국 내에서 벌어진 국내 문제가 아니던가. 오랜 시간 자국민을 대상으로 저질러진 생체실험에 대해 정부 차원의 사과조차 이루어지지 않았다. 사과란 언제나 쉽지 않은 일이다. 클린턴 대통령이 어떻게 사과했는지 살펴보자.

> 미합중국 정부는 심각하게, 뿌리 깊이, 도덕적으로 잘못을 저지른 적이 있습니다. 이는 모든 시민에게 청렴하고 평등해야 한다는 미국 정부의 약속에 대한 위반입니다. 우리는 이제 침묵을 깨야만 합니다. 우리는 이제 진실이 아닌 다른 쪽으로 돌리던 것을 멈춰야 합니다. 우리는 지금 여러분의 눈을 쳐다보고, 국민을 대신해 '미합중국 정부가 한 일이 부끄러운 것이었다'라고 말할 수 있습니다.

저 또한 깊이 유감으로 생각합니다.

클린턴 대통령은 국가가 저지른 부끄러운 과오를 드러내고, 피해자에게 진심으로 사과했다. 그는 국가의 부도덕한 잘못을 인정하는 것이 얼마나 중요한가에 대해 설명했다. 더 나아가 그는 추가적인 보완책도 발표했다. 터스키기에 있는 〈국립의료생명윤리센터〉에 기금을 지원하고, 소수민족 학생들을 위한 '생명윤리장학금'을 설립하는 것이었다.

어떻게 사과할 것인가에 대한 사례를 외국에서 찾을 필요도 없다. 우리나라 축구는 국기(國技)라고 할 정도로 전 국민의 관심과 사랑을 받는 스포츠다(2020년 기준 대한체육회에 등록한 초·중등, 대학, 성인 아마추어 선수는 전체 9만 6천여 명인데, 이 중 축구 선수가 2만 4천여 명으로 무려 25%를 차지할 정도로 그 규모에서 압도적이다). 많은 스포츠 종목 가운데 유독 축구를 전 세계 공통의 언어로 추켜세우기도 한다. 한국의 축구는 세계 강호들과 어깨를 나란히 할 정도로 성장을 지속해 왔으며 '2002년 월드컵대회'에서는 4강의 신화를 쓰기도 했다. 지금까지 살아오면서 수많은 스포츠 경기가 있었고 거국적으로 응원했지만, 월드컵 축구 경기 당시 서울시청 광장을 가득 메운 길거리 응원은 평생 잊을 수 없는 가장 멋진 장면이었다고 생각한다. 한국인으로서 자부심을 높여주었고 한국이 자랑스러웠던 순간이었다. 11명의 축구대표 선수들이 대한민국 국민을 하나로 뭉치게 만든 역사적 사건이었다. 스포츠 종목 중에서도 축구는 드라마보다 더 극적이고 더 감정이 몰입되는 매력이 있다.

승패를 가르는 스포츠 경기는 질 수도 이길 수도 있다. 문제는 어떻게 이기느냐, 어떻게 지느냐이다. 2023년 4월 26일 우리나라는 인도네시아와 축구 경기를 했는데 경기 과정은 물론 결과에 대한 국민의 실망감과 함께 허탈감은 이루 말할 수 없었다. 23세 이하(U−23) 국가대표팀은 2024년 파리올림픽 남자축구(23세 이하) 아시아 최종예선 8강전에서 인도네시아와 승부차기에서 패했다. 객관적 전략에서 인도네시아 축구는 우리나라 축구와 비교하기조차 민망한 변방의 축구다. A대표팀의 국제축구연맹(FIFA) 순위에서도 한국은 23위, 인도네시아는 134위다(언론에서는 인도네시아전에서 패배를 놓고 망신을 넘어 참사로 '한국 축구의 치욕의 날'이라고 성토했다). 스포츠 경기의 승패는 출전 선수들의 컨디션, 감독의 전략과 전술, 선수들의 사기와 파이팅 그리고 응원 등 경기 내외적인 복잡한 요소들이 작용하지만, 그날 한국 축구의 패배는 밤을 꼬박 새우며 응원했던 국민에게 실망감을 넘어 분노를 불러일으키기에 충분했다. 그 비난의 화살은 우리나라 축구 행정을 총괄하는 대한축구협회에 모아졌다.

대한축구협회는 2024년 2월 국가대표팀 위르겐 클린스만 감독을 경질한 뒤에도 감독, 코칭 등 지도부의 구성, 연령별 선수 자원 확보, 선수 개별 관리, 선수 운영 체계 등 협회의 근본적인 문제를 개선하기 위한 대대적인 개혁을 실행하거나 시스템적 변화조차 꾀하지 않고 미봉책으로 일관했다는 비판을 받고 있다. 대표적인 사례가 국가대표팀의 황선홍 감독을 U−23 국가대표팀 임시감독으로 임명한 것이다.

다음은 인도네시아와의 경기에서 패한 뒤에 대한축구협회에서 발표한 사과문이다.

올림픽 축구 본선 진출 실패에 대하여

> 오늘 열린 2024 AFC U－23 아시안컵 8강전 패배로 파리올림픽 본선 진출이 좌절된 것에 대해 축구팬, 축구인을 비롯한 국민 여러분께 깊은 사과의 말씀을 드립니다. 10회 연속 올림픽 출전을 위해 코칭스태프와 선수들 모두 최선을 다했지만 아쉽게 목표를 이루지 못했습니다. 축구 대표팀을 육성하고 지원하는 저희 대한축구협회에 총괄적 책임이 있다는 것을 잘 알고 있기에, 다시 한 번 머리 숙여 죄송하다는 말씀을 드립니다. 향후 선수와 지도자 육성, 대표팀 운영 체계를 면밀히 검토하고 개선 방안을 찾아내 더 이상 오늘과 같은 실패가 반복되지 않도록 하겠습니다. 당면 과제인 국가대표팀 감독 선임을 잘 마무리 짓고, 계속 이어지는 2026 북중미 월드컵 아시아 예선에서 좋은 경기로 국민 여러분께 기쁨을 드리기 위해 대한축구협회는 최선을 다하겠습니다.

대한축구협회의 사과문에 따르면 사과의 정석이라고 하는 '진정성 있는 사과', '잘못에 대한 책임과 해명', '어떻게 하겠다는 구체적인 대안 제시'에 대한 모양새를 내고 있지만 국민의 눈높이에 맞지 않은 두루뭉술한 사과라는 것을 알 수 있다. 사과의 주체도 대한축구협회라는 기관이지 그 책임자인 협회장도 아니다. 이것은 사과문이라기보다 아무도 책임지지 않겠다는 입장문이다. 문제가 발생한 뒤의 개인이나 기관에서 낸 사과문을 읽게 되면 앞으로 '어떻게 변화하겠구나'라는 방향을 잡을 수 있는데 이 사과문은 판에 박힌 입장으로밖에 볼 수 없다. 이를 두고 공허한 사과라고 하던가. 미숙한 축구협회의 운영에 버금가는 미숙한 사과다. 우리나라 국민은 관대함과 넓은 아량이 있는 민족이다. 일등이 꼴찌에게 질 수도 있는 것이 스포츠 경기의 의외성이고,

그 의외성이 관전자나 시청자의 눈을 떼지 못하게 하는 것이다. 대한 축구협회가 패배 후에 낸 사과문은 국민의 마음을 충분히 얻지 못했다. 진심 어린 해명도 책임도 그 어느 것 하나 제대로 짚어내지 못했으며, 우리나라 축구의 위상이 종이호랑이로 전락할 수 있다는 위기감조차 찾을 수 없었다.

인간이란 불완전한 존재일 수밖에 없다. 불완전하기 때문에 잘못을 저지르거나 실수한다. "실수는 인간의 몫이고, 용서는 신의 몫이다(To err is human, to forgive divine)"라는 말이 괜히 나왔겠는가. 사람은 누구나 실수하거나 잘못하기 마련이다. 문제는 잘못을 어떻게 인정하고 피해자와 어떻게 화해하느냐이다. 사과에도 기술이 필요한 이유다. 무엇보다 사과는 가해자가 잘못을 인정하는 용기와 피해자가 수용하는 도량의 함수관계가 아닌가 싶다. 매일 사과를 하나만 먹어도 몸에 좋다고 한다. 매일 사과를 먹는 것처럼, 우리는 매일 자신의 말과 행동을 되돌아보며 사과할 일이 없는가 곱씹어 보아야 한다. 그리고 사과할 일이 있다면 피해자에게 진심으로 잘못을 인정하고 용서를 구해야 한다.

사과의 기술 첫 단계는 잘못을 변명하는 것이 아니라 '쿨하게' 인정하는 용기라는 것을 잊지 말자. 교황 요한 바오로 2세는 "변명은 거짓말보다 더 나쁘고 더 추악하다. 변명이란 방어벽을 친 거짓말이기 때문이다"라고 말했다. 패자는 사과를 하는 사람이 아니라 사과를 제대로 하지 못하는 사람이다. 현대사회에서 사과는 리더의 언어로 부상했다. 리더가 잘못에 대해 진솔하게 사과한다면 모두 그의 용기를 우러러볼 것이다. 무엇보다 사과는 '실수와 용서를 이어 주는 징검다리'라고 한다. 제발 그 징검다리를 걷어차 버리지 말자.

📖 김 호·정재승. (2021). 《쿨하게 사과하라》. 서울: 어크로스.

라자르, 아론. (2004). 《사과에 대하여》. 윤창현 옮김. 서울: 바다출판사.

바티스텔라, 에드윈. (2014). 《공개사과의 기술》. 김상현 옮김. 서울: 문예출판사.

송지훈. (2024). 《중앙일보》. 〈구기, 여자핸드볼 빼고 전멸 … 한국, 파리 금 목표 고작 5개〉. 4월 29일.

자두 이야기

'자두나무 아래에서 갓을 고쳐 쓰지 말라'

저자가 사는 동네 형 집의 바로 옆에 자두밭이 있다. 300평 규모에 150여 그루의 자두나무가 산자락에 자리 잡고 있다. 원래 이 밭은 형이 관리하면서 농사를 지었지만, 경매로 다른 사람에게 팔렸다고 한다. 형은 장기적인 안목에서 밭에 자두나무를 심었는데 밭이 경매로 넘어가는 바람에 본의 아니게 자두나무와 생이별을 해야 했던 안타까움을 간직하고 있었다. 그런 상황을 잘 알고 있는 자두밭의 새 주인은 자두를 수확할 때마다 형에게 얼마간 자두를 선물했다고 한다. 저자도 작년에 형 덕분에 자두를 맛볼 수 있었다. 시중에서 파는 자두보다 크기는 작았지만 과육이 풍부하고 당도 또한 높았다. 껍질이 어찌나 매끈하고 그 맛이 달콤한지 한두 개로는 양이 차지 않아 최소 열 개는 게눈 감추듯 먹은 듯했다. 올해는 자두를 일정 분량 구매하여 식구들이 먹기도 하고 친한 지인들에게 선물도 할 생각을 하고 있었다.

공사 현장을 누비는 바쁜 형이 전화를 걸어왔다. "자두 좀 따다 먹어!" "올해는 사다 먹으려고 했는데……." 자두밭 주인이 사다리를 딛고 자두를 따다 그만 떨어져 부상을 입고 병원에 입원했다고 한다. 출하를 위해 자두를 따던 자두밭 주인은 얼마나 마음이 아프겠는가 싶다. 주인이 정성으로 보살핀 덕에 올해는 유달리 탐스럽고 상품 가치가 높은 자두가 열렸다. 자두밭 주인은 형에게 자두 처분에 관한 모든 권한을 주었다. 자두밭 주인은 이왕 자신이 감당하지 못할 바에는 원주인에게 선심을 쓰기로 마음먹었나 보다.

자두밭에 도착해 보니 이미 몇 사람이 자두를 따고 있었다. 자두밭은 주인의 정성과 부지런함으로 풀 한 포기 없이 정리정돈이 잘 되었고, 그렇게 잘 익은 자두는 진한 보랏빛을 띠며 사람의 손길을 기다리고 있었다. 자두밭 주인의 불운으로 자두밭을 누비며 자두를 스스럼없이 딴다는 것이 처음에는 썩 내키지 않았다. 오래전 미국에서 연구년을 보낼 때 돈을 내고 체리를 딸 때가 생각이 나며, 이 세상에 가장 마음이 편한 것은 정당한 대가를 지불하고 필요한 것을 얻는 것이구나 하는 생각을 해본다. 저자도 자두를 서너 개 맛본 뒤 자두를 따기 시작했다. 입안에서 씨를 밖으로 분리한 뒤 씹는 맛이 달고 촉감도 부드러웠다. 난 생처음 자두밭에서 자두 따는 체험을 했다. 자두밭에서 질리도록 자두를 따고 자두에 취했다. 이제는 자두 파는 가게를 지나도 입에 도는 군침의 유혹을 이겨낼 자신이 생겼다.

여기서 분명히 짚고 가야 할 말이 있다. 현재 우리나라 표준어 규정에 따르면 '오얏'이나 '오얏나무'는 쓰이지 않게 된 사어(死語)다. '자두'나 '자두나무'가 표준어다. '오얏'은 '오얏 리(李)' 등의 한자 훈에 남아 있다. 또한 자두꽃의 이화(李花)와 배꽃을 나타내는 이화(梨花)를 구별하는데도 주의가 필요하다. 한글 '이화'만 놓고는 자두꽃인지 배꽃인지 혼란이 생길 수밖에 없을 것이다. 고려 시대 이조년의 시조 다정가 "이화에 월백하고/ 은한이 삼경인 제/ 일지춘심을 자규야 알랴마는/ 다정도 병인 양하여/ 잠 못 들어하노라"에서 이화는 자두꽃일까 배꽃일까. 이화(梨花), 즉 배꽃이다. 우리말은 한자어와 함께 의미를 파악해야 그 맛을 제대로 알고 그 의미를 정확히 이해할 수 있다. 자두가 보랏빛이 나는 복숭아를 닮았다는 의미로 사용하는 자도(紫桃) 역시 사어가 되었다. 앵두나무는 앵도(櫻桃), 호두나무는 호도(胡桃)에서 유래했지만, 열매의 모양이 복숭아와 닮았다고 붙인 한자 이름이다. 한글 표준어로는 앵두나무, 호두나무로 불린다. 여기서는 문맥에 따라 오얏나무 또는 자두나무를 사용한다.

저자가 생각하는 자두는 일반 과일하고는 이미지가 다르다. 아마도 두 가지 이유일 것이다. 하나는 자두꽃이 조선 왕조를 건국한 태조 이성계(李成桂)의 성씨인 이(李, 오얏나무 '이')씨를 나타나는 나무에서 열린 열매여서 그럴 것이다. 조선 시대에는 자두꽃(李花)이 별다른 대접도 받지 못하고 상징물로도 쓰이지 않았다. 그러다가 19세기 말 고종이 대한제국(1897~1910)을 선포하고 왕실의 문장(紋章)을 자두꽃으로 사용하면서부터 자두꽃은 새로운 위상을 갖게 되었다. 고종은 덕수궁에 지은 서양식 건물인 석조전 중앙에 자두꽃 문장을 새겼다. 조선 왕조의 본가(本家)이기도 한 〈전주이씨종친회〉에서 사용하는 종문(宗紋) 역시 자두꽃이다. 대한제국 시기에 설립된 학교의 이름 중 상당수는 교육구국(教育求國)의 야심 찬 의지를 표방한 고종 황제가 하사하였거나 황실 인사와 관련된다. 보성전문, 이화학당, 배재학당, 양정의숙 등. 고려대학교의 전신은 보성전문학교였는데 보성(普成)이란 학교명은 고종이 설립자 이용익(李容翊, 1854~1907)에게 하사하였다. 이용익은 고종의 배려에 대한 감사와 보성전문학교의 특별한 위상을 표현하고자 황실의 문장인 자두꽃을 학교의 상징으로 채택했다. 오늘날 고려대학교 본관과 중앙고등학교 정문에서 자두꽃 문양을 볼 수 있다.

또 다른 이유는 "자두나무 밑에서는 갓을 고쳐 쓰지 말라"는 속담 때문일 것이다. 이 속담의 원문은 길기도 하지만, 어려운 한자어도 보인다. '과전불납리 이하부정관(瓜田不納履 李下不整冠)'이다. 어릴 적부터 이 속담을 귀가 닳도록 들으며 남에게 의심 살 만한 행동을 하지 말 것을 교육받았다. 고향 참외밭에서 서리(떼를 지어 남의 과일, 곡식, 가축 따위를 먹는 장난)를 해보았지만, 자두밭에는 한 번도 가본 적이 없어 이 속담을 확인할 방법이 없었다. 이상하게도 저자는 자두밭과는 인연이 닿지 않았다. 이번에 자두밭 주인의 통 큰 배려로 자두를 따면서 속담의 진위를 확인할 수 있었다. 어른의 키 높이에 자두가 달려있어 손을 뻗기만 하면 딸 수가 있었다. 괜히 자두나무 아래에서 갓을 고친다면서 손을 머리 위로 올리다간 영락없이 자두를 딴다고 오해받을 수 있다. 의심받을 만한 행동은 아예 하지 않는 것이 현명하다.

자두나무는 이 씨가 조선을 건국하기 전에 심한 박해와 핍박을 받았다. 고려 시대에는 저주받은 나무였다. 신라 말 도선국사가 지었다는 도선비기(道詵秘記)에는 오백 년 뒤 오얏 성씨(李)를 가진 새로운 왕조가 들어설 것이라고 예언하였다. 이 씨가 왕이 된다는 도참설, 즉 목자득국설(木子得國說)이다. 고려 왕조에서는 어떻게 대응했을까? 한양에 오얏(李=木+子, 이 씨를 가리킴)나무를 심었다가 일정 기간이 지나면 모두 베었다. 오얏나무(자두나무)를 베어버림으로써 왕기(王氣)를 누르고자 함이었다. 고려 말 공민왕 때는 한양에 벌리사(伐李使, 오얏나무 벌채꾼)라는 특수한 관직을 두고 자두나무를 베게 했다. 왕조 시대에 그것도 나라가 어수선하고 민심이 왕에게서 떠나면서 국운이 쇠락하게 되면 왕권을 지키고 왕실의 권위를 내세우는 자들은 과거의 예언이나 구전으로 전해져 온 전설이나 민화(民話)에 더 예민해질 수밖에 없을 것이다. 여수 오동도(梧桐島)에서는 오동을 거의 찾아볼 수 없다. 왕조 시대에 상서로운 새鳥로 여겼던 봉황이 내려앉는 곳에서 왕이 나온다는 전설에 솔깃하여 봉황이 앉는다는 오동나무를 모조리 베어버렸다. 고려 말 조정을 쥐락펴락했던 요승(妖僧) 신돈이 했던 짓이다. 봉황이 갖고 있는 상징성은 현대인의 일상에서도 널리 쓰이고 있다. 우리나라 국민의 대중놀이가 된 화투에서 11월을 나타내는 오동 광(光)은 봉황과 오동잎을 형상화하고 있다. 우리나라 대통령을 상징하는 휘장도 봉황새가 들어간 문양이다.

옛사람들은 과일을 평가할 때, 과진이내(果珍李柰)라는 말을 했다. 과일 중에 보배는 자두와 능금(사과와 비슷한 과일)이라는 말이다. 옛사람들은 과일의 종류가 지금처럼 많지 않고 재래종 과일이 대부분이었던 시절에 자두와 능금을 최고로 여겼다. 그래서 '도리불언, 하자성혜(桃李不言, 下自成蹊)'라는 말이 생겼나 보다. '복숭아나무와 자두나무는 사람들에게 자랑도 하지 않고 널리 알리지 않아도 그 아래에 길이 생긴다.' 달콤한 열매를 맛보기 위해 사람들이 저절로 찾아들기 때문이다. 이 말을 의역하면 '덕이 있는 사람은 일부러 자랑하지 않아도 많은 이가 찾아와 따른다'라는 말이다.

저자가 복숭아와 자두와 관련하여 좋아하는 말은 도리만천하(桃李滿

天下)다. 오늘날 이 말은 제자나 후배가 천하에 가득하다는 뜻으로, 훌륭한 제자나 후배를 많이 두었음을 칭송하고 축하하는 말로 쓰인다. 세상에서 가장 보배로운 과일을 복숭아와 자두로 꼽듯이 도리(桃李)는 훌륭한 제자나 후배를 뜻한다. 교직에서 정년이 얼마 남지 않은 저자가 바랄 것이 있다면 무엇이겠는가? '도리만천하'가 되면 더 바랄 것이 없을 것이다. 자두를 따면서 이런저런 생각이 꼬리를 물고 나온다. 과일 중의 과일로 쳤던 자두에 대한 얽힌 사연이 많기 때문이다. 다른 과일을 먹으면서도 이렇게 풍부한 스토리텔링이 가능할까.

저자는 배나무밭에 만발한 배꽃 사이로 보름달을 본 적이 있다. 하얀 배꽃에 비치는 달이 하얗게 보였다. 황홀 지경도 잠시였고, '아, 세상은 어떤 매개체를 통해 보느냐에 따라 보이고 드러나는 모습이 달라지는구나'라는 깨달음을 얻었다. 내년 봄 휘영청 보름달이 뜬 날 자두밭에 만발한 자두꽃 사이로 보름달을 볼 생각을 하면 벌써 마음이 설렌다. 배나무의 이화(李花)와 자두나무의 이화(李花)에 파묻혀 한세상 살아간다고 생각하니 더 바랄 것이 무엇이 있겠는가 싶다. 부상으로 입원 치료 중인 자두밭 주인의 깊은 배려에 감사한 마음을 전하며 빠른 쾌유를 기원한다.

📖 박상진. (2020). 《문화와 역사로 만나는 우리나무의 세계 1》. 파주: 김영사.

김덕수. (2012). 《충청투데이》. 〈화투 '똥광'의 비밀을 아십니까?〉. 3월 25일.

오수형. (2009). 《동아일보》. 〈[한자 이야기] 桃李不言, 下自成蹊〉. 9월

26일.

정한솔. (2019). 《고대신문》. 〈'보성에서 고려까지' 114년 역사의 초석을 다지다〉. 5월 8일.

제3부

질서(秩序)

새봄의 전령들

화초(花草), 봄비, 농부

기원전 490년 페르시아의 다리우스 1세는 6백 척의 전함을 포함한 2만 5천 명의 병력으로 아테네를 공격했다. 그리스는 아테네 북동쪽에 있는 마라톤 평원에서 페르시아 대제국을 상대로 대회전을 치렀다. 수적으로 절대 열세를 보였던 그리스가 페르시아를 물리쳤다. 전쟁은 숫자로만 하는 것이 아니다. 당시 헤메로드로이, 즉 전쟁에 직접 참전하지는 않았지만 온종일 달려 소식을 전하는 임무를 맡았던 필리피데스(또는 페이디피데스)는 그리스군의 승전보를 알리기 위해 약 40km를 달려 "우리 아테네가 이겼다"라는 말을 전하고 그 자리에 쓰러져 숨졌다. 필리피데스가 절박한 마음으로 승리 소식을 전하기 위해 목숨을 걸고 뛴 것은 오늘날 마라톤 경기의 유래가 되었다(1896년 프랑스 화가 뤽 올리비에 메르송은 〈마라톤의 병사〉라는 그림을 그려 기진맥진한 필리피데스의 머리에 월계관을 그려 넣어 인류 최초의 마라토너를 기념했다). 뜬금없이 마라톤의 유래에 대해 말하고 있는가 싶겠지만, 겨울의 끝자락에서 봄소식을 알리는 자연의 전령들을 마라톤 평야를 가로질러 아테네 시민들에게 승리의 메시지를 전해 준 필리피데스로 비유하고 싶어서이다.

봄의 전령으로 첫 번째로 꼽을 수 있는 것은, 대기의 온화해진 바람과 땅 위에 솟아나는 화초일 것이다. 옛사람들은 봄의 전령으로 엄동설한을 이겨낸 매화에 많은 점수를 주었지만, 남이 알건 모르건 대지를 초록으로 물들이는 여러해살이(다년생) 식물이야말로 최고의 전령이라고 생각한다. 여리듯 여린 식물들이 아직 녹지 않은 땅속에 자리를 잡고 싹을 틔운 전경을 보노라면 가던 발걸음이 저절로 멈춰져 한동안 바라보며 감동에 젖는다. 매화가 난초, 대나무, 국화와 함께 사군자(四君子) 중 하나로서 고결함을 상징할 정도로 높이 평가되고 있지만, 저자는 사람들 발아래 밟히면서 이름조차 잘 알려지지 않은 화초 역시 사군자의 고결함에 뒤떨어지지 않는다고 본다.

두 번째는 봄비다. 늦가을 비가 겨울을 재촉하는 비라면, 늦겨울 비는 새봄을 재촉하는 최화우(催花雨)다. 봄비는 강렬하지도 억척스럽게도 내리지 않는다. 곧잘 내리는 보슬비가 아직 녹지 않은 차가운 대지를 뚫고 존재감을 드러내는 화초에 힘을 보탠다. 그렇게 내린 봄비는 일필휘지(一筆揮之)로 휘호를 써 내려가는 서예가처럼 대지를 초록으로 물들이게 된다.

봄비를 서정적인 감성으로 시를 지은 시인이 있다. 고등학교 은사님이자 시인이셨던 이수복 선생님의 〈봄비〉다. 영문학자였던 선생님은 농촌에 찾아온 봄의 전경을 서정적인 아름다운 시어(詩語)로 표현하였다. 〈봄비〉는 고등학교 국어 교과서에 실렸는데, 그런 은사님에게 배운다는 것이 자랑스러웠다. 봄비가 내리면 조건반사적으로 은사님의 시를 읊조리곤 했는데, 처음부터 끝까지 기억하는 몇 편의 시 가운데 하나이다.

이 비 그치면
내 마음 강나루 긴 언덕에
서러운 풀빛이 짙어오것다.

푸르른 보리밭길
맑은 하늘에
종달새만 무어라고 지껄이것다.

이 비 그치면
시새워 벙글어질 고운 꽃밭 속
처녀애들 짝하여 새로이 서고,

임 앞에 타오르는
향연(香煙)과 같이
땅에선 또 아지랑이 타오르것다.

시인은 농촌의 봄을 상징하는 주제어로 땅에서는 푸르른 보리밭과 아지랑이, 그리고 하늘에서는 새들의 지껄이는 소리로 함축했다. “내 마음 강나루 긴 언덕에/ 서러운 풀빛이 짙어오것다”는 아련한 슬픔이 깃든 한 폭의 수묵화를 그려놓은 것 같다. 시어의 시각적인 효과다. 얼마나 혹한의 추위를 견디며 기다리고 기다렸던 새봄이고 새싹의 풀빛이겠는가. 사람 사이에도 너무도 기다리던 사람을, 애타게 보고 싶었던 사람을 만나면 눈물이 나는 이치와 같을 것이다. 이때 흘리는 눈물은 반가움과 안도와 그리움이 뒤섞인 ‘서러운 눈물’이다. 봄에 세상 밖으로 나오는 풀의 이름을 ‘서러운 풀빛’이라고 불러보면 좋겠다.

세 번째 봄의 전령은 농부들의 바쁜 일손이다. 사실, 농촌에서 봄을 체감하는 것은 농부가 비료를 미리 구매하여 논과 밭에 가득 쌓아놓는 것에서 시작한다. 2월 중순에서 3월 초 사이에 농촌 들녘을 가서 보아라. 수십, 수백 포의 다양한 비료가 팔레트 위에 놓여 땅에 뿌려질 날을 기다리고 있다. 농부들이 본격적인 농사철을 대비하여 가장 먼저 하는 일은 비료를 준비하는 것이다. 예전처럼 봄에 파종을 위해 새끼 꼬고 농기구를 점검하는 것이 아니다. 현대화된 농촌에서 농부가 준비한 비료는 장인이 작품활동을 시작하기 전에 갖춰놓은 공구와 같다.

이렇게 새봄의 전령들이 필리피데스처럼 봄소식을 전할 때 '봄에 피는 꽃을 시샘하는 추위', 즉 꽃샘추위가 찾아온다. 올해도 여지없이 꽃샘추위가 찾아왔다. 옛사람들이 여한(餘寒, 글자대로 겨울이 지나고 봄기운이 완연해지지만 아직 차가운 기운이 남아 있는 봄날의 추위) 또는 춘한(春寒)으로 부르던 '꽃샘추위'는 우리말 중에 가장 시적인 단어일 것이다. 기득권 세력인 겨울이 새봄에 주도권을 완전히 이양하기 전에 꽃이 피는 것을 시샘하고 질투하면서 변덕을 부리는 마치 작은 반란과도 같은 날씨다. "2월 바람에 김칫독 깨진다"라든지 "꽃샘에 설늙은이(나이는 그다지 많지 않지만 기질이 노쇠한 사람) 얼어죽는다"라는 속담이 괜히 나왔을까 싶다. 저자도 봄의 문턱을 넘어도 한참 넘은 시절에 어김없이 찾아온 추위에 〈꽃샘추위〉라는 주제로 시 한 수를 적어본다.

그러면 그렇지
새봄이 온 줄 알았는데
추위가 건너간 줄 알았는데
어김없이 올 것이 왔다.

소란스럽게 바람을 일으키고
눈을 뿌려 대지를 꽁꽁 얼릴 듯한 기세에
땅 위로 용솟음쳤던 새봄의 전령들
진퇴양난의 위기를 맞았지만
대세는 이미 결정되었다.

시샘하는 추위조차
봄의 향연을 축하하기 위해 찾아온 사절단 같다.
며칠 만에 하늘과 대지는 평온을 되찾고
역발산기개산(力拔山氣蓋世)의 봄의 정기는
한껏 더 거침이 없다.

올봄에도 어김없이 꽃샘추위라는 작은 반란이 있었지만, 곳곳에서 필리피데스와 같은 봄의 전령이 선사하는 만화(萬花)를 대하는 즐거움과 환희는 형용할 수 없을 정도다. 대세가 된 봄기운은 대지의 회복 탄력성을 북돋는다. 봄은 '보다'라는 동사에서 파생된 명사라고 한다. 새봄을 맞이하여 눈 호강도 많이 하면서 역경을 이겨내고 존재감을 드러낸 생명체들과 농번기의 출발선에 선 농부들에게 뜨거운 박수라도 해주면 좋겠다.

📖 수자, 필립 드·헤켈, 발데마르·루엘린-존스, 로이드. (2009). 《그리스 전쟁》. 오태경 옮김. 플래닛미디어.

곡식은 농부의 발자국 소리를 듣고 자란다

시기적절과 시의적절

일상에서 흔히 사용하는 용어 중 시기적절(時期適切)과 시의적절(時宜適切)이란 말이 있다. 같은 듯 다른 말이다. '시기'적절은 글자 그대로 시기에 방점을 둔다. 시기적절했다고 말할 때는 어떤 일이나 조치가 적절한 '시간'에 수행되는 것을 의미한다. 기대했던 시간에 맞춰 일이 이루어졌다는 것을 강조한다. 시기적절 앞에 '매우' 또는 '특히'와 같은 수식어를 사용하면 시기적절의 효과를 더 높이는 경우가 된다. 예를 들어, "그의 조언은 '매우' 시기적절했으며, 우리는 그의 도움을 크게 받았다"라고 말할 수 있다. 시기적절은 결국 타이밍과 관련된다.

'시의'적절은 상황이나 요구에 방점을 둔다. 시의적절하다고 말할 때는 어떤 일이나 조치가 주어진 '상황'이나 '요구'에 맞게 적절하게 이루어진 것을 의미한다. 예를 들어, "이 논문은 매우 시의적절하다"라고 평가받는다면 논문의 내용이나 성격이 교육적, 정책적, 맥락적 상황 등 현재의 상황이나 요구에 맞게 적절하게 기술되었다는 의미다. 종합하면, 시기적절이 시간의 적확성에 방점을 두면서 상황적인 요소를 고려한 표현이라면, 시의적절은 상황이나 요구를 우선적으로 강조하면서 시간적 측면은 상대적으로 덜 강조하고 있다. 매사에 시간과 시의가 적절하다면 그 이상 바랄 것이 없을 것이다.

올여름 시기적절과 시의적절의 단어가 얼마나 중요한가를 실감할 수 있는 두 가지 경험을 했다. 한 가지는 마을 형들이 천 평 규모의 밭에 심었던 브로콜리를 판매하는 과정에서 경험했던 일화다. 브로콜리는 샐러드, 수프, 스튜 등을 만드는 데 사용되며 뛰어난 항산화 효능을 가진 채소로 평가받고 있다. 브로콜리는 가뭄을 이겨내고 잘 자랐다. 문제는 브로콜리를 수확한 뒤 판매하는 것이었다. 가족이나 지인을 통해 판매하는 데도 한계에 부딪쳤다. 다행히 인근 광역시 외식업체와 섭외가 되어 납품할 수 있는 길을 열게 되었다. 업체에 주문을 받아 상품 가치가 있는 브로콜리를 선별해 포장하여 배달했다. 아뿔싸! 업체에서 연락이 왔다. 다수의 브로콜리에서 벌레가 나와 폐기처분을 해야 했다는 것이다.

브로콜리를 재배, 수확, 마케팅을 하는 과정에서 몇 가지 아쉬움이 남는다. 첫째, 형들은 브로콜리를 심고 키우는 과정에 필요한 관련 지식과 유의 사항을 충분히 숙지하지 못한 듯했다. 환경친화적인 재배를 하겠다는 의지는 높았지만, 농약을 치지 않은 대신에 병충해를 예방할 특별한 대안을 마련해두지 않았다. 농촌에서 작물을 직접 재배해 보면 이해할 수 있지만, 대규모로 작물을 재배하기 위해서는 농약을 사용하지 않을 수 없다. 주인에 따라 농약을 얼마나 자주, 얼마만큼 치느냐의 정도의 차이는 있겠지만, 무(無)농약으로 농작물 재배가 가능할까 싶을 정도다. 물론 농사 규모에 따라 무농약으로 농작물을 재배할 수도 있다. 소수 가족의 먹거리를 위해 소규모의 텃밭을 일구면서 손품, 발품을 들여 정성을 쏟으면 무농약 재배도 가능할 것이다. 그러나 일정 규모 이상으로 농사를 짓는 경우에는 저(低)농약으로 재배한 작물은 있어도 무농약으로 재배한 작물은 없다고 본다.

시장에서 유기농(有機農), 즉 농업 화학 비료, 유기 합성 농약, 생장 조정제 등 일체의 합성 화학 물질을 사용하지 않고 유기물과 미생물 등 자연적인 자재만을 사용하여 재배한 농작물은 그렇지 않은 농작물 보다 가격이 훨씬 비싸다. 진짜 유기농법으로 농작물을 재배했다면 그럴 만한 가치가 있을 것이지만, 유기농의 개념에 맞춰 농사를 짓는 것은 한계가 있을 수밖에 없다. 그만큼 유기농 재배를 위한 환경 조성이 어렵다고 할 것이다. 저자와 사제의 인연을 맺은 제자들은 다양한 직업에 종사하고 있다. 유기농으로 감농사를 지어봤다는 제자에게 전해들은 이야기다. "마음을 독하게 먹고 유기농법으로 감농사를 지었는데 다 망쳤습니다. 농약을 친 옆 감나무밭에서 벌레들이 몰려와 어떻게 해볼 수가 없었습니다." 서식하기 적합한 환경이면 몰려가는 해충은 유기농법으로 인체에 무해한 감농사를 짓겠다는 젊은 농부의 가슴을 도려냈다.

둘째, 무엇보다 신선도를 유지해야 하는 브로콜리의 판로에 대한 사전 수요처를 정하지 못했다. 농촌에서 생산되는 대부분의 작물은 농협 공판장을 통해 공급되지만, 중간 유통기관의 역할을 담당하는 농협이 제시하는 가격과 생산자가 기대하는 가격 차이가 크면 거래가 성립하지 않고 생산자는 별도로 판로를 뚫어야 한다. 농협은 농민을 위해 많은 노력을 하고 있지만, 농산물 중간 유통기관으로서 농협은 농민들의 기대를 반드시 반영하지 않는다.

결국 브로콜리 재배 과정에서의 병충해 예방과 출하시기에 문제가 있었다. 형들은 처음으로 브로콜리를 재배하다 보니 작물의 특성과 출하에 따른 유통 네트워크 형성과 유의 사항 등에 대한 충분한 사전 준비를 하지 않았다. 친환경을 강조하여 농약을 치지 않았지만, 농약 대신에 병충해를 예방할 수 있는 대안이 부재했다. 브로콜리 전문업자에게 문의해 보았더니, "출하 전후에는 삼사일 간격으로 농약을 쳐야 한다"라고 귀띔해 주었다. 또한 출하시기를 결정하는 데 한 발 늦었다. 외식 업체가 밭을 둘러보러 왔을 때만 해도 브로콜리의 상품가치가 만족스러웠는데 불과 며칠 사이에 병충해가 전염되어 폐기 처분해야 했다. 브로콜리의 특성과 출하에 따른 시기적절한 대안과 행동이 없어 인건비와 종자대도 건지지 못하고 갈아엎어야 했다. 시기와 시의가 적절하지 못한 결과는 비싼 대가를 치르게 했다.

또 다른 경험은 고구마 재배와 관련된 일화다. 형들과 함께 마을에서 1km 이상 떨어진 대로에 인접한 밭주인의 부탁으로 작물을 심었다. 주인은 밭에 작물을 심지 않고 놀리게 되면 잡초가 웃자라 땅인지 맹지인지 구분하기 어려울 정도가 되는 것을 우려하여 작물을 심길 바랐다(요즘 농촌에는 노는 땅이 많다. 땅은 있는데 농사지을 사람이 태부족이다). 약간 경사가 진 밭의 토양은 황토 진흙으로 배수가 잘 되지 않았다. 이런 토양 환경에 적합한 작물을 고민하다 고구마를 심었다. 고구마는 대표적인 구황식물로 척박한 토양에서도 잘 자라는 작물이다. 고구마는 가뭄을 이겨내고 뿌리를 내려 새순을 틔우며 잘 자라는 듯했다.

고구마순을 식재하고 달포가 지난 뒤였을 것이다. 주변의 고구마 잎이 무성하게 자라는 것을 보면서 대로변의 고구마밭을 가보았다. 고구마는 보이지 않고 성인 키보다 높이 자란 잡초만 보였다. '무질서한 세상이란 이런 모습이구나'라는 생각까지 들었다. 고구마를 찾기 위해 밀림을 형성한 잡초를 제치고 장화 신은 발을 내디뎠다. 고구마 덩굴은 잡초에 가려 보이지 않았고 어렵게 찾아낸 고구마 덩굴은 줄기가 가늘고 덩치도 작았다. 잡초의 위세에 눌려 기가 죽었고 햇볕을 충분히 받지 못한 채 겨우 숨만 쉬고 있는 모습이었다. 잡초 제거를 제때 하지 못한 탓에 고구마가 들어서야 할 자리에 잡초가 주인인양 떡 하니 버티고 있었다. 주객전도(主客顚倒)도 이만저만이 아니다. 집에서 멀리 떨어진 곳에 위치한 밭이다 보니 평소 자주 상태를 살피지도 못하고 무엇보다 잡초를 제거하지 못한 탓이었다.

농사는 시기와 시의가 적절해야 하는 대표적인 직업이 아닌가 싶다. 무엇보다 농사는 토양, 위치, 배수, 햇볕, 온도, 바람, 수분 등 자연적, 환경적, 지리적인 복합적 요인이 변수로 작용하기 때문에 그 시기와 시의를 적절하게 맞춰야 하는 고난도의 종합예술이다. 시기와 시의에 맞춰 파종이나 식재를 해야 하지만, 이후에 돌보아야 하는 절차와 과정은 훨씬 더 민감하다. 프랑스의 생물과학자 뷔퐁(1707~1788)은 "자연은 고정화된 독립체가 아니라 끊임없이 변화되는 드라마틱한 조합체다"라고 말했다. 한마디로 자연을 명사(名詞)가 아니라 동사(動詞)로 규정했다. 쉬지 않고 변하는 것이 자연의 본질이다. '변화'를 본질로 하는 자연이란 무대에서 작물을 짓는 일은 그 변화를 존중하고 그 변화에 맞춰야 한다는 것을 시사한다. 인간이 변화무쌍한 자연에 적응(適應)하기 위한 인간적인 능력에는 일정한 한계가 있을 것이다. 적응이란 표현보다 순응(順應)이란 표현이 더 적절할지 모른다.

농부들은 이른 아침잠에서 깨자마자 논밭을 한 바퀴 돌고 와서 아침을 먹는다. 밤새 안녕은 사람에게만 적용하는 인사가 아니다. "곡식은 농부의 발자국 소리를 듣고 자란다"라는 말이 괜히 생긴 게 아닐 것이다. 농사에 스마트팜이 도입되고 드론이 하늘을 날며 농약을 뿌리지만, 여전히 곡식은 농부의 발길을 기다리고 있다. '쌀미(米)'자를 자세히 들여다보면 팔(八)과 팔(八)을 합한 글자로 이루어졌다. 쌀 한 톨에 농부의 손이 여든여덟 번 가야 한다는 의미로 풀이한다. 브로콜리와 고구마 농사를 해충과 잡초에 빼앗긴 뒤에 가슴이 미어졌을 형들을 위로하며 시기적절과 시의적절의 교훈을 되새겨본다.

📖 오경아. (2024). 《조선일보》. 〈일사일언 자연은 살아있으니 '動詞'〉. 7월 22일.

다람쥐와 도토리

건망증의 유익함

흉년 등으로 기근이 심할 때 주식물 대신 먹는 야생 식물을 구황식물(救荒植物) 또는 비황식물(備荒植物)이라고 한다. 한자 '황(荒)'은 풀 초(艹)와 망할 망(亡) 그리고 냇물 천(川)의 결합어다. 풀 한 포기, 물 한 모금조차 먹을 수 없는 거친 황무지를 뜻한다. 구황식물은 보릿고개를 연상시킨다. 보릿고개가 있던 시절에는 매년 5월과 6월이 문제였다. 일 년 중 두세 달은 식량이 떨어진 집들이 많았다. 5, 6월은 지난해 가을에 수확한 양식이 바닥나고, 올해 보리는 아직 여물지도 않았다. 보릿고개를 춘궁기(春窮期) 혹은 맥령기(麥嶺期)라고 부르는 이유다.

저자 역시 보릿고개를 경험했다. 세상이 온통 초록으로 물든 5~6월이면 '밥을 먹고 뒤돌아서면 배고프다'라는 10대에 친구들과 산으로 들로 다니면서 허기진 배를 채웠다. 여물지 않은 보리를 불에 살짝 익혀 손으로 비벼 먹고 나면 입 주변이 시커멓게 되었다. 물천어와 개구리 뒷다리는 최고의 단백질 보충원이었다. 사실 1960~70년대 농촌에서는 사시사철이 보릿고개였다고 생각한다. 여름에는 감자와 옥수수를 달고 살았다. 뙤약볕이 기승을 부리는 7~8월엔 푸르스름한 땡감(덜 익어 맛이 떫은 감)을 소금물에 담가 떫은맛(맛이 거세고 텁텁한 맛)을 가시게 한 뒤 간식으로 먹었다. 가을에는 산에서 주운 도토리를 갈아 가루로 보관했다. 산에서 밤도 많이 주웠다. 겨울에는 사랑방에 자리를 차지한 고구마와 서늘한 고방(庫房)에 저장된 호박이 주식 대용으로 사랑받았다. 학교에서 집에 오면 제일 먼저 들르는 곳이 고구마를 찐 솥이 있는 부엌이었다. 고구마는 밥그릇을 가운데 놓고 적당량의 물을 부은 뒤 찐다. 또 산에서 칡뿌리를 캐 껌처럼 씹기도 하고 즙을 내 마시기도 했다. 소나무 껍질을 낫으로 벗겨 내고 부드러운 속살을 씹으면 단맛이 났다. 초근목피(草根木皮)의 여러 구황식물로 허기를 달래곤 했다. 그래도 저자는 형편이 좀 나았던 시절에 자랐지만, 형들과 누나들은 더 배고픈 시절을 보냈다.

구황식물 중 도토리를 줍는 일은 쉬웠다. 산에는 도토리가 열리는 참나무과(科) 나무가 많았다. 많을 때는 몇 포대씩을 지게에 지고 산에서 내려왔다. 도토리로 묵을 만들거나 전병을 만드는 공정 과정은 손이 많이 갔다. 말리는 과정에서도 벌레에게 좋은 일만 시키는 경우가 허다했다. 그때에는 도토리를 주식으로 하는 다람쥐와 청설모가 참나무과 나무의 군락을 이루는 데 일등 공신인 줄 몰랐다. 이번 기회에 도토리와 다람쥐에 대해 좀 더 깊이 공부해보자.

도토리 혹은 상수리는 참나무과 나무에서 열리는 열매를 통틀어 말한다(경상도에서는 꿀밤이라고 한다). 우리나라에 자생하는 참나무과 나무에는 떡갈나무, 신갈나무, 졸참나무, 굴참나무, 상수리나무, 갈참나무 등 여섯 종류가 있다. 이들 나무를 통칭하여 '참나무'라고 부른다. 식물학적으로 '참나무'는 존재하지 않는다. 우리나라 산에는 참나무가 흔히 자라고 그 쓰임새 또한 많아 '진짜 나무(眞木)'라는 의미로 참나무란 이름을 얻은 것으로 생각된다. 2011년 산림청 통계에 따르면 우리나라 전체 수목 중 27%는 참나무이고 그 다음으로 소나무가 23%를 차지했다. 이들 나무 중 상수리나무의 이름과 관련해서는 여러 설이 전해져 내려온다. 황해도 은율과 송화 사이에 구왕산(求王山)이 있고, 그 중턱에 구왕굴(求王窟)이라는 석굴이 있어 전란이 나면 임금이 이곳으로 피란했다고 한다. 언젠가 양식이 떨어져 임금에게 수라를 올릴 수 없게 되었을 때, 마을의 촌로가 도토리밥을 지어 바쳤다. 임금을 살려냈다고 하여 굴의 이름을 구왕굴, 산의 이름을 구왕산으로 불렀다고 한다. 도토리를 임금, 즉 상감의 수라상에 올렸다는 뜻으로 '상수라'라고 했다가 '상수리'가 되었다는 이야기다. 또 상수리의 한자 이름은 상실(橡實)인데 '상실'에 '이'가 붙어 '상실이'라고 부르다가 '상수리'가 되었다는 설도 있다(박상진, 2023). 임금의 수라상에 올린 다양한 음식 중 도토리만을 상수리라고 한 것은, 피란 중에 배고픈 기억이 강렬했기 때문이었을 것이다.

임금이 피란 중에 이름을 붙였다는 음식 이름을 보면 흥미진진하면서도 변덕스러운 인간 감정의 기복을 보는 것 같아 씁쓸하다. '도루묵'의 유래가 그렇다. 조선 시대 선조는 임진왜란으로 몽진(蒙塵, 머리에 먼지를 쓴다는 뜻으로 임금이 난리를 피해 다른 곳으로 옮겨간다는 말)을 하던 중에 '묵'이라는 물고기를 맛있게 먹었다. 하도 맛있게 먹어 '은어'라는 이름을 하사할 정도였다. 전쟁이 끝나고 환궁하여 '묵' 고기를 먹었는데 옛날 맛이 아니었다. 선조는 "에이, 도로(다시) 묵이라 불러라"라고 했다고 한다. '도로묵'은 시간이 가면서 '도루묵'으로 변했고, 도루묵은 다시 본래의 상태로 돌아가는 것을 칭하는 말이 되었다. 고기는 그대로인데 인간의 감정은 상황에 따라 이토록 다르다. 자연 세계에서 벌어지는 사달에는 인간의 개입이 문제다.

늦가을에 산속을 가다 '툭' '툭'하는 소리를 들을 수 있다. 참나무에서 떨어지는 도토리와 땅에 떨어진 낙엽이 접촉하면서 나는 소리다. '툭' 소리는 사람의 귀에도 들리지만, 더 민감하게 신경을 쓰고 있는 동물은 다람쥐일 것이다. 다람쥐는 이때 도토리를 모으지 못하면 겨울을 나기 어렵다. 다람쥐는 생존을 위해 치열하게 도토리를 모아 저장해야 한다. 참나무 한 그루에서 도토리가 적게는 300개에서 많게는 1만 개가 맺힌다고 하니 다람쥐가 부지런히 도토리를 모으면 풍족한 겨울을 보내게 될 것이다. 도토리를 모으는 동물이 어디 다람쥐뿐이겠는가. 청설모, 멧돼지, 곰, 꿩과 같은 동물도 도토리를 찾아 나선다. 제한된 먹이를 놓고 벌이는 치열한 생존게임이다.

우리나라에 서식하는 다람쥐는 세 종류가 있다. 누런색과 몸에 줄을 가진 다람쥐는 흔히 볼 수 있고, 배를 제외한 몸 전체가 검은색으로 일반 다람쥐보다 훨씬 크고 꼬리도 큰 청설모, 그리고 희귀한 날다람쥐가 있다. 여기서 청설모에 대한 오해를 잠시 풀고 가자. 저자도 숲에서 보는 청설모를 우리나라 토종 동물이 아닌 외래종으로 생각했다. 생태적으로는 다람쥐와 비슷하게 생겼지만 덩치가 크고 검은색 털을 가진 이 동물은 외모도 비호감이었다. 그러나 청설모도 엄연히 토종 동물이다. 우리 조상은 붓의 재료로 청설모의 꼬리털을 많이 이용했다고 한다. 청설모의 영어 이름은 '한국 다람쥐'라는 뜻의 'Korean squirrel'이다.

다람쥐와 청설모의 차이점도 흥미롭고 예상을 뒤엎는다. 다람쥐가 도토리가 많은 참나무 숲과 풀밭을 좋아하는 반면, 청설모는 솔방울이 많은 잣나무 숲을 좋아한다. 다람쥐는 굴을 파고 사는 것과 달리, 청설모는 나무 위에 나뭇가지를 모아 집을 짓거나 나무 구멍 안에서 산다. 또 다람쥐는 겨울잠을 자지만 청설모는 겨울잠을 자지 않는다. 무엇보다 다람쥐가 나무 열매는 물론이고 개구리나 작은 뱀을 잡아먹는 잡식성인 반면, 청설모는 나무 열매를 주식으로 하면서 간혹 벌레나 작은 새의 알을 먹기도 한다. 놀라운 점은 대부분 사람은 다람쥐가 육식을 하지 않을 것처럼 생각하지만 사실은 뱀까지 잡아먹는 잡식성이라는 점이다. 우리가 알고 있는 상식은 검증이 필요할 때가 많다.

다람쥐가 도토리를 다 먹어치운다는 생각에 다람쥐야말로 참나무과 나무의 번식을 방해하는 주범이라고 생각하는 사람이 많다. 그런 생각은 오해다. 다람쥐는 도토리를 땅에 묻어 두기도 하는데, 기억력이 좋지 않아 묻어 둔 도토리 대부분을 찾지 못한다. 다람쥐가 묻어 두고 찾지 못한 도토리는 다음 해에 싹을 틔워 참나무로 자라게 된다. 다람쥐의 건망증은 안타까운 일이지만 참나무, 아니 우리나라 산에는 얼마나 다행인 줄 모를 일이다. 만약 다람쥐의 인지능력이 뛰어나 땅에 묻어 둔 도토리의 위치를 모두 기억하고 찾아내 먹어 치운다면 참나무는 숲을 이루지 못할 것이다. 참나무과 나무에 도토리가 많이 매달려도, 부지런하지만 건망증이 심한 다람쥐라는 운반책이 아니라면 참나무과 나무는 어미나무 주변을 맴돌게 될 것이다. 다람쥐의 건망증이야말로 우리 산을 푸르게 만드는 일등 공신이다. 물론 그 일등 공신에는 청설모도 포함한다. 세상에 저절로 되는 것은 없다. 인과응보(因果應報)의 원리가 작용한다. 사람의 눈에 보이지 않을 뿐이다.

📖 박상진. (2023). 《궁궐의 우리나무》. 서울: 눌와.

권오신. (2007). 《경북매일》. 〈다람쥐가 번식시키는 참나무〉. 11월 12일.

김영선. (2005). 《광주드림》. 〈나중에 먹으려고 파묻은 도토리〉. 6월 7일.

동백꽃과 동박새

공생(共生)의 본보기

동백(冬柏). 동백은 겨울에도 늘 푸른 진녹색 잎을 간직하고 있다. 이파리는 단단하고 기름을 칠한 듯 반지르르하다. 동백의 붉은 꽃이 눈 속에서 자태를 드러내면 발걸음을 멈추지 않을 수 없다. 동백은 대지의 생명이 혹한에 떨며 동토(凍土) 아래 숨죽이고 있을 때 보란 듯이 꽃망울을 터트린다. 시인 용혜원의 〈선운사 동백꽃〉의 한 구절이다. "가슴 저린 한이 얼마나 크면/ 이 환장하도록 화창한 봄날에/ 피를 머금은 듯 피를 토한 듯이/ 보기에도 섬뜩하게 검붉게 검붉게 피어나고 있는가" 시인의 눈에는 동백의 붉은 꽃이 마치 사람이 입속에 머금고 있거나 토한 피와 같이 검붉게 보였다. 검붉은 피는 가슴 깊이 한 맺힌 사람의 피다. 생태적으로 동백꽃이 붉은색인 것에는 이유가 있다. 새들도 색깔을 알아채는 방식이 사람과 비슷하여 파장이 긴 빨간색에 더 민감하다고 한다. 동백꽃은 새의 눈에 잘 띄도록 진녹색 잎 사이로 빨간색 꽃을 피운다.

겨울은 동백이 꽃을 개화하는 데 너무 가혹한 환경이다. 힘들게 핀 꽃 향기를 좇아 드는 나비와 벌 같은 곤충도 없는 추운 계절이 아니던가. 아무리 강인한 동백이라도 꽃가루받이(수분) 역할을 해주는 매개체가 없으면 종족 보존과 번식을 할 수 없을 것이다. 동백이 엄동설한(嚴冬雪寒)에 꽃망울을 터트리는 데는 믿는 구석이 있다. 자연의 섭리는 동백꽃의 붉은 자태와 동박새를 등장시킨다. '동' 씨 성을 가진 한 가족 같다. 동박새는 추운 겨울을 나는 데 필요한 에너지를 얻기 위해 동백꽃의 꿀을 빨고 동백나무의 수분 매개자가 되어 준다. 서로에게 가장 필요한 역할을 한다. 공생 관계의 본보기다. 시인 이산하는 〈선운사 동백꽃〉에서 동백꽃과 동박새의 관계를 이렇게 노래하였다.

> 나비도 없고 벌도 없고 동박새뿐
> 그 동박새에게 마지막 씨를 남기고
> 흰 눈 위에 떨어진 한 치 흐트러짐 없이
> 통째로 툭 떨어진 선운사 붉은 동백꽃
> 떨어지지 않은 꽃보다 더 붉구나

동백꽃과 동박새의 관계를 이렇게 비유해 보자. 동백꽃이 마지막 임종을 앞두고 유언을 남길 때 곁에서 지켜주는 친구는 동박새뿐이다. 동백꽃의 마지막 길을 지켜줄 그 흔한 나비와 벌이 없어도 그들을 탓할 수도 없는 일이다. 백설기 같은 흰 눈 위에 '툭' 떨어지는 동백꽃의 결기 또한 장엄한 서사다. 그 서사는 동장군(冬將軍)조차 숙연하게 만든다. 동박새가 동백꽃 주위를 맴돌며 수다쟁이처럼 소리를 내는 것은 친구인 동백꽃을 보내는 장송곡(葬送曲)이다. 동백꽃과 동박새는 워낙 특별한 관계를 맺다 보니 전해져 오는 전설도 꽤 있다. 하나만 소개하자.

> 옛날 어느 나라에 포악한 왕이 살고 있었다. 이 왕에게는 자리를 물려줄 후손이 없었으므로 자신이 죽으면 동생의 두 아들이 왕위를 물려받게 되어 있었다. 욕심 많은 왕은 그것이 싫어 동생의 두 아들을 죽일 궁리를 하였고 동생은 이를 알고 자기 아들을 멀리 보내고 대신 아들을 닮은 두 소년을 데려다 놓았다. 그러나 이것마저 눈치챈 왕은 멀리 보낸 동생의 아들 둘을 잡아다가 왕자가 아니니 동생에게 직접 죽이라고 명령하였다. 차마 자기 아들을 죽이지 못한 동생은 자결하여 붉은 피를 흘리며 죽어 갔고 두 아들은 새로 변하여 날아갔다고 한다. 동생은 죽어서 동백나무로 변했으며 이 나무가 크게 자라자 날아갔던 두 마리의 새가 다시 내려와 둥지를 틀고 살기 시작하였는데 이 새가 바로 동박새라는 전설이다(위무량, 2007 재인용).

영화나 드라마에서 왕좌의 게임을 보는 듯한 슬픈 전설이다. 권력자가 권력 연장을 위한 탐욕을 부릴 때는 주변뿐 아니라 형제와 가족조차도 희생양이 되는 경우를 보게 된다. 이 전설을 듣게 되면 왜, 동백꽃이 검붉은 피를 닮았는지 동박새가 왜 동백꽃을 찾게 되는가를 이해하게 된다. 동백꽃과 동박새는 아버지의 아들에 대한 부성애를 간직하고 있다. 동박새가 동백꽃 속으로 부리를 박고 꿀을 채취하는 모습을 보면 어린 아들이 아버지의 가슴팍에 안겨 어리광을 부리는 것 같은 연상을 하게 된다. 이산의 슬픔과 휴머니즘을 간직한 동백꽃과 동박새는 애잔한 울림을 준다.

동백꽃이 화려한 꽃을 피우는 이유는 인간에게 잘 보이기 위한 것이 아니다. 식물 세계에서 작동하는 종족 보존과 번식의 메커니즘 때문이다. 동백은 동박새의 환심을 사기 위해 검붉은 꽃을 피운다. 식물의 세계를 관찰하면 제 혼자 힘만으로 살아갈 수 없다. 서로 돕고 나누며 '공생'하며 산다. '어려울 때 친구가 진짜 친구다'라는 말이 있다. 동백꽃과 동박새의 관계는 서로가 가장 어려울 때 필요로 하는 친구라는 본보기다. 인간관계에서도 어려운 환경에서 형성된 우정은 더 오래간다.

눈 속에 핀 동백꽃의 붉은 색깔은 동박새를 불러들이는 자연의 섭리이지만, 매서운 추위에도 자신의 존재감을 드러낸 용기의 표상이기도 하다. 또한 동백꽃과 동박새는 서로 협력하고 협업하면 어떤 역경과 고난도 이겨낼 수 있다는 희망의 메시지를 전한다. 특별히 동백꽃의 마지막 산화(散花) 장면, 즉 꽃봉오리가 통째로 톡 하고 떨어지는 모습에서는 어떻게 살아야 할 것인가에 대한 깊은 여운을 남긴다. 어떻게 핀 생명인데 질 땐 모질도록 단호하다. 그래서인지 노인의 방에 동백꽃을 들여놓지 말라고 한다. 톡 떨어지는 모습이 죽음을 연상한단다. 동백꽃을 좋아하는 노인이라면 꽃잎이 한 장씩 떨어지는 아기 동백꽃을 들여놓는 것이 센스일 것이다.

문정희 시인은 〈동백꽃〉에서 동백꽃이 떨어지는 순간을 시각적으로 노래했다. 동백꽃을 위한 절명시다. "가장 눈부신 순간에/ 스스로 목을 꺾는/ 동백꽃을 보라// 지상의 어떤 꽃도/ 그의 아름다움 속에다/ 저토록 분명한 순간의 소멸을/ 함께 꽃 피우지는 않았다//" 동백꽃처럼 개화에서 소멸까지 시종일관 강인함과 단호함을 보여준 꽃도 드물 것이다. 장렬하고 극적인 마감이다. 동백꽃의 일대기는 우리 사람이 어떻게 살아야 할지, 어떻게 처신해야 할지에 대한 강렬한 여운을 남긴다.

📖 박상진. (2018). 《문화와 역사로 만나는 우리 나무의 세계 2》. 파주: 김영사.

위무량. (2007). 《숲 이야기》. 서울: 일진출판사.

이소영. (2018). 《서울신문》. 〈동백나무와 동박새의 공생〉. 1월 3일.

감나무와 고욤나무

주연은 조연의 역할 잊지 말아야

우리나라에서는 시/도 지방자치단체장 또는 지방산림청장이 역사적, 학술적 가치 등이 있는 나무를 보호수로 지정한다. 보호수의 성격에 따라 지정 유형도 달라진다. 대략 10가지 유형으로 구분한다. 노목(老木)은 생장 활동이 활발하지 못한 늙은 나무이며, 거목(巨木)은 글자 그대로 굵고 큰 나무이며, 희귀목(稀貴木)은 매우 드물고 귀한 나무, 명목(名木)은 어떤 역사적인 고사나 전설 등의 유래가 있어 이름난 나무이거나 성현, 왕족, 위인들이 심은 것으로 알려진 훌륭한 나무, 보목(寶木)은 역사적인 고사나 전설이 있는 보배로운 나무, 당산나무(堂山木)는 제를 지내는 성황당, 산신당, 산수당에 있는 나무, 정자목(亭子木)은 향교, 서당, 서원, 사정, 별장, 정자 등에 심은 나무, 호안목(護岸木)은 해안, 강안, 제방을 보호할 목적으로 심은 나무, 기형목(畸型木)은 나무의 모양이 정상이 아닌 기괴한 형상의 관상 가치가 있는 나무 그리고 풍치, 방풍, 방호의 효과 및 명승고적의 정취 또는 경관 유지에 필요한 풍치목(風致木) 등이다. 대부분 보호수는 느티나무, 소나무, 은행나무, 비자나무, 팽

나무, 회화나무, 버드나무, 향나무 등이 차지하는데, 1만 3천여 보호수(2022년 기준) 중 느티나무(7,249그루)가 압도적으로 많고 소나무(1,752그루)가 그 뒤다.

저자는 감나무가 보호수로 지정되었다는 소식은 처음 들었다. 2023년 12월, 경북 상주시에 있는 수령 750년 된 감나무가 국가 산림문화자산으로 지정됐다. 이 '하늘 아래 첫 감나무'는 고욤나무에 접을 붙인 국내 최고령 접목으로 평가받는다. 감나무를 고욤나무에 접붙였다는 말에 눈이 번쩍 뜨였다. 감 씨를 심어 자란 감나무에서 열린 감은 볼품없는 땡감이 되고 만다. 우리나라 국민 과일에 해당하는 사과와 배, 복숭아 등을 생산하는 나무도 접을 붙인다.

우리말에 '감쪽같다'라는 말이 있다. 이 말은 '꾸미거나 고친 것이 전혀 알아챌 수 없을 정도로 티가 나지 아니하다'라는 의미의 형용사이다. 이 형용사는 감나무의 접붙이기에서 나온 말이다. 대목(臺木, 접을 붙이는 나무), 즉 고욤나무의 줄기에 접붙이고자 하는 눈이 달린 감나무 가지를 붙이고 끈으로 칭칭 감아 두면 이듬해 봄에 줄기와 가지가 달라붙어서 전혀 티가 나지 않는다. 그래서 감접을 붙인 것처럼 흔적이 없는 상태를 '감접 같다'라고 표현했다. '감접 같다'가 '감쪽같다'라는 말로 변화한 것이다.

콩 심은데 콩 나고, 팥 심은데 팥이 나는 것이 자연의 순리일 것이다. 감 씨를 심으면 감나무가 나와야 하는데 고욤나무가 나온다. 고욤나무도 감나무 부류라는 점에서는 자연의 순리에 역행하는 일은 아니지만 기이한 일이다. 삼사 년 된 고욤나무에 감나무를 접붙여야 감이 열리기 시작한다. 조물주가 인간의 지혜를 시험하는 것 같다. 이를 교육의 원리에 적용하면 소중한 두 가지의 교훈을 배울 수 있다. 하나는 감나무가 되기 위해서는 고욤나무에 접붙여야만 하듯이 사람이 태어나 온전한 사람이 되기 위해서는 배워야 한다는 것이다. 다른 하나는 고욤나무의 생재기를 째서 감나무를 접붙일 때 고통이란 과정이 따르듯이 사람도 교육이란 힘든 과정을 겪어야만 사람다운 인격체로 살아갈 수 있다는 뜻일 것이다. 임마누엘 칸트의 말처럼 '인간은 교육을 필요로 하는 유일한 동물'이다.

감나무의 대목으로서 고욤나무는 인간 세계에 비유하자면 대리모다. 우리말 이름 고욤은 작은 감, 즉 소시(小柿)에서 파생된 '고'와 어미의 옛말인 '욤'의 합성어이다. 고욤의 꽃말은 자신을 희생하며 자식을 돌보는 자애로운 어머니처럼 '자애'를 나타낸다.

고욤나무에서 열린 고욤의 형상을 보고' 지은 이름 우내시(牛奶柿), 즉 '소 젖꼭지 감'이란 말도 기막힌 비유다. 소의 젖꼭지를 본 적이 있는 사람은 금세 연상이 될 것이다. 고욤을 보면 영락없이 소 젖꼭지를 닮았다. 암소의 분홍색 젖꼭지는 새끼들이 젖을 먹으면서 흑갈색으로 변해간다. 이와 마찬가지로 조연급의 대리모 역할을 하는 고욤나무에서 열리는 고욤도 분홍색에서 나중에는 흑갈색으로 변한다. 암소가 새끼들을 헌신적으로 키우는 것처럼, 몸통이 잘리는 고욤나무의 고통과 희생으로 감나무에는 주렁주렁 홍시가 달리는 것이다. 그래서 감의 달콤한 맛은 고욤의 떫은맛에서 온다고 하던가. 고진감래(苦盡甘來)의 본보기다.

옛사람들은 대목을 밑나무로 삼아 자란 감나무에 대해 특별한 의미를 부여했다. 문무충절효(文武忠節孝)의 오덕(五德)을 갖춘 나무로 추켜세웠다. 잎이 넓어 글씨 연습하기 좋으므로 문(文)이 있고, 나무가 단단하여 화살촉으로 쓰여 무(武)가 있으며, 열매의 겉과 속이 같이 붉으므로 충(忠)이 있고, 서리 내리는 늦가을까지 열매가 달려있어 절(節)이 있으며, 물렁물렁한 홍시는 이가 없는 노인도 먹을 수 있어 효(孝)가 있다는 얘기다. 감나무의 특성을 인간이 이상적으로 추구하는 덕목과 연결하는 옛사람의 관찰력에 혀를 내두를 지경이다.

감나무에 대한 예찬은 오덕에서 끝나지 않는다. 칠절(七絕)과 오색(五色)까지 갖추었다고 칭찬을 아끼지 않는다. 칠절은 첫째, 수령이 길고(一壽), 둘째, 그늘을 만들어 시원하고(二多陰), 셋째, 조류가 둥지를 틀지 않으며(三無鳥巢), 넷째, 벌레가 생기지 않고(四無蟲), 다섯째, 서리 맞은 잎이 보기 좋으며(五霜葉可玩), 여섯째, 맛있는 열매가 열리고(六嘉實), 일곱째, 넓은 낙엽은 훌륭한 거름이 된다(七落葉肥大)는 것이다. 오색은 '검은 나무, 푸른 잎, 노란 꽃, 붉은 열매, 흰 가루가 나는 곶감'이다. 옛 사람들이 감나무에 대해 높이 평가하는 것을 보면, 감나무와 연애 감정에 푹 빠진 듯하다. 사랑에 빠진 연인 사이에는 하나가 이뻐 보이면 다 이뻐 보인다고 하지 않던가(감나무는 동양에서만 높은 평가를 받은 것은 아니다. 서양에서도 감나무의 효용성을 높이 평가했다. 감은 비타민 C가 풍부하여 과일 파이 재료로 인기가 많았고, 아메리카 원주민들은 감나무의 열매, 목재, 껍질을 모두 사용하였다. 특이하게도 감의 말린 씨앗은 미국 남북전쟁 당시 군복 단추로 사용되었다고 한다. 감나무는 하나도 버릴 것이 없는 존재다).

저자는 감나무의 오덕과 그 상징적인 의미에 대해서는 공감하지만, 칠절 중 두 가지는 실제와 다르다고 생각한다. 억지 반박을 하는 것이 아니라, 저자의 경험과는 매우 다르다는 점을 이야기하고자 함이다. 감나무에는 새가 둥지를 틀고, 벌레가 끼어 이파리를 갉아먹는다. 특히 감나무에 기생하는 쐐기벌레에 닿기만 해도 피부가 붓고 시리다. 감나무 예찬을 오덕칠절로 맞춘 것이 아닌가 싶다.

저자는 오덕칠절로 칭송받는 감나무에 대해 공부하면서 우리 조상들이 제상을 차릴 때 많은 과일 중에 왜 '감'을 제사상에 올리는가에 대해 저절로 이해하게 된다. 제사를 모실 때 올리는 과일을 일컬어 조율시이(棗栗柿梨), 즉 대추, 밤, 감, 배를 말한다. 조율시이는 차례상에 올리는 순서이기도 하다. 오늘날에야 고인이 좋아하는 과일을 차례상에 올리지만, 차례 의식을 엄격히 지키는 집에서는 정해진 과일을 차례상에 올린다. 우리 조상들은 제사상에 올릴 과일을 생산하는 나무를 주변에 심어 쉽게 구할 수 있도록 준비했다. 농촌의 집 주변을 자세히 살펴보면 금세 알 수 있다. 집 안에서는 대추나무와 감나무를 흔히 볼 수 있고, 집 근처 언덕이나 밭둑에서는 밤나무와 배나무를 볼 수 있다. 후손들은 선대에 심어 놓은 과일나무에서 열린 열매로 제사를 지낸다고 생각하면 제사의 의미는 더 정감있게 다가온다.

감나무의 오덕은 유교 사회에서 이상적으로 여기는 인간이 갖춰야 할 덕목에 해당할 것이다. 감나무가 오덕의 주인공으로 성장하는 데 고욤나무라는 조연의 헌신과 희생을 기억할 필요가 있다. 튼실한 열매를 맺는 감나무로 자라기까지 고욤나무 대목 줄기는 감나무 가지를 붙들고 상처가 아물기까지를 기다리는 인고의 시간을 보내지 않겠는가. 이목을 집중시키는 조명을 받는 주연 뒤에는 말없이 희생하는 조연이 있는 법이다.

"고욤 일흔이 감 하나보다 못하다"라는 속담이 있다. '자질구레한 것이 아무리 많아도 큰 것 하나만 못하다'라는 의미다. 그러나 고욤나무가 없으면 감나무의 열매는 땡감에 불과하다. 고욤나무는 주연보다 빛나는 조연인 것이다. 무엇보다 자연의 질서와 섭리를 이용하여 감나무 본연의 성격을 살려낸 선조들의 지혜에 머리가 숙어진다. 고욤나무와 감나무의 합체를 보면 자연의 섭리는 하나에 하나를 더하면 둘이 되는 산술적 계산이 아니라 그것을 훨씬 초월하는 그 이상의 의미가 있다고 생각한다. 요즘 농촌에서 비닐로 단단하게 감아놓은 고욤나무와 감나무의 접목이 유독 더 눈에 들어온다.

📖 박상진. (2018). 《문화와 역사로 만나는 우리 나무의 세계 2》. 파주: 김영사.

______. (2023). 《궁궐의 우리 나무》. 서울: 눌와.

박태희. (2023). 《반월신문》. 〈[수필 기고] 떫음이 달콤을 만들다〉. 4월 26일.

아트만. (2022). 《매일경제》. 〈보호수 그늘 아래 서면 … 내 마음의 나무 한 그루〉. 8월 11일.

원종태. (2017). 《중앙신문》. 〈[나무 이야기] 벼슬의 꿈을 이루어 주는 감나무〉. 11월 28일.

이영일. (2019). 《우리문화신문》. 〈감의 대리엄마가 된 '고욤나무'〉. 12월 27일.

이종민. (2022). 《매일신문》. 〈[이종민의 나무오디세이] 감나무의 일곱 가지 덕을 아시나요〉. 11월 11일.

정종수. (2006). 《박물관신문》. 10월호.

해리슨, 크리스티나 · 커크햄, 토니. (2020). 세상을 바꾼 경이로운 나무들. 김경미 옮김. 서울: 성균관대학교 출판부.

〈산림보호법 제13조(보호수의 지정 · 관리)〉.

원산지 논쟁

볼거리, 먹거리에는 경계가 없다

서울 종로 현대건설 사옥 건너편에 '미스 김 라일락'이라는 꽃가게가 있다. 꽃가게 이름이 특이하여 꽃을 사면서 가게 이름에 대해 물어보았다. 가게 주인의 설명은 대략 이랬다. 1947년 미군정청에 근무하던 엘윈 M. 미더가 북한산에서 우리나라의 토종식물인 털개회나무(수수꽃다리와 유사한 꽃나무) 씨앗을 채집해 미국으로 반출하여 개량 라일락을 개발했다고 한다. 개량종의 이름을 고민하던 교수는 자신의 자료 정리를 돕던 직원의 성을 따서 '미스 김 라일락'으로 불렀다고 한다. 추정이지만 그럴듯하다. '미스 김 라일락'의 원산지는 한국이다. '미스 김 라일락'의 특징은 꽃봉오리가 맺힐 때는 진보라색이고 점차 라벤더색으로 변하다가 만개하면 하얀색으로 변한다. 이 아름다운 꽃 때문에 '미스 김 라일락'은 여러 나라에 수출되어 막대한 사용료(royalty)를 챙기고 있다고 한다.

먹거리 가운데 원산지 논란이 뜨거운 품종은 '청양고추'다. 국립종자원에 청양고추의 품종개발자로 등록(1997년)되어 있는 유일웅 박사는

"청양고추 품종은 제주산과 태국산 고추를 잡종 교배하여 만든 것으로 경상북도 청송군과 영양군에서 임상 재배에 성공하였으며, 현지 농가의 요청으로 청송의 청(靑)자와 영양의 양(陽)자를 따서 청양고추로 명명하여 품종 등록하였다"라고 밝힌 바 있다. 한편 고추 품종의 명칭과 같은 지명을 사용하고 있는 충청남도 청양군(靑陽郡) 역시 청양고추의 원산지라고 주장한다. 청양군 홈페이지를 보면 청양군의 대표 QR 코드에 청양고추를 그려 넣을 정도로 고추 원산지에 대한 애착이 강하다. 논란을 체로 걸러 결론을 내리면 청양고추의 원산지는 경북 청송군과 영양군에서 비롯되었지만, 현재 우리나라에서 청양고추를 대규모로 재배하는 지역은 대체로 청양군으로 여겨진다. 원산지가 반드시 대규모 생산지가 되는 것은 아니다.

국내 지자체 간에 청양고추 원산지를 놓고 논쟁을 벌이고 있지만, 소유권은 외국계 회사에 있다. 소유권을 가지고 있던 중앙종묘가 1998년 외환위기로 다국적 종자 기업 '세미니스'에 매각되어 소유권이 국외로 넘어갔는데, 세미니스가 다시 미국 종자기업인 '몬샌토'로 합병되고 몬샌토를 독일계 화학·제약회사 '바이엘'이 합병하면서 최종적으로 바이엘 소유가 됐다. 청양고추 소유권자가 몇 차례 바뀌는 바람에 '우리가 청양고추를 먹을 때마다 외국계 회사에 사용료를 지급하는가?'에 대한 논란이 있다. 여기서 사용료는 품종의 보호권이 설정된 품종 사용료를 의미한다. 결론은 '사용료를 지급하지 않고 종자 가격을 지급한다'라고 한다. '청양고추' 종자의 경우 팜한농(LG그룹 계열의 농약 제조, 복합비료 제조 판매 업체)이 국내 영업판매권을 독점 계약하고 있으므로 종자 가격 이외의 사용료를 지급하지 않는다고 한다. 물론 다른 제품명의 청양고추류 품종은 회사 간 계약에 따라 사용료가 종자 가격으로 지급될 수도 있다. 종자 사용에 대한 사용료는 종자 가격이 사용료에 포함된 경우가 많아 쉽게 파악하기란 어려운 듯하다.

우리의 먹거리도 외국 의존도가 높다. 양파는 일본 종자 비중이 80%에 이른다. 양배추도 일본 종자 점유율이 85%에 달한다. 우리가 먹는 농산물 중 외국 소유의 종자가 70%쯤 된다. 장미, 국화, 카네이션 등과 같은 화훼류도 외국 의존도가 높기는 마찬가지다. 원산지를 따지자면 우리의 것은 많지 않을 것이다. 종자 주권을 확보하여 종자 독립을 이루는 것이 중요한 이유다. 반가운 소식도 들린다. 국내에서 개발된 감귤 품종(탐나는 봉)이 사용료를 받고 미국에 수출되고 있다. 미국 현지 업체가 일본 품종(한라봉)에서 한국산으로 교체했기 때문이다. 계약 기간은 2022년부터 품종 보호가 만료되는 2035년까지 14년간으로 총사용료는 29만 5천 달러 규모라고 한다.

볼거리도 원산지 논쟁이 치열하다. 봄철에는 다양한 꽃들이 피지만 그중에서도 벚꽃은 화려한 기품과 운치로 사람들의 눈길을 사로잡는다. 벚나무는 가로수로 가장 많은 분포를 차지하고 있다. 전국적으로 벚꽃 축제만 해도 셀 수 없을 정도다. 특별히 벚꽃은 일본과 원산지 논쟁을 벌이고 있다. 벚꽃 원산지를 놓고 한·일 양국이 자존심 싸움을 벌이는 듯하다. 봄에 흔히 보는 벚꽃은 왕벚나무에서 피는 꽃이다. 20세기 초 프랑스인 신부 타케가 제주도 한라산에서 왕벚나무 자생지를 발견했다. 그래서인지 우리나라에 심은 왕벚나무는 제주도가 원산지라고 생각하는 사람들이 많은 것 같다. 벚꽃의 한국 원조론이다.

한국 원조론에 맞서 일본에서도 일본산 벚나무의 야생 원종을 찾아

전국을 뒤졌지만 실패했다고 한다. 일본 벚나무는 자생종인 올벚나무와 오오시마벚나무를 인위적으로 교배해 만든 원예품종(園藝品種, 원예적 가치가 있어 선발되거나 교잡 등을 통해 개량된 원예 작물의 품종)임이 밝혀졌다. 한국과 일본이 벚꽃 원조를 놓고 논쟁을 벌이는 가운데 2007년 미국 농무부에 의뢰하여 수행한 유전자 분석 결과에 따르면 우리나라의 왕벚나무는 고유의 종으로 일본 벚나무와는 별개로 나타났다. 2018년 국내 연구자들이 수행한 한국 왕벚나무와 일본 벚나무에 대한 유전체(게놈) 분석 결과에 따르면, 제주 왕벚나무는 자생하는 올벚나무를 모계로, 벚나무(또는 산벚나무)를 부계로 자연적으로 형성된 잡종이라고 밝혔다. 제주 왕벚나무와 일본 벚나무는 뚜렷하게 구별되는 서로 다른 식물이다. 제주 왕벚나무와 일본 벚나무 사이에 유전적 뒤섞임은 없다. 과학적으로는 제주의 왕벚나무가 일본으로 건너가 일본 벚나무가 됐다거나 그 반대라는 주장은 유전적 근거가 없음이 밝혀진 셈이다. 제주의 왕벚나무는 제주 것이고 일본의 벚나무는 일본 것이 되는 셈이다. 더 많은 벚나무의 유전체 검사를 하면 다른 연구 결과를 도출할 수도 있겠지만, 나무 한 그루당 1억 원 가까운 비용이 든다고 한다.

벚꽃 원산지 논쟁은 한·일 양국의 2파전이 아니다. 중국까지 가세하여 3파전이 되었다. 중국 관계자도 "벚꽃의 원산지는 당나라 때 일본으로 건너갔다"라고 주장하였다. 그 관계자는 "중국 영토인 히말라야산맥 근처에서 자생하던 벚꽃이 전 세계로 퍼져나갔고 전 세계 야생 벚나무 중 상당수 원산지가 중국이다. 한·일 양측이 원산지 논쟁을 벌이고 있는데 둘 다 그럴 자격이 없다"라고 주장했다. 한·중·일 삼국의 벚꽃 외교전이다. 중국 측 인사의 주장에 대해 이 기사를 보도한 한국의 모방송국 기자의 말이 정곡을 찌른다. “이건 마치 인류 최초의 화석이 아프리카에서 발견됐다고 해서 인류가 아프리카인이라고 이야기하는 것과 다를 바 없는 거겠죠.” 중국 측은 객관적 자료를 토대로 한 주장을 하기보다 우선 한·일 양국의 논쟁에 끼어들고 보자는 식으로 느껴진다. 벚나무 원산지를 놓고 한·중·일 삼국이 논쟁을 벌이고 있지만, 산벚나무는 고려 시대 팔만대장경판을 새기는 데 사용된 나무였다. 박상진 교수가 대장경판을 만든 나무의 수종을 조사한 결과에 따르면, 산벚나무가 64%, 돌배나무가 14%, 거제수나무가 9%, 층층나무가 6%, 고로쇠나무가 3%, 후박나무가 2%, 사시나무가 1% 순이었다. 산벚나무는 나라가 유린당하고 존망을 장담할 수 없을 때 부처님의 귀한 말씀을 새기는 데 크게 한몫을 한 나무다.

벚나무의 유전체 분석 결과를 통해 우리나라 공원과 도로에 심어진 대다수의 왕벚나무는 일본이 원예품종으로 만든 벚나무인 것으로 밝혀졌다. 그동안 ‘벚꽃의 제주도 원산지 설’은 광복 후 벚나무를 베어버리자는 움직임을 저지했고, 한국인들이 벚꽃을 즐기면서 느끼는 ‘왜색’에 대한 불편함을 덜어주는 데 이바지했다. 광복 후 우리 국민의 일본과 일본인에 대한 분노와 적개심의 정도가 현재보다 훨씬 더 높았을 것으로 생각할 때, 도로나 공원에 심어진 벚꽃이 일본산이었다고 하면 모두 베어지고 말았을 것이라는 추측이 비현실적이라고 생각하지 않는다. 지금에 와서 가로수와 공원에 심은 일본산 벚나무를 당장 모두 베어버릴 수도 없는 일이다. 우리나라 국민은 벚꽃이 일본산이라는 연구 결과에 실망감이 크겠지만, 꽃의 원산지와 그 꽃을 즐기는 문화는 별개라고 생각하는 경향도 있다. 아름다움에 국적을 따지기보다 즐기면 되지 않겠는가 하는 것이다.

일본은 20세기 초 우리나라를 강탈하기 위해 국제적인 지지를 얻기 위한 사전포석으로 서양 강대국들을 상대로 외교에 집중했다. 그중 하나가 미국을 상대로 한 '벚꽃 외교'였다. 일본은 미국에 3천여 그루의 벚나무를 보냈고 그렇게 심어진 벚나무가 워싱턴 DC 포토맥 강변에 있는 벚꽃이다. 우리에겐 불편한 역사의 진실이다. 사이가 좋았던 일본과 미국은 일본의 진주만 공습으로 철천지원수가 되었다. 이 공습은 미국이 참전하는 결정적 계기가 되었고 종국에는 일본의 패망으로 끝났다. 미국인들은 적대관계였던 일본에서 보낸 벚꽃을 베어버리지 않았고 오늘날 벚꽃 축제를 즐기고 있다. 벚꽃에 무슨 죄를 묻겠는가.

일본산 벚나무를 우리나라 자생 왕벚나무로 교체할 계획을 발표한 지자체가 있다. 여의도 벚꽃 축제를 관장하는 서울 영등포구에서 일본산 벚나무를 우리나라 고유종인 제주 왕벚나무로 교체할 계획을 내놓았다. 여의도 벚꽃길에 심어진 벚나무는 모두 1,365그루 창경궁 복원과정에 여의도로 옮겨 심어졌다. 앞으로 노령목이나 고사(枯死)한 벚나무를 제주 왕벚나무로 교체한다고 한다. 서울식물원에서는 제주 한라생태숲에서 제주 왕벚나무 증식 묘를 분양받아 양묘장에서 수백 주를 관리 중인데 이들은 천연기념물인 제주 봉개동 왕벚나무 자생지에서 채집한 나무들이라고 한다. 서울식물원은 이들 나무가 가로수로 심길 수 있는 규격이 되면 영등포구에 공급할 예정이다. 우리 민족의 정서와 벚꽃을 즐기는 문화를 고려한 합리적인 계획이라고 생각한다.

꽃과 나무는 국경을 넘나든다. 꽃이나 나무의 자생지가 우리나라라고 해서 그 꽃이 더 아름답고 그 나무가 더 소중한 것은 아닐 것이다.

도로나 공원에 심어진 벚나무를 점진적으로 우리나라 자생 왕벚나무로 교체하면서, 벚꽃을 보고 즐기는 문화를 우리만의 독창적이고 차원 높은 콘텐츠로 만드는 것도 좋을 것이다. 벚꽃의 꽃말은 '정신의 아름다움', '아름다운 사람'이다. 벚꽃을 탐미하는 우리네 삶의 꽃도 아름답게 피길 바란다.

📖 박상진. (2018). 《문화와 역사로 만나는 우리 나무의 세계 2》. 파주: 김영사.

______. (2023). 《궁궐의 우리 나무》. 서울: 눌와.

강진규. (2022). 《한국경제》. 〈로열티 3억 넘게 받고 미국 간다 … 日 품종 몰아낸 한국 감귤〉. 3월 21일.

김지훈. (2024). 《JIBS 제주방송》. 〈'사쿠라?' 아니 '벚꽃'입니다 … 그래서, "제주왕벚나무로 다 바꾸고, 또 바꾼다"〉. 4월 1일.

김필규. (2015). 《JTBC》. 〈'벚꽃 논쟁' 중국까지 … 진짜 원산지 어디?〉. 3월 31일.

문소영. (2015). 《중앙일보》. 〈벚꽃 원산지 논쟁이 의미 없는 이유〉. 4월 4일.

백우진. (2015). 《아시아경제》. 〈워싱턴 벚꽃축제 20일 개막 … 100년 전 역사 상기〉. 3월 20일.

송영조. (2023). 《이코노믹리뷰》. 〈종자전쟁 이겨내야 한다〉. 11월 27일.

조홍섭. (2019). 《한겨레》. 〈한·일 '벚꽃 원조' 논란 끝? 제주 왕벚나무 '탄생의 비밀' 확인〉. 10월 19일.

화초(花草)의 이불을 거둔 날

감기에 걸릴까 잠을 설쳤다

꽃샘추위의 기승이 유별나다. 3월 하순인데도 날씨를 종잡을 수가 없다. 꽃샘추위가 '꽃이 피는 것을 시샘하는 추위'라는 정감 넘치는 말이 아니라 아예 봄이 오는 것을 거부하는 듯한 불편함을 느낄 정도다. 이 정도면 꽃을 시샘하거나 질투하는 수준이 아니라 겨울의 남아 있는 기운(세력)의 조직적인 저항으로 볼 수밖에 없을 지경이다. 동장군(冬將軍)은 매서운 추위(권력)를 휘둘러 대지의 생명을 꽁꽁 얼게 만들었던 위력에 취해 아직도 자기 세상인 줄 아는 것 같다. 기후변화에 따른 날씨의 변덕을 충분히 이해한다고 해도 임명권자인 대자연의 섭리는 동장군의 임기를 종료했음에도 그 자리에 연연하는 모습이다. 모순이고 하늘의 뜻을 거스르는 역모(逆謀)에 해당한다. 겨울은 귀로 듣고 봄은 눈으로 본다고 했는데 분위기에 어울리지 않는 느닷없는 거센 바람 소리도 듣기 지겨울 정도다. 이제는 눈으로 봄의 진경(眞景)산수화를 보고 싶다.

3월 하순 낮 기온이 15℃를 넘기면서 우리 집 정원도 제법 온기로 채워졌다. 반소매 옷을 입어도 거뜬할 정도다. 겨우내 창문을 닫고 열기를 반복했던 온실도 열기로 후끈하다. 겨울 추위로부터 화초(花草, 꽃이 피는 풀과 나무 또는 꽃이 없더라도 관상용의 모든 식물을 통틀어 이르는 말)를 보호하기 위해 덮어주었던 왕겨며 솔잎을 거둬내야 할 때를 재고 있었는데 이때다 싶었다. 정원에 화초를 심고 두 해째 맞이하는 겨울이지만 속으로는 지난겨울에 지나치게 두꺼운 방한복을 씌워준 것이 아닌가 하는 걱정을 하고 있었다. 뾰족한 호미로 조심스럽게 솔잎과 왕겨를 거둬냈다. 겉으로는 죽은 듯이 보였던 화초 가지에 새싹이 붙어 있었다. 연노란색을 띤 생명체였다. 정신이 번쩍 들었다. 부지런히 손을 놀리면서 마치 가쁜 호흡을 하며 숨이 멎을 것 같은 사람을 살리는 기분으로 숨구멍을 만들어 주었다. 이 맛으로 정원을 돌보는가 싶다. 그 추웠던 겨울을 무사히 견뎌낼지 걱정을 많이 했는데, 움튼 싹을 보는 마음은 내내 환희와 안도감, 그리고 반가움으로 가득했다. 봄의 정원에서는 '그 어떤 것도 함부로 밟지 말라'는 노련한 정원사의 말이 맞는 것 같다.

우리 집 정원의 화초는 과잉보호를 받고 있다. 사실 화초에 대한 지식과 경험이 많으면 과잉보호할 필요가 없겠지만, 재작년 월동을 하는 화초와 월동을 하지 못하는 화초를 구분하지 못해 아끼는 화초를 적잖이 얼려 죽였던 터라 작년에는 유달리 월동에 신경을 많이 썼다. 그래서 아예 추위로부터 화초를 보호하기 위해 왕겨와 솔잎을 두껍게 덮어주었다. 자연산 밍크코트를 걸친 격이다. 얼마나 두껍게 덮어주었던지 봉분(封墳, 흙을 둥글게 쌓아 올려서 만든 무덤)을 연상할 정도였다.

봉분에서 거둬낸 왕겨와 솔잎만 해도 열 포대가 넘게 나왔다. 아마 조금만 더 늦었다면 어린 새싹들은 숨이 막혀 질식했을 수도 있었겠다는 생각을 하며 올겨울에는 과잉보호를 삼가자고 다짐했다. 사람도 이불이 두꺼우면 자면서 자신도 모르게 걷어내 감기에 걸리지 않던가. 뭐든 적당한 것이 좋은 법이다. 화초가 얼마나 답답했을까 싶다. 좀 더 일찍 밍크코트를 거둬주면 좋겠지만 어디 내 마음대로 되는가. 꽃샘추위가 제때 물러가지 않으니 말이다. 솔직히 정원에서 돌봄을 받는 화초와 달리 들판의 화초가 추위에 용감하게 맞서며 초록의 싹을 틔워내는 것을 보면, 화초의 생태를 제대로 알고 처방하는가에 대해서도 여전히 확신이 서지 않는다. 배우면서 시행착오를 바로잡을 수밖에 없다.

화초에서 두꺼운 이불을 거둬내는 날, 하필이면 거센 바람이 불고 다음 날 아침에는 영하의 날씨를 보였다. 가는 날이 장날이라고 하던가. 밤새 화초가 얼마나 추웠을까 생각하며 잠을 설쳤다. 지금이라도 거둬들인 왕겨와 솔잎을 다시 덮어줄까도 생각했지만 참았다. 추운 밖에서 잠을 재워 감기나 들지 않는지 걱정이 되었다. 그러나 부모가 사랑하는 자식을 엄하게 다루어야 할 때가 있듯이, 이제는 어린 화초도 홀로서기를 해야 한다. 최고의 면역강화제와 영양제는 봄 햇살과 봄기운일 것이다. 바티칸 시티의 시스티나 성당 천장에는 미켈란젤로가 그린 〈천지창조〉가 있다. 하느님이 최초의 인간 아담에게 생명을 불어넣는 장면이 화폭에 담겨 있다. 겨우내 화초에 덮어주었던 이불을 거둬내면서 정원사 역시 조물주를 대신하여 땅속의 생명에게 생명을 불어넣는 사람이라는 생각을 해본다. '천지창조'가 아니라 '정원창조'다. 화초가 '심어진 곳에서 꽃을 피우는 것'은 평범하지만 위대한 자연의 섭리다. '심어진 곳'은 '현재 있는 곳'을 말한다. 저자 자신도 현재 심어진 곳에서 꽃을 피웠는가, 아니면 얼마나 피우고 있는가를 뒤돌아본다. 화초들은 저자를 비추는 거울이다. 거울을 보며 경이로운 생명력을 가진 위대한 화초들에 경의를 표하며 그들을 진심으로 섬기는 겸허함을 잃지 말자고 다짐해 본다.

제4부

신의(信義)

복싱 경기

헝그리 정신이 다는 아니다

복싱(권투)만큼 헝그리(hungry) 정신이 필요한 운동도 드물 것이다. 헝그리 정신이란 무엇인가? 사전에서는 '가난하고 굶주린 상태와 같이 아무것도 가진 것이 없는 듯한 마음으로 무엇이든지 열심히 하는 자세'라고 정의한다. 한마디로 밑바닥 인생을 살아본 사람이 재기의 꿈을 안고 악착같은 마음으로 시작하는 독한 근성이다. 복싱 선수들은 마치 로마시대 검투사를 닮았다. 복싱 선수는 장갑을 낀 손만 사용하는 것이고, 검투사는 살상용 무기를 가지고 싸운다는 것이 다를 뿐이다. 주로 얼굴과 복부를 가격하는 복싱 경기에서 선수들의 눈언저리나 귀가 찢어지는 것은 예삿일이다. 독한 근성의 헝그리 정신이 없으면 쉽게 시작하기 어려운 스포츠다.

한국권투연맹에 따르면, 우리나라 복싱계는 2024년 기준으로 43명의 세계챔피언을 탄생시켰다. 43명의 선수가 세계챔피언에 올랐던 시기를 보면 대다수는 우리나라가 어렵게 살던 시절에 운동했음을 알 수 있다. 그들의 헝그리 정신은 복싱으로 세계를 호령하는 원동력이 되었을 것이다. 헝그리 정신으로 무장한 선수들이 활동하던 시기와 우리나라 복싱의 전성기는 겹친다.

세계챔피언에 오른 선수들은 숱한 고난과 역경을 극복했을 것이다. 특히 홍수환 선수는 복싱을 휴머니즘과 결합해 복싱의 매력을 발산시켰다. 휴머니스트 홍수환 선수가 남긴 일화다. 1974년 7월 남아프리카공화국에서 열린 세계밴텀급 챔피언 타이틀전에서 도전자 홍수환 선수가 챔피언 아널드 테일러에게 판정승으로 챔피언 자리에 올랐을 때다. 홍 선수가 엄마에게 전화로 "엄마, 나 챔피언 먹었어"라는 말에 엄마는 "그래, 대한 국민 만세다!"라고 대답했다. 홍 선수의 챔피언 등극은 장한 아들의 경사로 끝난 것이 아니라 국가의 경사가 되었다.

홍수환 선수를 4전 5기(四顚五起)의 챔피언으로 기억하는 사람이 많다. 4전 5기를 직역하면 '네 번 넘어지고 다섯 번 일어난다'라는 뜻이지만, 쉽게 포기하지 않고 불굴의 정신으로 계속 도전한다는 의미다. 1977년 11월 파나마에서 열린 세계주니어페더급 초대 챔피언 결정전에서 홍 선수는 파나마의 엑토르 카라스키야와 만났다. 카라스키야는 11전 11KO승을 자랑하며 '지옥에서 온 악마'라는 별명을 가질 정도로 주먹이 강했다. 홍 선수는 카라스키야에게 2라운드에서만 무려 4번 다운을 당했지만 결국 KO승을 했다. 4전 5기의 신화다. 그는 넘어지기를 반복했지만, 오뚝이처럼 일어나는 불굴의 헝그리 정신과 꺾이지 않는 투지를 보여주었다. 흑백 텔레비전으로 중계된 그의 경기를 지켜보던 국민은 홍 선수의 투혼에 감격의 눈물을 흘렸다. 스포츠의 마력이다. 전 국민을 하나로 뭉치게 한다. 홍수환은 영웅이 되어 돌아왔고 국민은 김포공항에서 시청까지 카퍼레이드로 보답했다.

홍수환은 모 일간지와의 인터뷰에서 산전수전 겪은 노련한 프로선수답게 4전 5기의 의미를 이렇게 해석했다. 4전 5기란 "'4번 다운당하고 5번 일어나 이겼다'가 아니라 '4번 다운당하고 또 오기(傲氣)로 덤볐다'이다. 이 오기가 바로 프로정신이다"라고 말했다. 아라비아 숫자 5가 우리말의 '오기'와 절묘하게 연결된다. 그러면서 홍수환은 복싱을 인생에 비유하여 설명한다.

> 살아보니 복싱과 인생은 똑같더라. 내가 권투를 하면서 깨친 것은 하늘은 누구도 완전한 인간으로 만들어 주지 않았다는 것이다. 펀치가 세면 맷집이 약하거나 순발력이 떨어집니다. 반면 펀치는 좀 약해도 상대의 허점을 낚아챌 순발력이 있으면 언제든 전세를 역전시킬 수 있어요. 복싱은 말이에요, 상대랑 내가 1대 1 맨몸으로 근수(몸무게)까지 똑같은 조건에서 싸우는 겁니다. 같은 조건에서 싸워서 지는 놈이 어떻게 세상을 이기겠습니까? 그 정신으로 인생을 살아야 하는 거죠.

복싱은 가장 공평한 경기라는 생각이 든다. 체중이 같은 선수가 상대와 맨몸으로 싸우기 때문이다. 홍 선수는 은퇴 후에 대중 강연도 많이 했는데 입담이 좋아 청중의 눈과 귀를 사로잡았다. 그는 권투 선수로서 뛰어난 능력을 소유하고 있을 뿐 아니라 복싱의 철학을 우리 인생에 비유하면서 그의 강의를 듣는 청중에게 자신감과 용기를 북돋아 주었다. 홍 선수에게 복싱은 사각의 링 위에서 상대에게 이기고 지느냐의 승패에 그치지 않는다. 그에게 복싱의 승패를 좌우하는 핵심 요인은 정신력이다.

세계적인 복싱 선수 가운데 파나마 출신 로베르토 듀란(1951~)은 가장 헝그리 정신에 어울리는 선수다. 듀란은 1951년 파나마 공화국 엘초리요에서 파나마인 어머니와 멕시코계 미국인 아버지 사이에서 태어났다. 그의 고향 엘초리요는 파나마운하 건설로 형성된 도시로서 수많은 이민자가 사는 슬럼가였다. 1950년~1960년대 파나마운하 문제로 반미(反美) 정서가 팽배했던 파나마에서 불우한 어린 시절을 보낸 듀란은 집 나간 아버지를 원망하며 엄마와 동생들의 생계를 책임져야 했다. 그는 주먹으로 싸움판에서 돈을 벌었다. 듀란은 그의 별명인 '돌주먹(hands of stone)'처럼 강펀치를 자랑했다. 거리에서 배운 싸움 실력으로 프로에 뛰어들었다. 영화 〈핸즈 오브 스톤〉(2016년)은 듀란이 권투 선수로서 겪은 고뇌와 좌절 그리고 영광의 순간을 담고 있다.

듀란을 보면 인간이 성장하는 데 환경이 큰 영향을 미친다는 것을 알 수 있다. 파나마운하에 대해 잠깐 살펴보자. 파나마운하는 수에즈운하에 이은 두 번째 인공운하로 태평양과 대서양을 연결하는 길이 80km, 갑문 폭 33.6m의 운하다. 파마나운하 건설에 뛰어든 국가는 프랑스였지만, 황열병, 말라리아 등 풍토병을 견디지 못하고 운하 건설을 포기하자 1900년대 초 미국이 건설을 재시도했다. 미국은 기술과 자본의 우위를 살려 운하 건설 공사를 진행했지만, 운하는 공사 기간을 훨씬 넘어선 1914년에야 완공됐다. 파나마운하 지대의 통제권을 단단히 틀어쥐고 있던 미국은 민족주의 열풍으로 파나마운하 통제권 환수 운동이 파나마 내부에서 거세지자, 1977년에야 비로소 미국과 파나마 공동 통제 체제로 바뀌 1999년부터 국영 파나마운하 공사가 모든 통제권을 행사하고 있다. 듀란이 청년으로 성장하던 시기에 파나마는 민족주의 운동이 활발하게 전개되면서 반미 정서가 최고조에 달했다.

영화 〈핸즈 오브 스톤〉을 보면 듀란이 권투를 하는 두 가지의 주된 목적은 가난한 자를 위해 싸우고 잃어버린 파나마의 자존심을 되찾는 것으로 보인다. 듀란은 링 아래의 현실과 링 위에서 요구하는 자세를 분별하지 않았다. 링 위에서도 노골적으로 반미 감정을 드러내고 미국 선수와 맞붙을 때는 상대 선수를 모욕하고 비난하는 등 비신사적인 행동을 했다. 스포츠가 정신력 싸움이라고 해도 너무 앞서 나갔다. 안하무인(眼下無人)격으로 행동했다. 미국의 슈거 레이 레너드(1956~)와 시합을 앞두고 열린 인터뷰에서 레너드의 부인을 창녀라고 부르고, 슈거(sugar) 레이 레너드를 설탕 없는 밋밋한 사람으로 부르면서 인종차별과 인격 모욕의 오해를 불러일으킬 만한 행동을 했다. 듀란은 경기 상대를 하나의 인격체로 보지 않고 반미 정서를 동원하여 평가하는 우를 범했다. 듀란은 링 위에서는 20세기 최고의 복싱 선수로 평가받고 있지만, 링 아래에서는 챔피언다운 품격을 갖추지 못한 점이 아쉬웠다.

헝그리 정신으로 무장한 복싱 선수가 왕좌를 차지하고 대중의 영웅으로 부상하는 경우를 왕왕 보지만, 그 선수가 챔피언의 자리에 올랐을 때는 챔피언에 맞는 품격을 요구한다. 1980년대 미국의 슈거 레이 레너드는 헝그리 정신과 품격을 갖춘 프로 선수가 아닌가 싶다. 레너드 역시 가난한 빈민가에서 태어났고 불우한 어린 시절을 보냈다. 설상가상(雪上加霜)으로 그는 아버지의 가정 폭력에 시달려야 했다. 미국에서 빈민가의 흑인들이 성공할 길은 갱이 되거나 운동을 하든지 둘 중 하나라는 말이 있다. 레너드가 믿을 수 있는 것은 맨주먹뿐이었다. 레너드는 고난과 역경을 극복하고 다섯 체급 세계챔피언에 오른 전무후무(前

無後無)한 선수로 기록되고 있다. 레너드는 그의 복싱 실력만큼이나 사생활도 모범적이었으며 신사였다. "상대를 쓰러트리는 건 내 주먹이 아니라 나의 냉철함이다." 이 말은 레너드가 어떻게 다섯 체급에서 세계 챔피언이 될 수 있었던가를 설명해 준다.

우리나라의 홍수환 선수, 파나마의 로베르토 듀란, 미국의 슈거 레이 레너드 등 한 시대를 풍미했던 챔프들이 전하는 교훈은 헝그리 정신만으로 정상에 오르는 것은 아님을 말해준다. 복싱은 가난한 사람이 하는 스포츠라고 하지만, 챔피언에 오른 선수들의 메시지는 설득력이 있다. '복싱은 체중이 같은 선수가 상대와 맨몸으로 싸우는 가장 공평한 경기다(홍수환).' '내면에 고통을 견디게 하는 무엇인가가 있는 사람이 복싱을 한다(슈거 레이 레너드).' '챔피언이 되지 못할망정 싸우고 싶다(로베르토 듀란).' 복싱에 자신만의 철학이 녹아들어 있을 때 정상에서 롱런, 즉 복싱 챔피언이 여러 도전자를 방어하여 선수권을 장기간 보유할 수 있다. 스티브 잡스(1955~2011)의 말은 복싱 챔피언에게도 들어맞는다. '늘 갈망하면서 우직하게 나아가라(Stay hungry, stay foolish).'

홍수환과 카라스키야는 지금도 우정을 이어 나가고 있다. 2017년에는 카라스키야가 파나마 국회의원이 되어 한국을 찾았다. 현재 한국권투위원회(KBC) 명예회장인 홍수환은 2024년 7월 호세 라울 물리노 파나마 신임 대통령 취임식에 경축 특사단의 일원으로 파나마를 방문하여 민간외교 역할을 톡톡히 하였다. 홍수환과 카라스키야가 보여준 스포츠맨십은 국가 간의 선린관계로 이어지고 있다.

📖 박진빈. (2010). “제국과 개혁의 실험장: 미국의 파나마운하 건설”. 미국사 연구 32권.

《거제시민뉴스》. (2014). 〈神이 내린 최고의 복싱 인간 ‘슈거레이 레너드’〉. 1월 18일.

김갑상. (2019). 《거제뉴스아이》. 〈파나마의 영웅 ‘돌주먹’ 로베르토 두란〉. 11월 19일.

김효경. (2017). 《중앙일보》. 〈홍수환 ‘4전 5기’ 40년 … 반갑다, 친구야〉. 11월 27일.

진현철. (2016). 《매일경제》. 〈스승과 친구 사이 … 우정 가득 감동 실화 ‘핸즈 오브 스톤’〉. 12월 7일.

《하버드비즈니스 리뷰》. (2020). 〈슈거 레이 레너드 인터뷰〉. 1~2월호.

한예슬. (2024). 《중앙일보》. 〈‘복싱 전설’ 홍수환, 尹특사 됐다 … ‘4전5기 신화’ 파나마 방문〉. 6월 28일.

허윤희. (2023). 《조선일보》. 〈“엄마 나 챔피언 먹었어” “대한 국민 만세다” 홍수환 보물은 챔피언 벨트〉. 8월 15일.

〈핸즈 오브 스톤〉. (2016). 영화.

부러운 사제

조광조와 소쇄원 주인 양산보

화순군 능주면 소재지에서 운주사로 가는 방향 왼편에 '정암 조광조 선생 적려 유허비(靜菴 趙光祖 先生 謫廬 遺墟碑)'가 있다. '적려'란 유배되어 간 곳, 즉 유배지를 말하며, '유허비'는 인물의 옛 자취를 밝혀 후세에 알리고자 세운 비를 말한다. 정암 조광조(1482~1520)는 1519년 기묘사화로 능주(조선 시대 '능성')에 유배되어 사약을 받고 생을 마감했다. 학포(學圃) 양팽손(梁彭孫, 1488~1545)이 시신을 수습하여 능성현 쌍봉 중조산 아래(현재 이양면 증리 서원동 일명 조대감골)에 가매장하였다가 이듬해 조광조의 가족들이 용인 선산으로 옮겼다.

양팽손이란 사람은 누구인가? 양팽손은 능주가 고향으로 조광조와 같은 시기에 과거에 합격하여 벼슬을 했다. 기묘사화가 일어났을 때 조광조를 구제하기 위해 상소를 올렸다가 삭직(削職, 삭탈관직(削奪官職)의 준말로 죄지은 자의 벼슬과 품계를 빼앗고 벼슬아치 명부에서 지워버림)되어 고향으로 내려왔다. 양팽손은 조광조보다 여섯 살 아래였지만 평생의 벗이었고 의리를 지켰다. 양팽손은 능주에서 유배 생활을 하는 조광조를 거의 매일 찾아와 위로했다. 전해오는 말에 따르면, 중종은 유배형을 받은 조광조에게 유배지를 물었다고 한다. 조광조는 생각이 같고 말이 통하는 양팽손이 있는 능주로 보내달라고 했다고 한다. 이 말이 사실이라면 중종은 이때까지만 해도 훈구세력에 밀려 마지못해 조광조를 유배시킬 수밖에 없었다는 생각을 하게 한다. 화순군 한천면에는 조광조와 양팽손을 배향하는 죽수서원(竹樹書院)이 있다. 지란지교(芝蘭之交)를 맺었던 정암과 학포는 죽어서도 함께 제사상을 받으며 난과 같이 향기로운 우정을 나누고 있다. 지금처럼 KTX가 없던 시절 저자는 설, 추석 같은 명절이 되면 승용차로 서울에서 출발하여 능주를 거쳐 고향(이양)을 가게 되는데 조광조 유허비를 지날 때면 정신이 번쩍 들곤 했다. 그가 허리를 꼿꼿이 편 채 앉아 사약을 받아 마시는 장면이 떠올랐기 때문이다.

조광조는 누구인가? 조광조의 자(字)는 효직(孝直)이고, 호(號)는 정암(靜菴)이다. 조광조는 신진 사림으로 조선 중기에 왕도정치를 실현하고자 기득권 세력과 싸운 개혁가였다. 그가 조정에 진출했을 때는 중종반정으로 훈구세력이 권력을 다 잡고 왕(중종)을 거의 허수아비로 만든 시기였다. 조광조가 중종의 눈에 띌 기회가 왔다. 삼인대(三印臺) 상소 사건이다. 사건의 발단은 대강 이러하다. 반정 성공 후 반정공신(反正功臣)들은 중종의 비(妃) 신 씨(단경왕후)를 왕비에서 폐위할 것을 강요하였다. 신 씨는 반정을 반대한 신수근의 딸이기 때문이다. 사실, 신수근을 죽인 반정 세력은 그의 딸이 중전의 자리에 있는 것이 부담되었을 것이다. 중종은 반정공신들의 강요에 못 이겨 신 씨를 폐출하고 새 왕비 장경왕후 윤 씨를 맞아들였으나 오래지 않아 세상을 떠나게 된다. 신 씨는 인왕산 아래 옛 거처로 쫓겨나 살게 되었다. 유난히 금실이 좋아 함께 고락을 나누며 살아왔던 중종은 반정으로 왕위에 올랐으나, 부인을 잊을 수가 없어 경회루에 올라 신 씨가 있는 인왕산 기슭을 바라보곤 하였는데 이 소문이 신 씨의 귀에 들어가자 아침 일찍 인왕산 치마바위에 올라가 함께 살 때 자주 입었던 치마를 널어놓고 저녁이면 거두었다. 이 일로 인해 사람들은 신 씨가 치마를 걸쳐 놓았던 바위를 치마바위라고 불렀다.

당시 담양 부사 박상(朴祥), 순창군수 김정(金淨), 무안 현감 유옥(柳沃) 등 세 사람은 비밀리에 순창 강천사 계곡에 모여 억울하게 폐위된 신 씨를 왕비로 복위시키자는 상소를 올리기로 결의하였다. 그들은 소나무 가지에 관인(官印)을 걸어 놓고 죽기를 맹세하며 상소문을 올렸다. '신비복위소(愼妃復位疏)'다. 박상과 김정은 상소에서 중종의 비 신 씨가 정당한 이유도 없이 쫓겨난 것은 성리학적 명분과 대의에 어긋나므로 복위시키고, 유교 질서를 어지럽힌 주동자들은 국모 폐출의 죄를 물어 관작을 박탈해야 한다고 주장했다. 이 상소는 살아있는 권력에 대한 정면 도전이었지만, 사림의 유학자들을 각성시키고 단합시키는 계기가 되었다. 사간원의 대간을 비롯한 훈구세력은 상소인들을 탄핵하여 유배형에 처했다.

삼인대 상소 사건이 마무리되었을 때 조광조는 과거에 급제한 후 막 관직에 진출하여 사간원 정언(正言)의 자리에 있었다. 진사시에 합격하여 성균관에 입학한 조광조는 유생들의 본이 되어 성균관의 추천으로 관직을 얻었지만, 나랏일을 하려면 스스로가 허물이 없고 당당해야 한다는 소신으로 알성시에 응시하여 급제하였다. 조광조에게 정언 자리는 그의 성품에 정확히 맞는 자리다. 조광조는 상소를 올려 구언(求言, 나라가 어지러울 때 임금이 어려움을 타개하기 위한 방책을 백성에게 구하는 것)을 한 상소자들을 처벌하자고 주장한 것은 대간(臺諫, 사헌부, 사간원, 홍문관에 근무하는 관료)의 본분을 상실하였으므로 모두 파직해야 한다고 주장하였다. "신이 이제 정언이 되었는데, 어찌 직분을 잃은 대간과 함께 일할 수 있겠습니까? 서로 용납할 수 없을 것이므로 양사(사헌부와 사간원)를 파직하여 다시 언로를 여십시오." 옳고 그름에 대한 의견이 분명하고 대쪽 같은 조광조의 성품이 고스란히 드러나는 장면이다. 그의 자(字) 효직(孝直)에서 풍기는 올곧고 강직한 이미지와도 일치한다.

이 상소를 통해 조광조는 사림 세력이 생각하는 시대적 요구를 실현할 지도자로 부상하게 되었다. 조광조는 폐비 신 씨의 복위를 주장한 상소자들의 주장이 옳다고 옹호한 것은 아니었다. 조광조가 중요하게 생각한 점은 상소자들의 주장의 옳고 그름에 대해서는 따지지 않고 다만 대간이라면 언로(言路)를 여는 것이 직분인데, 상소자들이 지나친 말을 했다고 해서 직접 나서서 죄주기를 청한 대간은 그 직분을 잃었다고 주장하였다. 그러면서 자신은 그처럼 직분을 잃은 대간과 같이 일을 할 수 없다고 하면서 두 기관의 관원들을 모두 파직하여 언로를 다시 열 것을 요청하였다. 중종은 대신들과 의논한 후 조광조의 요청에 따라 대간의 관원을 교체하였다. 그때 정세로 볼 때 누구 편도 들지 않고 중립성을 지키면서 명분과 대의를 좇아 옳은 말을 하는 조광조가 돋보였을 것이다. 조광조의 주장을 현대의 화법으로 표현하자면 사간원은 언론과 표현의 자유를 보장하는 것이 마땅한 직분인데 주무 부서에서 오히려 언론에 재갈을 물리고 처벌했다는 것이다. 삼인대 상소 사건에서 보여준 조광조의 대의 명분론은 이후 추진될 개혁의 신호탄이 되었다.

중종의 절대적 신임을 얻은 조광조는 성리학에 기반을 둔 왕도정치를 실현하기 위한 여러 개혁을 추진했다. 조광조는 덕(德)과 예(禮)로써 다스리는 유학의 이상적 왕도정치를 현실에 구현하고자 했다. 그의 개혁의 방향은 훈구세력을 타도하고 구제도를 개혁하여 새로운 질서를 수립하는 것이었다. 그는 향촌의 상호부조와 풍속교화를 위하여 향약(鄕約)을 실시하도록 하였다. 미신 타파를 내세우며 소격서(昭格署)를 폐지하였다. 천거로 인재를 발탁하는 현량과(賢良科)를 실시하여 30대의 신진사류를 요직에 안배하고 훈구세력을 외직으로 몰아냈다. 조광조와 신진사류는 훈구세력인 반정공신을 공격하여 정국공신(靖國功臣)이 너무 많으니 위훈삭제(僞勳削除), 즉 공도 없으면서 공신에 봉해진 사람들의 훈작 삭탈을 추진했다. 이러한 개혁 작업, 특별히 위훈삭제는 기득권 세력이 된 훈구세력의 거센 저항에 직면했으며, 중종조차도 달가워하지 않을 정도였다. 조광조는 117명의 정국공신 중 88명을 삭훈하고 29명만 남겨놓았다.

훈구세력을 몰아내고 제도를 일신하고자 했던 조광조와 그의 개혁 세력은 암초에 부딪혔다. 급하면 체하고 강하면 부러지는 법이던가. 훈구세력의 반격이 시작됐다. 홍경주(洪景舟), 남곤(南袞), 심정(沈貞) 등 훈구세력은 후궁을 움직여 왕에게 신진사류를 무고하도록 하였다. 사실, 남곤은 어려서부터 조광조와 교유했으며 처음에는 사림파로서 중종에게 조광조의 중용을 적극적으로 추천한 인물이었다. 야사에 따르면 훈구세력은 대궐 나뭇잎에 과일즙으로 '주초위왕(走肖爲王, 즉 趙 씨가 왕이 된다는 뜻)'이라는 글자를 써서 벌레가 갉아 먹게 한 다음 궁녀에게 이를 따다가 왕에게 바치도록 하는 등 조광조에 대한 의심을 조장시켰다고 한다(1995년 모 방송국에서 서울대 농대에 의뢰하여 실험한 결과 곤충이나 벌레가 글자대로 갉아 먹지 않는다는 결론을 내렸다). 야사의 기록은 훈구파가 사림의 지도자인 조광조를 수단과 방법을 가리지 않고 제거하려고 혈안이 되었다는 점을 강조한 것으로 이해된다. 또한, 훈구세력은 밤에 경복궁 북쪽 신무문(神武門)을 통하여 비밀리에 왕을 만나 조광조 일파가 당파를 조직하여 역모를 꾀한다고 무고하였다. 임금이 대신을 만나려면 승정원의 당직 승지를 거쳐야 하지만, 이날 중종은 훈구 세력에게 표신(標信, 궁중에 급변을 전하거나 궁궐 문을 드나들 때 쓰던 문표(門標))을 주어 한밤중에 궁궐로 불러들였다. 조광조의 급진적인 도학정치(道學政治) 주장에 염증을 느껴오던 중종은 훈구세력 대신들의 탄핵을 받아들여 조광조와 그 일파를 제거했다. 조광조가 왕을 움직여 개혁을 추진할 수 있었던 것처럼 훈구세력도 어떻게 왕의 역린(逆鱗)을 건드리면 조광조 등을 제거할 수 있을 것인가를 잘 알고 있었다. 기묘사화 후 위훈삭제 처분은 취소되었고 정국공신은 원래대로 회복되었다. 훈구세력이 조광조 등을 탄핵한 이유를 알 것이다.

홍명희의 《임꺽정》에서는 조광조가 전광석화(電光石火)와 같이 개혁을 추진하는 것에 대한 후폭풍을 암시한다. 갖바치(백정의 아들로 임꺽정의 스승이면서 유불선의 가르침을 통달한 인물)와 조광조와의 대화 내용을 보자. 엄격한 신분 계급 사회에서 사대부가 갖바치와 교유한다는 것은 위험천만한 행동이다. 조광조와 관련된 소설이나 문헌에서는 갖바치가 등장하는데, 이는 조광조가 신분과 계급의 차이를 뛰어넘어 기본적으로 사람 됨됨이를 존중하고 필요하면 누구에게서든 배운다는 자세를 엿볼 수 있다.

갖바치: "지금 영감께서 대사헌 되신 지가 햇수로 불과 삼 년인데 그동안 세상 풍기(風紀)가 일변하였습니다. 다른 것은 고만두고라도 청촉(請囑)이 없어지고 뇌물이 끊어졌으니 그것이 여간 변한 것이 아닙니다. 그렇지만 뇌물이나 받아먹고 청촉질이나 하던 사람들이 그 심장이야 갑자기 변하겠습니까? 그 사람들이 활을 들고 영감을 과녁 삼아 노리고 있습니다. 이것은 영감도 아시겠지요?"

조광조: "그렇기도 하겠지."

갖바치는 조광조가 대사헌(오늘날의 검찰총장)이 되면서 청탁이나 뇌물이 없어졌을 정도로 부정부패가 일소되었다는 세간의 여론을 전하고 있다. 그러나 조광조의 개혁을 반대하는 측에서 그를 제거할 계획을 세우고 있다는 이야기다. 갖바치는 이야기를 계속 이어나간다.

갖바치: "말씀하는 길에 한마디 말씀을 여쭐 것이 있습니다. 영감의 재주가 일세를 경륜하실 만하나 임금을 만난 뒤에라야 그 재주를 다하실 수 있습니다. 그러한데 지금 상감께서는 영감의 명망은 아시겠지만, 영감의 재주는 아시지 못할 것입니다. 만에 하나 소인이 이간질하면 공은 반드시 화를 면하지 못할 것입니다. 한 번 급류(急流)에서 물러나는 것이 어떻습니까? 결단하실 용맹이 있습니까?"

조광조: "용맹은 있고 없고 간에 남의 신자(臣子)된 도리가 오직

충성을 다할 뿐이지 다른 말이 왜 있겠나?"

갖바치: "영감이 그러실 줄 알았습니다."

그때 '백성들은 기득권 세력과 싸우는 조광조와 개혁 세력을 지지하고 박수를 보냈지만, 임금의 마음이 언제든 변해 조광조 등을 제거할 수 있다'라는 생각을 하고 있었던 것 같다. 갖바치의 말은 아무리 조광조의 뜻이 옳다고 해도 임금의 지지가 없다면 성공할 수 없을 뿐더러 개혁을 지속할 수도 없음을 비유한 말일 것이다. 갖바치의 말은 조광조의 운명을 암시하는 듯하다.

조광조 등이 제거된 후에 백성들은 남곤과 심정을 조정의 간신배로 지목하였다. 오죽했으면 두 사람의 이름을 따서 '곤쟁이젓'이라는 이름을 붙였겠는가. 본래 곤쟁이젓은 자하(紫蝦), 즉 자줏빛 나는 작은 새우로 담근 젓이다. 곤쟁이젓은 그 맛이 얼마나 좋은지 감동해(感動醢) 혹은 감동해(甘冬醢)라는 별칭을 갖고 있다. 세조의 쿠데타에 가담한 신숙주를 미워하는 마음에서 녹두나물을 숙주나물로 부르는 것과 같은 이치다. 녹두나물은 죄가 없다. 왕조 시대 백성은 정치적으로 복잡한 맥락을 한마디의 말로 축약하여 시대의 키워드를 짚어내는 놀라운 능력을 갖추고 있다. 촌철살인(寸鐵殺人)이다.

《조선왕조실록》에서는 훈구세력이 조광조 등 사림을 제거하기 위해 왕을 설득하는 내용을 기록하고 있다. 대화 내용을 되짚어 보자.

훈구세력: "조광조 등을 보건대, 서로 붕당을 맺고서 저희에게 붙는 자는 천거하고 저희와 뜻이 다른 자는 배척하여, 세

력을 만들어 서로 의지하여 권력이 있는 요직을 차지하고, 위를 속이고 사사로운 감정을 행사하되 꺼리지 않았습니다. 또한, 후진을 유인하여 궤격(詭激, 말과 행동이 사리에 맞지 않고 지나치게 과격함)이 버릇이 되게 하여, 젊은 사람이 어른을 능멸하고 천한 사람이 귀한 사람을 방해했습니다. 이로써 국론이 전도되고 조정이 날로 잘못된 방향으로 나아가게 하므로, 조정에 있는 신하들이 속으로 분개하고 한탄하는 마음을 품었으나 그 세력이 치열한 것을 두려워하여 아무도 입을 열지 못했습니다."

중종: "죄인에게 벌이 없을 수 없고 조정에서도 청하였으니, 빨리 정죄(定罪)하도록 하라."

훈구세력: "누구를 우두머리로 합니까?"

중종: "조광조를 우두머리로 하라."

훈구세력: "이들이 늘 한 짓은 다 정의에 핑계를 댔으므로 그 죄를 이름 붙여 말하기 어려우니, 짐작해서 해야 할 것입니다."

《조선왕조실록》에서 이야기하는 조광조와 신진사류의 죄는 붕당을 형성하여 자기편끼리 서로 요직에 앉히고 원로대신을 가볍게 생각하여 조정의 위계질서를 무너뜨렸다는 것이다. 요즘 사회에서 자주 사용하는 용어인 진영 정치 또는 편 가르기 정치를 했다. 지위도 높고 연륜이 많은 훈구세력이 보기에는 신진 개혁 세력은 버르장머리가 없고 과격하여 위아래도 몰라본다는 의미로도 해석할 수 있다.

조광조는 영의정 정광필(鄭光弼)의 간곡한 변호로 일단 사형은 면했으나 능주로 유배를 가게 되었다. 성균관 유생들도 조광조의 억울함을 항소했지만 소용없었다. 왕조 시대에 임금은 신하의 생사여탈권을 쥐고 있지만, 중종은 조광조를 신임하고 그의 개혁을 지지한 지 4년 만에 토사구팽(兎死狗烹)하였다. 중종은 훈구파를 견제하기 위해 조광조를 기용하는 등 신진 사림이 왕의 개혁 추진에 대한 기대를 가졌지만, 왕의 마음은 조변석개(朝變夕改)하고 말았다. 지엄한 왕(중종)과 신하 조광조의 관계는 과유불급(過猶不及)이었던가. 《조선왕조실록》에 실린 사관(史官)의 논평에 따르면, "전일에 좌우에서 가까이 모시고 하루에 세 번씩 뵈었으니 정이 부자처럼 아주 가까울 터인데, 하루아침에 변이 일어나자 용서없이 엄하게 다스렸고 이제 죽인 것도 임금의 결단에서 나왔다. 조금도 가엾고 불쌍히 여기는 마음이 없으니, 전일 도타이 사랑하던 일에 비하면 마치 두 임금에게서 나온 일 같다"라고 기록하고 있다. 사관이 보았을 때도 조광조에 대한 중종의 갑작스러운 변심을 이해할 수 없었나 보다.

조광조가 유배지 능주로 가는 길에는 제자들도 따라나섰다. 그들 중 양산보(梁山甫, 1503~1557)가 있었다. 양산보라는 이름은 《시경》에 등장하는 중산보(仲山甫)를 존경한 나머지 붙여진 이름이라고 한다. 양산보의 숙부가 양팽손이며 자신을 조광조에게 천거한 것도 양팽손이었다. 그는 담양 소쇄원(瀟灑園)을 만든 장본인이다. 양산보는 조광조를 스승으로 모시고 2년 가까이 학문 연마와 과거 시험 준비에 정진했다. 양산보는 조광조가 유배형을 당하고 사사(賜死)되는 것을 목격하면서 스승이 꿈꿨던 왕도정치의 꿈을 버리고 담양에 소쇄원을 만들게 된다. 양산보는 스승 조광조를 진심으로 존경하고 본받고 싶었다. 당시 조광조는 신진 사림이 손꼽는 본보기였지만, 양산보에게 조광조는 그 이상의 존재였다.

스승은 임금으로부터 철저히 버림받았다. 스승은 금부도사가 한양에서 사약을 가지고 유배지에 도착할 때까지도 임금이 자신을 다시 부를 것이라는 희망을 버리지 않았다. 스승은 임금이 그를 사사하라는 왕명을 가지고 왔다는 말을 믿을 수가 없었다. 스승은 임금의 진위를 확인한 후에는 의관을 갖추고 임금이 계신 북쪽을 향하고 숨을 거두었다. 양산보는 스승이 사약을 마시기 전에 토해낸 절명시를 보관했다.

임금 사랑하기를 어버이 사랑하듯 하였고
나라 걱정하기를 내 집 걱정하듯 하였네
밝은 해가 이 세상을 내려다보니
일편단심 내 충심을 더욱 밝게 비추리

저자는 조선 왕조에서는 걸출한 민본(民本)주의자들이 있었다고 생각한다. 조선 전기의 삼봉 정도전, 후기의 다산 정약용 그리고 중기의 정암 조광조다. 이들은 맹자(孟子)의 진심장구(盡心章句)에 나오는 "백성이 존귀하고, 사직은 그다음이며, 왕은 가볍다(民爲貴, 社稷次之, 君爲輕)"라는 민귀군경(民貴君輕)의 충실한 신봉자였다. 사극 〈정도전〉에서 이방원의 손에 최후를 맞이한 정도전의 유언처럼 "왕은 하늘이 내리지만 재상은 백성에게서 나온다. 이 나라의 주인은 백성이다. 임금은 백성을 위해 존재하는 도구다." 그들의 민본 사상은 조선 5백 년을 지탱하는 근원이 되었을 것이다. 후세가 백성을 위한 일이라면 목숨을 내놓고 옳은 말을 하는 것을 마다하지 않았던 민본주의자를 높게 평가하는 이유일 것이다. 조선은 유학을 발전시키는 데 크게 이바지한 유학자들의 신주를 문묘에 봉숭(封崇, 작위(爵位)나 존호(尊號)를 높여 주는 일)하였는데, 조광조는 김굉필, 정여창, 이언적, 이황과 함께 오현(五賢) 중 한 명이 되었다.

사람에 대한 평가는 그가 죽은 후에 더 진정성 있는 평가가 이루어진다고 본다. 조광조가 사사된 후 퇴계 이황과 율곡 이이가 조광조에 대한 행장(行狀)을 썼다. 행장이란 사람이 죽은 뒤에 그 사람의 평생의 행적을 기록한 글이다. 이황이 작성한 행장의 한 구절이다. "선생은 타고난 자품이 특이하여 동류 중에서 뛰어나니, 마치 화려한 난새(鸞, 전설 속에 등장하는 봉황과 비슷한 새)가 머무르고 고상한 고니가 우뚝 선 것 같고, 옥같이 윤택하며 금같이 순수하고, 또 무성한 난초가 향기를 풍기고, 밝은 달이 빛나는 것과 같았다." 이황은 난새, 고니, 옥, 금, 난초, 달 등의 단어를 동원하여 조광조의 성정과 인품을 평가하였다. 이이도 조광조에 대한 행장에서 조광조의 자질과 정신 그리고 행동거지를 매우 높게 평가했다. "우리나라 유현(儒賢, 유학에 정통하고 어질며 총명한 선비) 중 자질이 아름답기로는 조광조만 한 사람이 없다. 정신은 흰 달빛처럼 맑고, 행동거지는 움직이기만 하면 예법에 맞았다."

양산보가 만든 소쇄원에는 광풍각(光風閣)과 제월당(霽月堂) 두 전각과 대봉대(待鳳臺)가 있다. 광풍각과 제월당은 광풍제월(光風霽月)에서 연유했다. 광풍제월은 송나라 명필 황정견이 주무숙의 사람됨을 광풍제월에 비유한 것에서 비롯됐다. "그의 인격은 고매하여 마치 비가 온 뒤에 불어오는 시원한 바람과 하늘에 떠 있는 맑은 달과 같다.” 하서(河西) 김인후(金麟厚, 1510~1560)가 양산보의 깨끗하고 고매한 인품을 비유하여 결정했다. 김인후와 양산보는 사돈 관계를 맺게 되는데 양산보의 아들 양자징(梁子澂, 1523~1594)이 김인후의 딸과 결혼한다. 흥미로운 것은 양자징은 김인후를 배향하고 있는 장성 필암서원(筆巖書院)에 함께 배향된다. 장인과 사위가 함께 배향된 서원도 전례를 찾아보기 어려울 듯하다. 그러나 대봉대는 관점에 따라서는 오해를 살 수 있는 이름이다. 진인 출현을 기다리는 마음으로 대봉대를 지었다고 소문이 나면 곤란할 수 있다. 양산보가 지은 대봉대는 봉황을 기다리는 곳이지만, 봉황은 군자를 뜻한다. 그는 봉황이 둥지를 틀고 산다는 벽오동 나무와 대나무에 맺힌 이슬과 열매만 먹는다 하여 대나무를 심었다. 양산보에게 봉황은 스승 조광조이고 스승이 추구했던 이상적인 왕도정치가 아닌가 싶다.

청출어람(青出於藍)이라는 아름다운 말이 있다. 사제 관계에서 가르친 선생님보다 더 기량이 뛰어난 제자가 나올 때 사용한다. 청출어람 하는 방식은 여러 가지가 있을 것이다. 양산보는 스승 조광조를 일생에 걸쳐 존경하고 흠모하면서 스승을 닮고자 하였다. 소쇄원은 양산보가 스승 조광조를 기리고자 조성한 원림(園林)이라고 생각한다. 그 원림에서 그는 호남의 신진 학자들과 친교를 나누고 시를 짓고 학문을 논했다. 양산보와 사돈을 맺은 김인후는 소쇄원 48영(詠)을 지었다. 양산보는 은일처사(隱逸處士)로 재야에서 스승 조광조가 남긴 유훈을 되새기며 소쇄원을 남도 최고의 원림으로 꾸몄다. 양산보의 학문 수준과 그의 고매한 성품을 보았을 때 마음만 먹으면 중앙 정계에 얼마든지 진출할 수 있었을 것이다. 그는 평생 세상과 벽을 쌓고 소쇄원에 파묻혀 살았다.

기묘사화로 조광조가 죽지 않았다면 소쇄원이 존재했을까? 존재하지 않았을 것이다. '인간의 만남은 하늘이 내리고 그 관계에 대한 책임은 사람에게 있다'라고 한다. 양산보와 조광조와의 만남은 하늘이 맺어준 것이 분명하다. 스승이 두 사발의 사약을 마시고 생을 마치는 광경을 두 눈으로 똑똑히 목격한 양산보에게 세상은 신의가 없었다. 양산보는 스승을 체화시킨 소쇄원을 만들어 스승을 대신하여 유교의 이상적 공간을 꾸미려는 계획을 세웠을 것이다. 조광조는 자랑스러운 제자 양산보를 두었으며, 두 사람은 후세에 부러워할 만한 사제의 본보기를 남겼다. 스승 조광조는 서른여덟의 짧은 생을 마쳤지만, 양산보는 소쇄원을 통해 스승을 영원히 기리고 싶었을 것이다. 제자가 조성한 소쇄원의 대나무 숲에는 스승이 시대에 던져준 울림을 간직하고 있는 듯 늘 맑고 푸르다.

📖 문순태. (2015). 《소쇄원에서 꿈을 꾸다》. 서울: 오래.

이기동. (2015). 《천국을 거닐다, 소쇄원》. 서울: 사람의 무늬.

이종수. (2020). 《조광조 평전》. 서울: 생각정원.

조성일. (2022). 《개혁하는 사람, 조광조》. 고양: 시간여행.

최인호. (2015). 《유림》. 파주: 열림원.

홍명희. (1991). 《임꺽정》. 서울: 사계절.

《종로구지》 하권 977면.

《조선왕조실록》. 〈중종실록 37권, 중종 14년 12월 16일 병자 2번째 기사〉. 국사편찬위원회.

《연려실기술》. 〈퇴계집〉. 한국고전종합 DB.

김정탁. (2023). 《중앙일보》. 〈그림자도 쉬어 가는 곳, 그곳에 서린 핏빛 권력 다툼〉. 12월 29일.
김덕진. 《전남일보》. 〈조광조와 고락 함께 한 양팽손, 호남 문풍에 큰 역할〉. 8월 9일.
이성우. (2021). 《월간중앙》. 〈생이별 '아픈 사랑' 서려 있는 인왕산(仁王山) 치마바위〉. 8월 17일.
〈여인천하〉. (2001). 드라마.
〈정도전〉. (2014). 드라마.
〈조광조, 그의 개혁은 실패했나〉. (2019). 다큐멘터리.
〈KBS 역사의 라이벌－어디까지 사실인가, 조광조와 남곤〉. (1995). 다큐멘터리.

추사(秋史)의 삶에서 배우다

자신에게 엄격하고 제자에겐 자애로운 시대의 지성

추사(秋史) 김정희(金正喜, 1786~1856)는 우리나라를 대표하는 서예가로 잘 알려져 있다. 추사는 신라의 김생, 고려의 탄연, 조선의 안평대군과 함께 명필로 손꼽힌다. 독창적인 추사체의 영향이 커서 그럴 것이다(추사가 사용한 아호, 낙관, 도인에 쓰인 글귀는 무려 200개나 된다고 한다. 추사 아호의 기본은 추사와 완당이다). 저자에게 추사는 고증학과 금석학의 대가로 인상 깊게 남아 있다. 금석학은 고동기(古銅器)나 비석(碑石)에 새겨진 명문(銘文)을 실증과 고증, 해독과 해석의 방법을 통해 연구하는 학문이다. 고고학과 역사학의 한 분야다. 추사는 '북한산의 신라 진흥왕 순수비'와 '함경도 함흥 함초령의 진흥왕 순수비'를 고증했다. 추사의 재능과 역량은 여기에 멈추지 않는다. 그가 제자 우선(藕船) 이상적(李尙迪, 1804~1865)에게 그려준 〈세한도(歲寒圖)〉는 국보로 지정될 정도의 높은 예술성과 휴머니즘을 보여준다.

저자는 추사 연구자는 아니지만, 그에 대한 문헌과 기록을 읽고 난 뒤에는 그를 사숙(私淑, 직접 가르침을 받을 수는 없으나 누군가를 본으로 삼고 배우는 것)하게 되었다. 그를 집약적으로 표현하면 '인문학의 거인'이라는 생각이 들었다. 인문학이란 인간이 남긴 흔적이나 동선(動線)을 좇아 그 의미를 파악하여 우리 삶의 의미를 풍부하게 만들고 삶의 질을 높일 수 있다는 점에서 추사의 인문적인 작품과 활동은 많은 교훈과 시사점을 제공한다고 생각한다. 인문학의 후예로서 인문학의 거인에게 감사와 존경을 표하지 않을 수 없으며, 우리에게 남긴 교훈을 찾지 않을 수 없다. 저자는 네 가지로 그 교훈을 추려보았다.

첫째, 추사는 천부적인 재능을 타고났지만, 끊임없는 수련으로 재능과 역량을 최고치로 끌어올렸다. 추사가 제자들에게 수련을 강조하는 말이 전해진다. "하늘이 총명을 주는 것은 상하 귀천이나 남북에 한정되어 있지 않다. 오직 확충하여 끈질기게 중단 없이 정진하면 구천구백구십구 분에 도달할 수 있다. 그렇다고 그 나머지 일 분도 사람의 힘으로 못할 것이 없으니 끝까지 노력해야만 한다." 0.01%의 부족을 채울 때까지 연찬(硏鑽)하라고 독려했다. 추사체만 해도 섬세하고 꼼꼼하며 철저한 장인정신의 소유자였던 추사가 빚어낸 결정체지만 결코 쉬운 과정을 거치지 않았다. 추사가 그만의 독창적인 추사체를 완성하기까지는 '칠십 평생에 벼루 열 개를 밑창 냈고, 붓 일천 자루를 몽당붓으로 만들었다'라고 술회할 정도였다(유홍준, 2018: 398-399). 사람이 신고 다니는 구두의 밑창이 아니라 '벼루 열 개를 밑창 낸다'라는 것은 쉽지 않은 일이다. 추사가 서체를 완성하기까지 그의 타고난 재능에 엄청난 노력을 보탰다는 술회를 생각하면 마음이 숙연해지고 저절로 존경심이 우러나온다. 완벽을 추구하는 추사의 예술세계를 두고 "추사(秋史)는 추상(秋霜)같이 엄정한 금석서화가(金石書畵家)란 의미로 자신을 이른 명호이다. 추사는 가을 서리같이 엄정한 금석학자이자 서화가란 의미이다" 라고 주장하는 추사 연구가도 있을 정도다.

둘째, 추사의 예술과 학문 세계는 두 번의 유배 생활을 거치면서 더 높고 더 깊어졌다. 추사는 명문 귀족 가문에서 태어나 성장하고 과거에 합격하여 출세 가도를 달렸다. 고조부 김흥경은 영의정을 지냈고, 증조부 김한신은 영조의 둘째 딸 화순옹주와 결혼하여 월성위(月城尉)라는 부마(駙馬, 부마도위(駙馬都尉)의 줄임말로 중국 한(漢)대에 황제가 타던 수레를 끄는 말을 관리하는 관직으로, 후에는 왕의 사위를 뜻하게 됨)의 작호를 받았다. 영조는 사위와 딸을 위해 경복궁 영추문 바로 맞은편(현재 서울 통의동)에 월성위궁을 하사했다. 이렇듯 추사는 금수저를 물고 세상에 나왔다. 영조의 계비(繼妃)인 정순왕후(貞純王后)가 12촌 대고모이고, 그가 속한 경주 김씨는 안동 김씨, 풍양 조씨, 남양 홍씨와 함께 당대 최고 명문가였다.

인간은 고난과 형극을 통해 단련되고 그의 사유 세계가 확장되며 인품도 원만해진다고 본다. 만약 추사가 명문가의 후광으로 탄탄대로만 걸었다면 추사의 예술과 학문 세계는 또 달라졌을지 모른다. 추사 전문가들에 따르면 젊은 시절 추사는 관용과 미덕이 부족했던 것 같다. 혈기 왕성했던 시절의 추사는 알면 말하지 않은 것이 없었고 말하면 다하지 않은 것이 없었을 정도로 시시비비(是是非非)를 정확히 가렸던 것 같다. 한마디로 철저한 완벽주의자였다. '할 말은 해야 한다'라는 원칙은 곧 많은 적을 만들 가능성이 크다는 이야기다. 결국, 정적들의 공격 대상이 되었고 유배형의 고초를 겪었다. 추사는 학예에서 '최고'라는 지나친 자부심으로 인간의 보편성에 대한 이해가 부족하다는 비판을 받았지만, 유배형을 살면서 인간의 본성에 대한 이해의 폭을 넓힐 기회가 되었을 것으로 생각한다. 추사의 곤이지지(困而知之), 즉 고생으로 깨달은 인간에 대한 이해는 그의 예술과 학문 세계에도 반영되어 추사의 작품을 한 차원 더 끌어올렸다고 본다.

셋째, 추사는 공부하고 가르치길 좋아하는 지식인이었다. 추사는 시서화(詩書畵)에 뛰어난 재능을 보인 것은 물론이거니와 금석학에 대한 탁월한 성취를 이룬 조선 후기 최고의 지식인 중 한 명이었다. 당대의 고승(高僧)과 교리 논쟁을 벌일 정도로 해박한 불교 지식을 가졌다. 해남 대흥사의 초의선사와는 막역한 지기였다. 무엇보다 추사는 신분이나 계급에 구애하지 않고 재능만 있으면 문하생으로 받아들이고 그들을 지도하였다. 신분 계급이 존재하고 반상(班常, 양반과 상놈)의 질서를 엄격히 따졌던 조선에서 쉽지 않은 처신이었다. 추사에게 직간접적으로 지도를 받은 제자들의 면면을 보면 흥선대원군 이하응, 전라 우수사 신헌, 개화파 강위, 역관 이상적, 오경석, 김석준, 화가 허련, 전각가(낙관에 쓰이는 도장에 전서를 새기는 사람) 오규일 그리고 필장(筆匠, 붓 만드는 사람) 박혜백 등 직업의 귀천이나 신분의 고하를 따지지 않았다. 왕족으로부터 고위 관직에 있는 사대부는 물론 오늘날의 통역관, 화가, 장인에 이르기까지 다양하다. 추사는 제주 유배지와 함경도 북청 유배지에서도 지역의 인재들을 발굴하여 가르치고 그들을 한양의 지기들에게 추천하였다.

추사가 제자들에게 얼마나 아낌없이 베풀었는가는 서화 경연대회에서 엿볼 수 있다. 경연대회는 추사가 유배에서 풀려나 용산에 머물던 1849년 제자 우봉(又峰) 조희룡(趙熙龍, 1789~1866)이 주관하였다. 14명의 젊은 서화가들이 추사에게 글씨와 그림을 지도받는 자리를 마련하였다. 추사는 글을 쓰고 그림을 그리는 기본적인 자세와 태도는 물론 구체적인 기법이나 이상적인 심미관 등 서화에 관한 광범위한 내용을 포괄하며 상세한 품평을 해주었다. 신분과 계급을 엄격히 구별했던 조선 사회에서 사대부 출신의 대학자와 중인계급의 서화가들이 신분과 계급의 벽을 허물고 한자리에 모여 품평회를 열었다는 것 자체가 엄청난 파격이었다. 그 품평의 기록이 《예림갑을록(藝林甲乙錄)》이다.

> 오른쪽 한 줄은 아주 뛰어나고 아름다워 과연 법도에 맞는다고 일러도 좋을 것이다. 그러나 왼쪽 한 줄은 아직 정리되지 않아 표준에 들어가지 못했는데 이것은 행을 나누는 데 주의를 하지 않아서 이렇게 비뚤어지게 된 것이다.
>
> 배치가 대단히 익숙하고 붓놀림 또한 막힘이 없다. 다만 색칠할 때 세밀하지 못하고 또 우산 받치고 가는 사람은 조금 환쟁이 그림같이 되었다.
>
> 그림에는 반드시 손님과 주인이 있어야 하니 이를 뒤집어 놓을 수는 없다. 그런데 이 그림은 자세히 보면 누가 주인이고 누가 손님인지 알 수 없게 되었으니, 붓놀림은 비록 재미있는 곳이 있지만 부득이 제 2등에 놓지 않을 수 없다.

저자도 학생들의 리포트를 받은 뒤에 기간을 정하여 피드백(품평)을 원하는 학생들에게 품평해 준다. 학생의 잘한 점, 아쉬운 점 등을 열거하며 리포트의 완성도를 높일 수 있도록 조언해 준다. 구두로 피드백하는 것도 한 방법이지만, 추사처럼 글로 작성하여 더 자상하게 품평해 주는 것도 좋을 듯싶다. 추사가 대학교수였다면 제자를 사랑하고 실력과 역량을 갖춘 교수의 본보기가 되었을 것이다.

넷째, 추사의 인간미 넘치는 호쾌함과 솔직함에 빠져든다. 높고 깊은 학문과 예술세계를 구축한 추사가 남의 작품이나 주장을 깎아내리고 평가절하하는 시절이 있었다. 추사가 그의 지적인 교만과 자신만의 예술적 기준에 도취하여 다른 사람의 작품이나 주장에 대해 독설을 퍼부었거나 폄하했던 일화들이 전해져 온다. 제주 유배 기간(55~63세, 1840~1848)에 일어난 일화다. 첫 번째 일화는 추사가 유배지 제주에 가는 도중 전주를 지날 때 한 지역에서 유명한 서예가 창암(蒼巖) 이삼만(李三晩, 1770~1847)을 만났는데 창암이 추사에게 글씨를 보여주며 평을 부탁했다. 추사(55세)는 창암(71세)에게 이렇게 말했다고 한다. “노인장께선 시골에서 글씨로 밥은 먹겠습니다.” 인정머리란 찾아볼 수 없는 비정한 혹평이다. 좀 더 심하게 해석하자면 ‘촌구석에서나 통하는 글씨입니다’라는 의미로도 받아들일 수 있다. 두 번째 일화는 완도에 가기 전 해남 대둔사(대흥사)에 들러 오랜 벗 초의선사(草衣禪師, 1786~1866)를 만나 대웅전의 현판 글씨 ‘대웅보전(大雄寶殿)’을 보고 저 현판을 떼어 내리고 추사가 쓴 글씨를 달도록 했다. 그 현판은 원교(圓嶠) 이광사(李匡師, 1705~1777)의 글씨였다. 세 번째 일화는 1843년 추사가 제주에서 당대의 대선사인 백파(白坡, 1767~1852)와 논쟁을 벌이면서 백파 선사의 오류를 지적하며 ‘백파 망증(白坡妄證) 15조’라는 제목으로 편지를 보냈다. 백파 선사는 부인상(婦人喪)을 당한 추사에게 문상 편지를 보냈는데 추사는 반박 편지를 보냈다. ‘망증(妄證)’이란 늙거나 정신이 흐려서 정상을 벗어난 증언을 말한다. 망령이 들어 이치에 맞지 않은 주장을 했다는 것이다. 매몰차게 몰아붙였다. 추사의 지적 우쭐함과 오만이 만든 대참사였다. 저자는 불교에 대해서는 잘 몰라 그 내용을 자세하게 알 수는 없지만, 내용의 일부는 아래와 같다.

> 선생은 선문(禪門)에서 망증과 망해(妄解)를 일삼다가 그것도 부족하여 대담하게 복희(伏羲), 문무(文武), 주공(周公)의 글에까지 손을 대는가? (…) 어찌 이같이 무엄하고 무탄(無憚)할 수 있는가. 이미 적연부동이니 감이수통이라는 말이 무슨 뜻인지도 모르고 그처럼 망령되게 논증을 할진대 진공이니 묘유니 하는 것도 무슨 말인지 알지 못하고 망령되게 논증한 것이 분명하다.

추사와 관련된 일화를 보면 추사가 인격적으로 흠결이 많은 사람으로만 비칠 수 있다. 추사의 인간적인 참모습은 그가 9년간의 제주 유배에서 풀려나 육지에 도착했을 때 나타났다. 그는 자신의 과거 실수를 사과하기 위해 당사자를 직접 만나곤 했다. 추사는 대흥사에 들러 초의선사를 만나 원교 이광사의 현판을 다시 달게 했다. "내 글씨를 떼어내고 이 현판을 다시 달게. 그때는 내가 잘못 보았네." 원교 글씨의 가치를 인정한 것이다. 추사는 초의선사의 만류를 무릅쓰고 서둘러 정읍으로 떠났다. 추사가 '망증'이라고 공격했던 백파선사에게 사죄하기 위해서였다. 추사와 백파선사의 만남은 성사되지 못했다. 추사가 정읍으로 가는 날 폭설이 내려 약속 시각을 맞추지 못한 탓이었다. 나중에 추사는 백파선사 비문을 지어 사과를 대신했다. 전주에서 추사는 창암 이삼만을 찾아뵙고 그의 글씨를 비판했던 것을 사죄하려고 했다. 창암은

2년 전에 세상을 떠났다. 추사는 '명필 창암 완산이공삼만지묘(名筆蒼巖完山李公三晩之墓)'라는 묘비명을 쓴 것으로 사죄를 갈음했다.

창암 이삼만과 관련하여 재미있는 일화가 전해져 내려온다. 본래 이름은 이규환(李奎煥)이었지만 부친을 여의고 가세가 기울어 학문과 교우와 장가가 늦었다고 이름을 삼만(三晩)으로 개명했다고 한다. 창암은 그의 부친이 독사에게 물려 죽자 뱀을 보는 대로 잡아 죽였다. 매년 정초에 측간이나 곡간의 기둥에 '이삼만(李三晩)'이라고 쓴 종이를 거꾸로 붙여 뱀의 출입을 막는 풍습이 생겼을 정도다.

추사는 천부적인 재능과 엄청난 수련으로 서예가이자 금석학자로서 일가를 이뤘다. 그는 신분과 직업을 따지지 않고 수많은 제자를 길러냈다. 추사는 자신의 네트워크로 중인계급 제자들의 재능을 키워주고자 지인들에게 추천하는 것을 서슴지 않았다. 자신의 실수와 잘못을 사과할 줄 아는 따뜻하고 사려 깊은 인간성을 소유한 조선의 지성이었다. 추사는 겉으로는 강하고 거칠게 보이는 깐깐한 조선의 사대부로 보이지만, 속은 자신에게 더 엄격하고 제자들에게 한없이 자애로운 스승이었다. 조희룡은 스승 추사가 세상을 떠나자 '5백 년 만에 다시 오신 분'이라고 통곡했다. 추사의 평생 벗이었던 권돈인(權敦仁, 1783~1859)은 "실사구시(實事求是) 하는 학문은 산처럼 높고 바다처럼 깊습니다(山嵩海深)"라고 추모했다. 신분을 초월한 동갑내기 벗이며 도반(道伴)이었던 초의선사는 "도(道)에 대해 담론할 때는 그대는 마치 폭우나 우레처럼 당당했고, 정담을 나눌 때는 그대는 실로 봄바람이나 따스한 햇볕 같았다"라는 제문을 지어 바쳤다. 프랑스의 추사 연구가인 크리스틴 조르디스는 추사를 "모든 것을 가졌다가 모든 것을 잃었고, 또 모든 것을 얻은 사람"으로 평가한다. 조르디스는 추사가 기존에 누렸던 모든 것을 잃으면서 새로 얻은 것은 바로 추사체라고 평가한다. 저자가 추사를 사숙(私淑)하고 그가 우리에게 남긴 인문의 향기를 좇아가는 노력을 지속해 나가는 이유다.

📖 김봉호. (1992). 《초의선사와 완당 김정희》. 서울: 우리출판사.

오성찬. (1993). 《추사 김정희》. 서울: 큰산.

유홍준. (2002). 《완당평전》. 서울: 학고재.

유홍준. (2013). 《김정희》. 서울: 학고재.

유홍준. (2017). 《안목》. 서울: 눌와.

유홍준. (2018). 《추사 김정희》. 파주: 창비.

이가환. (2018). 《경향신문》. 〈추사의 독설, 뒷담화에 상처입은 사람들〉. 7월 12일.

최연진. (2016). 《조선일보》 〈"어린아이 낙서처럼 자유로운 추사체 좋아해"〉. 7월 5일.

한정주. (2014). 《헤드라인뉴스》. 〈추사(秋史) 김정희② 고증학 · 금석학 · 역사학의 독보적 권위자〉. 10월 30일.

나는 형들의 '노가다'가 자랑스럽다

이 세상에 꼭 필요한 사람들

'노가다'는 일본말로 土方(どかた)이라고 한다. 노동자들이 공사장 주변의 작은 토방(土方)에서 숙식을 해결하며 일했기 때문에 붙여진 이름이다. 노가다의 뉘앙스는 이것저것 가리지 않고 닥치는 대로 하는 노동을 말하지만, 우리말로는 '잡일' 또는 '막노동'으로 표현하고 있다(여기서는 '노가다'로 사용한다). 가끔 젊은이들 사이에 오가는 말 중 "할 일 없으면 노가다나 뛰지 뭐"라는 식의 자조적인 말을 듣곤 한다. 누군가 직면한 상황을 돌파할 뚜렷한 희망이나 비전이 보이지 않아 느끼는 좌절감을 표현하는 말이지만, 노가다는 아무나 하는 것이 아니다. 마치 "시골에 가서 농사나 짓지 뭐"라는 말이 얼마나 무책임한 말인지는 농사를 지어보면 금세 아는 이치와 같다.

마을에서 의형제를 맺은 쌍둥이 형이 있다. 진실하고 다정다감한 형들의 인간성에 매력을 느껴 결연식까지 맺었다. 한 번에 두 명의 형을 얻은 셈이다. 쌍둥이 형은 장사로 불릴 만큼 힘이 좋고 체격도 우람하다. 형들의 직업은 이른바 '노가다'다. 노가다도 급(級)이 다르다. 형들은 중장비와 각종 기계를 가지고 일을 한다. 주로 포클레인(굴삭기)으로 일을 하지만, 상황에 따라서는 다양한 기계를 조작하면서 일을 한다. 형들은 전국구다. 전국 방방곡곡에서 일을 했고 그런 과정에서 체득한 경험과 지식으로 지금은 현장 책임자로 일한다. 수십 장에 이르는 공사 설계 도면을 분석, 종합, 적용해 가며 현장을 지휘한다. 형들에게는 노가다 현장은 곧 삶이었고 학교였다. 지금은 형들의 평판과 실력이 여러 지역에 널리 알려져 굵직한 공사를 의뢰받는 경우가 많아 일의 우선순위를 두어야 할 정도다.

얼마 전 일요일에 비가 오는 데 형들은 현장에서 일을 했다. 전화로 안부를 묻는 가운데 "일요일에는 좀 쉬면서 하시지…"라고 말했더니, "학교 다닐 때 공부를 못해서 이렇게 하네"라는 답변이 돌아왔다. 가슴을 후벼 파는 아픔으로 들려왔다. 이 세상에 가장 풀리지 않는 한(恨)은 '못 배운 것에 대한 한'이라는 것을 잘 안다. 형들이 표현하지 않아서 그렇지 10대부터 노가다를 하면서 은연중 받은 무시와 괄시는 이루 표현할 수 없을 것이다. 하물며 형들의 부친도 생전에 형들에게 '모지리'라는 말을 반복하면서 칭찬에는 인색했나 보다. 작년 여름 무더위가 극성을 부리는 날에 있었던 일이 떠오른다. 큰형이 만든 대형튜브를 가지고 물놀이를 했다. 큰형은 튜브 아래 공간을 방수천으로 막아 네다섯 명이 탈 수 있는 대형튜브로 변경했다. 나는 "어떻게 이런 아이디어를 떠올렸어요? 굉장히 창의적이네요"라고 말했더니, "그런데 우리 아버지는 나한테 항상 '모지리'라고 말했는지 모르겠어"라는 말을 했다('모지리'는 바보 혹은 모자란 듯한 사람을 뜻하는 사투리이다. 표준어는 '머저리'다). 어렸을 적 아버지가 내뱉었던 말이 형에게는 평생 상처로 남았을 것이다.

부모가 자식에게, 어른이 아이에게 말할 때 언어 선택에 신중할 필요가 있다. 자칫 언어폭력을 넘어 인격 살인이 될 수 있다. 마치 매서운 추위를 견뎌내며 세상 밖으로 나온 새싹을 짓밟는 행위와 같다.

내가 형들을 보았을 때는 건축과 토목 분야에서의 작업 역량은 물론 일상생활에서의 지식과 지혜도 상당한 수준이다. 그리고 인간성이야 더는 말할 필요가 없을 정도다. 그런 형들을 나는 자랑스럽게 생각하고 있다. 오늘 아침만 해도 작은형하고 전화 안부를 물으면서, “나는 형들이 자랑스럽다”라고 했더니 “평생 노가다를 하면서 자랑스럽다는 말은 처음 들어본다”라는 답이 돌아왔다. 나는 직업에 대해서는 귀천이나 상하가 없다고 생각한다. 차이가 있다면 하는 일의 성격이 다를 뿐이다.

공사 현장에서 노가다를 하는 사람이 없다면 일을 진행할 수 없다. 노가다라는 말을 자조적으로 사용하거나 자기의 어려운 상황을 체념하는 듯한 말로 하는 시대는 지났다. 노가다는 3D 업종과 관련된 일을 하는 사람이다. 즉 어렵고(Difficult), 더럽고(Dirty), 위험한(Dangerous) 일을 하는 사람이다. 그들이 없으면 이 세상은 정상적으로 작동할 수가 없을 것이다. 아무나 노가다를 하는 것은 아니다. 우스갯말로 이제 ‘노가다’는 ‘No 가다(어깨, 肩)’이다. 어깨 힘이 좋다고 할 수 있는 일이 아니다. 오늘날 노가다는 다양한 기계를 조작할 수 있어야 하고 무엇보다 현장의 다양한 작업 특성에 필요한 맞춤형 지식과 경험이 필수 역량이 되었다.

노가다를 하는 형들은 가방끈이 긴 동생을 둔 것에 대해 흐뭇해하는 것 같다. 그러나 저자는 가방끈만 길지 가방 안에 들어있는 내용물은 별 볼 일 없다. 특히 농촌에서 생활하는 데 긴 끈이 오히려 방해될 때가 있다. 긴 끈(학교에서 배웠지만, 실제 맞지 않는 허황된 생각)이 저자의 발목에 걸려 나를 넘어지게 한다. 얕은 지식이 자칫 부메랑이 되어 돌아온다. 형들은 가방끈이 짧지만, 그 가방 안에는 실용적인 경험과 지혜로 가득 차 있다. 저자는 형들의 그런 경험을 듣고 지혜를 공유할 때는 나의 삶을 되돌아보게 되고 삶의 의미가 더 풍성해지는 것을 느낀다.

오늘도 형들은 새벽부터 집에서 멀리 떨어진 현장에 출근하여 저수지 수로 공사를 한다. 작은형은 포클레인으로 지반공사를 하고, 큰형은 현장을 감독하면서 설계 도면에 따라 작업을 진행한다. 나는 형들이 노가다를 하는 사람이라고 해서 낮은 자존감으로 위축되는 생각을 하지 않고, 오히려 지금 하는 일에서 더 크고 높은 성취감을 가졌으면 한다. 형들이 하는 일은 아무나 할 수 있는 일이 아니다. 나는 노가다로 다리를 놓고 길을 뚫고 건물을 지으면서 유머가 넘치고 훈훈한 인간미를 잃지 않은 형들이 자랑스럽고 존경스럽다. 형들은 사람들이 하기 싫어하고 위험한 노가다를 하면서도 훈훈하고 따뜻한 인간미와 유머로 사람들을 편안하게 만든다. 그동안 노가다로 일궈낸 성취와 희생에 대해 충분히 인정받지 못한 채 자존감이 꺾인 형들에게 내가 해줄 수 있는 것은, “형! 사랑합니다. 형들이 자랑스럽습니다”라는 말뿐이다. 그들은 이 세상에 꼭 필요한 인재들이다.

형들이 사회변화에 빨리 적응하기 위해 얼마나 노력하고 있는가를 소개하고자 한다. 형들은 노가다에 이골이 났다. 즉 사전적 의미처럼 형들에게 노가다는 ‘아주 길이 들어서 몸에 푹 밴 일’이다. 그들은 몸을 움직여 일하는 것에 대한 걱정이나 두려움이 없다. 그러나 공사 수주가 많거나 농사철이 되면 몸이 둘이어도 제때 하지 못하는 경우가 많다.

그들의 주 수입원은 토목과 건축 공사에서 비롯되지만, 태생적 배경이 농촌이라는 점에서 작업이나 공사가 없을 때는 평범한 농부로 돌아간다. 주전공은 토목 건축학이고 부전공이 농학이라고 할 수 있다. 농촌에서 꼭 필요로 하는 농촌 친화적인 융합형 인재들이다. 최근 형들은 스마트폰 활용법을 배웠다. 과거처럼 바쁜 시간을 쪼개 읍이나 시내로 이동하여 작업에 필요한 기계 공구를 사는 데 발품을 팔거나, 종이통장을 가지고 은행에 가서 통장 정리를 하고 송금하던 관행에서 벗어나 이제는 웬만한 대외 업무는 모바일로 처리한다. 요즘엔 작업에 필요한 각종 기계 공구를 온라인 쇼핑몰에서 구입한다. 과거처럼 시간을 쪼개 시내 상가를 방문하여 제품을 구매하고 마음에 들지 않으면 다시 상가를 방문하여 반송하는 번잡한 일을 하지 않아서 대만족이라고 한다.

형들은 정보사회가 인간에게 얼마나 편리함을 제공하는가를 경험하면서 정보를 어떻게 습득하고 활용하는가에 관심이 많다. 그들은 부단히 새로운 변화를 배우려고 노력하고 또 그 배움을 실천하려고 부단히 반복 학습을 한다. 보통 사람보다 두 배가 되는 두꺼운 손가락으로 컴퓨터 자판을 치거나 모바일 액정을 누르는 모습을 보면 배움에 목마른 사슴처럼 우아하게 보인다. 내일모레면 칠십에 가까운 쌍둥이 형의 이런 모습이 나에겐 슬픈 아름다움이다. 누군가 오래전 우리 사회의 변화를 알려주고 친절하게 가르쳐주어 그들의 일상생활이나 작업환경에 적용하게 했다면 그들의 삶의 모습도 지금과는 달라졌을 것이다. 이제까지 형들의 활동 무대가 농경사회와 산업사회였다면 지금부터는 정보사회로 무대를 확장하게 되었다. 이어령 선생님이 주창했던 '디지로그형(Digilog)' 노가다다. 늦었지만 다행스러운 일이 아닐 수 없다.

우리나라에서 노가다로 성공한 사람은 현대그룹을 창업한 정주영 회장일 것이다. 정 회장의 학력이야 할아버지에게서 배운 한학과 소학교(초등학교)에 불과했지만, 그는 해보지 않은 노가다가 없을 정도로 현장을 누볐다. 정 회장은 모르는 것이 있으면 묻고 또 물으면서 일의 이치를 확실하게 이해했고, 그렇게 축적된 경험과 지혜는 일류기업을 탄생시키는 원동력이 되었다. 시련과 어려움이 닥칠 때마다 정 회장이 보여준 창의적이고 혁신적인 공법은 그의 현장 경험에서 비롯된 것이었다. 그는 기업인이 노력하여 번 돈을 어떻게 사용해야 하는가에 대해서도 본보기를 보여주었다. 이런 일화가 있다. 정주영 회장은 청년 시절 고려대학교 본관 건물 신축 공사에서 노가다로 일을 했다. 후에 그는 고려대학교에서 노가다로 일했던 인연을 살려 그의 호를 딴 아산(峨山) 이학관을 지어 기증했다. 어렵고 힘들게 번 돈은 이렇게 쓰는 것이라는 생각을 하게 한다.

노가다는 혹독한 시련과 역경의 현장이지만, 어떤 생각과 포부를 가지고 있느냐에 따라 토방(土方)에 머물 수도 있고 대방(大房)으로 도약할 수도 있다. 사람이 언제까지나 노가다를 할 수는 없는 일이다. 노가다 현장에서 요구하는 강인한 체력과 정신력을 지속하다 보면 몸에 무리가 따르고 망가질 수밖에 없다. 언젠가는 노가다 방식의 일과 절연하고 자기만의 일하는 방식을 만들어야 한다. 형들도 그렇게 할 수 있다. 저자 역시 노가다를 하셨던 아버지를 보면서 그렇게 느꼈다. 형들의 모습에서 오랫동안 노가다 현장을 감독하셨던 아버지의 모습이 오버랩되어 떠오르는 것은 우연이 아닌 듯싶다.

📖 이어령. (2008). 《디지로그》. 서울: 생각의 나무.

생일의 다른 이름, 귀(耳) 빠진 날

생(生)과 사(死)의 경계 지점

우리는 흔히 생일을 '귀빠진 날'이라고 부른다. "오늘은 내 귀빠진 날이야"라고 말하면 자기의 생일을 에둘러 표현한 것이다. 사전에서도 '귀빠지다'는 '출생하다', '태어나다'를 속되게 이르는 말이라고 설명한다. 왜, 우리 조상들은 한 인간이 태어나는 순간을 '귀가 빠지다'로 표현하게 되었을까?

산모가 태아를 출산하는 과정에서 거쳐야 하는 생(生)과 사(死)의 경계 지점이 있다. 태아의 '귀(耳)'가 산모의 자궁에서 빠져나오는 순간이다. 산모가 자연 분만을 할 때는 태아의 머리가 먼저 나오는데 이때 산모는 가장 고통스러운 순간을 경험한다고 한다. 태아의 귀는 어깨너비보다 넓어 귀가 자궁을 빠져나오기 어렵기 때문이다. 태아의 귀가 순조롭게 빠져나오는 순간 산모는 '살았다'는 안도의 한숨을 쉴 수 있다. 귀가 빠져나오는 것은 곧 태아와 산모 모두 무사하다는 신호이고, 생과 사의 경계 지점에서 생의 영역으로 넘어왔다는 신호이기도 하다. 지금처럼 의학이 발달하지 않았던 시절, 우리 어머니들은 댓돌 위에 고무신을 벗어놓고 해산방에 들어가셨다고 한다. 댓돌은 건물 바깥에서 안쪽 위로 오를 수 있게 놓은 디딤돌이다. 섬돌이라고도 한다. 전통가옥에서는 댓돌 위에 신발을 벗고 마루에 올라간다. 무사히 순산하고 살아서 '내가 다시 저 신을 신을 수 있을까'라는 확신을 할 수 없었을 것이다.

저자의 어머니도 태아의 귀가 빠지는 고통을 이겨내고 댓돌 위에 벗어놓은 신발을 다시 신으셨을 것이다. 저자의 귀가 빠진 생일은 저자는 한 번 태어나는 날이지만, 어머니에게는 다시 태어나는 날이다. 저승이 이승으로 바뀌고 긴장이 환희로 바뀌는 날이다. 그래서 아버지는 자녀의 생일을 잊는 경우가 있어도 어머니는 자녀의 생일을 결코 잊을 수 없는 것인지도 모른다. 정확한 기억은 나지 않지만, 고등학교에 다니던 시절부터 저자는 생일날 아침에 부모님을 모셔놓고 큰절을 올렸다.

"아버지, 어머니 저를 낳아 주셔서 감사합니다"라는 말과 함께 두 분의 손을 잡아드리고 안아드렸다. 부모님은 금세 눈시울이 붉어지셨고 "무탈하게 자라주어 고맙다"라는 말로 철이 든(?) 아들에게 고마움을 표현하셨다. 생일에 부모님을 모셔놓고 감사의 절을 올리는 것이 쑥스럽고 어색하였지만, 해가 지날수록 그 의미는 훨씬 더 커졌다. 저자는 자녀에게도 그렇게 하도록 했으나 쉽지 않은 일이었다. 인간의 의식이 행동으로 옮겨지기까지는 특별한 동기, 성찰, 각성이 필요한 법이다. 부모 곁을 떠나 살 때는 전화를 드려 감사하다는 말을 전해드렸다. 부모님이 계시지 않았다면 저자는 태어나지도 존재할 수도 없었다는 생각에 이르면 얼마나 소중한 관계인가 싶었다. 부모와 자식의 관계는 하늘이 내린다는 천륜(天倫)이라는 말이 옳다고 생각한다. 저자는 부모님이 살아 계실 때에 가슴에 담고 실천하려고 했던 두 가지 교훈이 있다.

풍수지탄(風樹之嘆). "나무는 조용히 하고 싶어도 바람이 그치지 않고, 자식이 부모에게 효도하려 하지만 기다려 주지 않는다(樹欲靜而風不止 子欲養而親不待)." 세상은 절대 자기 뜻대로 되지 않는다. 뜻대로 하게 내버려 두지 않는지도 모른다. 출세해서 돈 많이 벌어 부모에게 효도하려고 하면 이미 부모는 저세상 사람이 되고 만다. 청소년 시절 학교에서 배웠던 풍수지탄은 진리다. 그 진리를 부모님에게 잠깐 실천했지만, 잘하지 못한 것을 생각하면 후회와 한으로 남아 있다. 부모님의 무덤을 찾아 잔디를 뽑고 과거의 잘못을 뉘우친들 부질없는 일이다. 지금은 마음을 다해 부모님을 생각하고 추모할 뿐이다.

반포지효(反哺之孝). '까마귀 새끼는 자라서 어미에게 먹이를 물어다 줌으로써 키워준 은혜에 보답한다'라는 뜻이지만 자식이 자라서 부모를 봉양하는 깊은 효심을 이르는 말이다. 만물의 영장이라는 사람이 까마귀 새끼보다 못하다면 얼굴을 들 수 없을 것이다. 감수성이 왕성한 고등학교 시절에 배운 부모와 자식 간의 인연과 도리에 관한 공부는 평생의 행동양식이 되었다.

귀(耳)와 관련된 이야기를 더 해보기로 하자. 귀가 빠져야 산모도 태아도 살아난다. 귀는 태아와 산모의 생사여탈권을 가지고 있다. 그래서인지 얼굴의 생김새를 표현할 때 귀를 제일 앞에 놓고 이목구비(耳目口鼻)라고 하던가. 특히 관상학에서는 이목구비를 중요하게 생각한다. 그러나 이목구비가 귀, 목, 입, 코를 뜻하는 한자어지만, 얼굴이 놓인 위치로나 이치로 보았을 때는 이목비구(耳目鼻口)가 맞을 듯싶다. 사람은 귀로 듣고, 눈으로 보고, 코로 분위기(냄새)를 살핀 후 상황을 종합하여 입으로 말하는 것이다(어감으로는 이목구비가 낫다). 사람들은 '세상일에 귀를 기울이며 살아야 한다'라는 귀(耳)를 맨 앞에 놓는다. 또 귀가 얼굴의 귀퉁이에 두 개가 붙어 있는 것은, '말하는 것보다 듣기를 두 배 하라는 의미'라고 한다. 맞는 말이다. 늘 하는 말이지만 선조들의 해학적인 의미 부여는 혀를 내두를 지경이다.

귀를 생각하면 공자의 이순(耳順)에 주목하지 않을 수 없다. 이순은 나이 육십을 가리키며 글자 그대로 '귀가 순해진다'라는 뜻이다. '귀가 순해진다'라는 말은 무슨 뜻인가? 공자는 나이가 육십 정도 되면 생각이 원만(圓滿)하여 어떤 말을 들어도 순리대로 이해하고 사사로운 감정에 따라 움직이지 않는다는 의미로 귀가 순해진다고 말했다. 공자 시대에 평균연령을 사십 세 안팎으로 보면 이순의 경지에 도달한 사람은 많지 않았을 것이다. 100세 수명을 쉽게 이야기하는 요즘에는 이순의 연령을 높여야 할지 모른다.

육십이 지난 나의 경우를 생각해 보면 이순의 경지에 오르려면 각고의 노력을 해야 한다고 생각한다. 나이를 먹을수록 귀가 순해지기는커녕 자아가 더 경직되고 듣고 싶지 않을 때가 있다. 성현의 말씀은 범인(凡人)이 일생의 좌우명으로 삼고 도달해야 할 목표는 될 수 있을지언정 보편적인 진리는 아닌 것 같다. 내가 듣고 싶은 말만 듣는지, 귀보다 입을 앞세우는지 경계할 일이다.

현대인의 인간관계에서 가장 필요한 덕목으로 경청과 소통을 꼽는다. 경청을 잘해야 소통이 잘 되는 것은 자연스러운 원리다. 대부분 사람이 잘 들은 후 소통하려고 노력하지만 쉽지 않다고 고백한다. 사실, 듣는 것보다는 말하기가 더 쉽다. 듣는다는 것은 배려, 인내, 관용, 절제 등 덕목이 있어야 하기 때문이다. 그래서 잘 나가는 기업에서 CEO는 자기의 주요 업무를 직원의 이야기를 잘 듣는 최고 경청책임자(Chief Listening Officer)로 생각한다고 한다. 별별 책임자가 다 생긴다.

말을 배우는 데는 2년이면 충분하지만, 듣기를 배우는 데는 60년(耳順)이 걸린다고 한다. 공자가 말한 이순을 기준으로 한 말이다. 이제부터는 이목구비(耳目口鼻)에서 이목비구(耳目鼻口)로 순서를 바꿔보자. 먼저 듣고 보고 분위기도 살핀 뒤에 최종적으로 입으로 말하는 것도 좋을 것이다. 어머니가 목숨을 걸고 빼준 귀를 소중하게 여긴다면 말이다. "지혜는 듣는 데서 오고 후회는 말하는 데서 온다"라는 속담도 듣는 것의 소중함에 힘을 보탠다. 말하기 전에 우선 듣고 볼 일이다.

‘집 나간 고양이’ 이야기
초보 집사의 가슴앓이

반려동물하면 개를 떠올리지만, 최근에는 고양이를 반려동물로 선호하는 경향이 높아지고 있다고 한다. 개는 사람과 친근하고 활동적이지만, 조용하고 산책도 필요 없고 대소변도 잘 처리하는 고양이의 장점을 높이 평가하기 때문이다. 바쁘고 번거로움을 싫어하는 현대인들에게 도움의 손길을 많이 필요로 하는 개보다는 사람을 덜 귀찮게 하는 고양이에 대한 선호가 높아지는 것은 자연스러운 결과라고 생각한다. 반려동물, 그것이 개든 고양이든 개인이 처한 상황에 따라서는 가족 이상의 존재로 부각되고 있다. 현대 사회에서는 혈연으로 맺어진 가족이라도 독립하여 멀리 떨어져 살거나 자주 보지 못하지만, 반려동물과 친밀한 관계를 지속하면서 정서적, 심리적으로 안정과 위로를 얻기 때문이다.

저자는 반려견을 키우고 있지만, 얼마 전에는 고양이를 입양했다. 요즘식의 표현을 빌리자면 집사(執事), 즉 고양이를 시중들듯이 살뜰히 돌보며 기르는 사람이 된 셈이다. 이웃집의 어미 고양이가 생산한 새끼고양이가 젖을 뗄 시기를 기다려 입양했다. 사람의 나이로 치면 백 살이 넘는 반려견을 케어하는 것도 여러 가지로 번거롭지만, 고양이를 키우는 이유는 따로 있다. 뱀을 퇴치할 목적으로 고양이를 키운다. 농촌에서 한 여름이 되면 식물은 최대치로 성장하고 열매를 맺는다. "여름은 열 게 많아서 여름"이라고 하는 박노해 시인의 짧은 시가 와닿는 이유다. 여는 것은 사람에게 이로움을 주는 식물뿐만이 아니다. 동물이나 곤충, 벌레들도 열게 많은 게 여름이다. 특히 농촌에서 뱀은 매우 위협적인 동물로 해년마다 퇴치에 골머리를 앓고 있다. 마당이나 텃밭에서 뱀을 보면 공포에 질릴 뿐 아니라 뱀이 나타난 장소에 다시 가기 싫게 된다. 뱀이 사람에게 주는 묘한 공포심이다.

그 뱀을 퇴치하는 천적이 고양이다. 고양이를 집에서 키우면 뱀뿐 아니라 쥐와 같은 병균을 옮기는 유해성 동물을 퇴치할 수 있다. 개인적으로 고양이보다 개를 좋아한다. 고양이는 눈매가 매섭고 날카로운 이빨과 발톱을 지닌 야수로 생각하다 보니 편안한 느낌을 주지 않아서다.

고양이를 입양하기 전에 고양이가 사람에게 얼마나 유익한 존재인가를 경험할 수 있는 우연한 계기가 있었다. 1년 여 전 건강 상태가 좋지 않은 길고양이가 집에 들어왔다. 측은한 생각에 먹이를 주고 정성껏 보살폈더니 아예 보일러실에 둥지를 틀고 살게 되면서 가족이 되었다. 허약하고 병든 길고양이였지만, 그가 집에 상주한 뒤로 여름철 집마당에 나타나 사람들을 놀라게 했던 뱀이 보이지 않게 되었다. 길고양이는 먹이값을 충분히 하고도 남았다. 문제는 사람이 손으로 만질 수가 없어 치료를 하기도 어렵고 스킨십은 엄두도 나지 않았다. 그 길고양이가 동네 덩치 큰 고양이들에게 왕따를 당하다 며칠을 굶더니 그만 집을 나간 뒤로 소식이 없었다(주변에서는 "고양이는 죽기 전에 며칠 먹이를 먹지 않다가 주인집에서 멀리 떨어진 곳에 가서 죽는다"라고 말하는데 이 말이 고양이의 정확한 습성인지는 모르겠다).

시골집에 고양이의 부재는 분위기를 휑하게 만들었고 여름이 돌아오면 집마당에 나타나는 뱀이나 쥐를 어떻게 할 것인가를 고민하게 만들었다. 그래서 주인의 품에서 '그렁' '그렁' 소리를 내는 반려묘를 키워보고 싶었다. 2개월 된 새끼 고양이를 입양하여 가족처럼 돌보았다. 새끼 고양이는 금세 자랐다. 주인의 품에도 잘 안기고 무엇보다 똥이나 오줌을 잘 처리했다. 고양이처럼 위생관리를 잘하는 동물도 찾아보기 힘들 것이다. 입양한 뒤 2개월 정도 키우다 보니 정이 들었고 외출하고 집에 온 주인을 대문에서 맞이하는 모습에서는 충성심도 확인할 수 있었다. 또 반려견과 고양이, 즉 견묘지간은 서로 적대시하는 관계로만 알았는데 노견(老犬)이 한참 손자뻘 되는 고양이를 한없이 관대하게 대하면서 고양이가 할머니 노견 앞에서 연일 재롱을 부리는 모습도 보기 좋았다. 반려견과 반려묘가 가족 구성원이 된 이상 가화만사성(家和萬事成)의 주체는 사람만을 고집할 것이 아니라 사람과 사람, 사람과 동물이 서로 화목하게 지내야 한다.

습기가 많고 무더위가 기승을 부리던 어느 날 아침 고양이가 보이지 않았다. 현관문을 여는 소리만 들려도 어디선가 달려와 '야옹' '야옹' 소리를 내던 고양이가 보이지 않았지만 먹이를 주면 나타날 것이라고 생각했다. 한참이 지나도 나타나지 않아 고양이 이름을 부르면서 고양이를 찾아보았지만 쉽지 않은 일이었다. 시간이 지나면 집으로 돌아오겠지 하는 기대감으로 외부 일정을 보았다. 늦은 오후가 되어도 고양이는 집에 오지 않았다. 별의별 생각이 다 들었다. 밤사이 다른 동물에게 물려 죽었는지, 아니면 누군가 데려가버렸는지 등 부정적인 생각만 들었다. 소극적으로 고양이를 기다리는 것보다 적극적으로 찾기로 했다. 무더위를 피해 마을 정자에서 쉬고 계시는 동네 어르신이 '자기 집에 이름표를 목에 건 새끼 고양이가 왔는데 지금은 어디 있는지 모르겠다'라고 말씀하셨다. 어르신 집에 가서 이름을 불렀더니 헛간에서 숨어있던 고양이가 걸어 나왔다. 집사의 애간장이 탔던 긴 시간이었다. 지난밤에 고양이에게 무슨 일이 일어났는지 모르겠지만 남의 집에서 자기 집을 찾지 못한 채 웅크리고 있었다.

고양이를 잘 키우려면 고양이에 대한 생태를 잘 알아야겠다 싶었다. 유튜브에서 집 나간 고양이를 찾는 영상을 시청하고 관련 지식도 찾아보았다. 시선을 끄는 지식은 집 나간 대부분의 고양이는 자기 집에서 20m 거리에 숨어있을 가능성이 높다는 것이다. 그러면서 고양이는 안전한 곳을 선호하는데 사람들이 다니지 않는 음침한 곳에 숨는 경향이 높다고 한다. 새끼고양이가 숨어있었던 곳은 우리 집에서 20~30m 정도 떨어져 있었다.

저자는 고양이의 집사가 되기 전 고양이에 대해 알고 있는 것은 고양이가 영물(靈物), 즉 약고 영리한 짐승이라는 것뿐이었다. 시사 상식으로 중국의 등소평 주석이 개방과 개혁을 통한 실용주의 경제정책을 추진하면서 말한 것으로 잘 알려진 흑묘백묘(黑猫白猫), 즉 '검은 고양이든 흰 고양이든 쥐만 잘 잡으면 된다'라는 의미 정도로만 알고 있었다. 그러나 이번에 집 나간 고양이를 찾는 과정에서 고양이에 대해 많은 공부를 하게 된 것은 뜻밖의 수확이었다. 이를 두고 곤이지지(困而知之), 즉 어려움을 겪은 다음에 얻은 지식과 깨달음이라고 하던가. 이번에 알게 된 고양이에 대한 속담도 깊이 새길 만하다. 묘덕부덕부지(猫德婦德不知). 이 말은 일차적으로 '고양이 덕과 며느리 덕은 알지 못한다'라는 뜻이지만, 이차적으로는 드러나지 않게 항상 베푸는 작은 덕은 알아주지 않는다는 뜻이다. 그동안 고양이가 우리 가족과 우리 집을 위해 하고 있는 역할을 과소평가했던 것 같다. 고양이가 집을 나간 사이에 그의 존재감을 확실하게 인식할 수 있었다.

특히 고양이가 전통사회에서 상징하는 비유적 의미에 대해 공부할 수 있어 좋았다. 장수를 상징하는 동물로는 십장생(十長生), 즉 해, 산, 물, 돌, 달, 소나무, 불로초, 거북, 학, 사슴(또는 대나무)을 언급한다. 고양이는 십장생의 족보에는 등재될 수 없는 동물이지만, 70세 노인을 칭하는 '모(耄)'의 중국어 발음이 같아 장수를 상징하는 동물이 되었다고 한다. 생물학적으로 고양이의 수명은 길어야 20년이라고 한다. 고양이가 70세 노인을 칭한다면, 나비는 80세 노인을 칭하는 '질(耋)'과 발음이 같다고 한다. 화가들이 고양이나 나비를 소재로 그림을 괜히 그리는 것이 아니다. 옛사람들은 장수와 축수의 목적으로 모질도(耄耋圖), 즉 고양이와 나비를 소재로 한 그림을 그렸다. 지금이야 70세를 살게 되면 장수했다고 말할 수 없는 시대가 되었지만, 옛사람들에게 70, 80세는 오늘날의 100세에 해당할 정도로 장수를 누렸다고 할 것이다. 그러니 장수를 뜻하는 고양이나 나비를 그림 속의 소재로 등장시키는 것은 인간의 자연스러운 욕구를 표현한 것이라고 할 것이다.

집 나간 고양이를 찾은 뒤에 저자가 고양이를 대하는 마음과 태도에도 변화가 생겼다. 고양이를 단순히 집에 출몰하는 뱀이나 쥐를 잡는 야수로 대하며 키우는 것과 고양이의 습성과 그의 상징적 의미를 알고

난 후 그를 대하는 저자의 마음과 행동은 분명히 달라졌다. 무지는 무관심이나 방임으로 이어질 수 있는데 고양이가 집을 나간 덕에 고양이에 대해 더 많은 것을 알 수 있었고 진정으로 아끼는 마음으로 그와 스킨십할 수 있어 다행이다. 고양이가 집을 나가기 전에는 야수로서 고양이였지만, 집으로 다시 돌아온 고양이는 반려묘로 신분상승을 했다. 더 이상 반려묘가 집을 나가는 일이 없으면 한다. 경험해 보니 집 나간 자식에게서 소식이 끊긴 심정이나 똑같았다. 초보 집사에게 이산의 가슴앓이는 감당하기 어려웠다. 보채는 듯한 '야옹' 소리와 안아주면 내는 오토바이에서 나는 소리 같은 '그렁' '그렁' 소리가 친근감 있게 느껴진다. 우리 집에서 묘덕(猫德)을 실천하며 천수를 누리기 바란다.

📖 박노해. (2021). 《걷는 독서》. 서울: 느린 걸음.

이원복. (2015). 《조선일보》. 〈[일사일언] 장수의 상징, 고양이〉. 10월 14일.

제5부

철학(哲學)

나의 교육철학 ① 줄탁동시(啐啄同時)

생명 탄생에 필요한 사랑의 하모니

줄탁동시(啐啄同時). 어미 닭은 알을 품고 있다가 일정한 시간(약 3주)이 되면 밖에서 알껍데기를 쫓는다. 어미 닭은 병아리가 알껍데기를 깨고 나올 수 있도록 도와준다. 어미 닭의 쫒는 모습을 보면 긴장감으로 손에 땀이 날 정도다. 어미 닭의 날카로운 부리가 어린 병아리를 쫒을까 봐서다. 밖에서 어미 닭만 알을 쫒는 것이 아니다. 안에서도 어린 병아리가 여린 부리로 껍데기를 깬다. 안팎에서 알을 깨는 줄(啐)과 탁(啄)이 동시에 연출된다. 어미 닭과 병아리가 껍데기를 사이에 두고 '줄~탁~'이라는 소리를 내는 듯하다. 부화(孵化, incubation)의 다른 동의어는 '줄탁'이다. 줄탁동시에서 줄(啐)은 쵀, 즉 '부르다'의 의미로 사용할 때는 '쵀탁동시'로 적기도 하고 간혹 줄탁동기(啐啄同機)로도 쓴다.

닭의 알은 두 단계의 방어막을 가지고 있다. 1차 방어막이 알을 감싸고 있는 껍데기라면, 2차 방어막은 흰자다. 알 안으로 어떤 세균도 침투할 수 없도록 철통 방어를 하고 있다. 물론 꽉 막혀 있는 건 아니다. 껍데기 안의 생명이 숨을 쉬도록 숨구멍을 만들어 놓았다. 알껍데기에는 수많은 구멍이 뚫어져 있다. 2천 개 정도의 구멍이 뚫려 있다고 하니 놀라운 일이다. 알 한 개 무게가 무려 2kg이 되고 달걀 20개가 훨씬 넘는 크기의 타조알에는 무려 3만여 개의 구멍이 뚫려 있다고 한다. 불가사의한 세계다. 자연계의 생명체를 놓고 인간의 눈으로 쉽게 판단하면 안 되는 이유이다. 하나의 생명이 탄생하기 위한 필요충분조건은 어떤 말로도 표현할 수 없는 신비함과 오묘함 그 자체다.

줄탁동시는 교육의 영역에서 교사와 학생의 상호작용을 비유하는 말로 널리 사용한다. 어미 닭은 교사요, 병아리는 학생(학습자)에 비유할 수 있을 것이다. 학생이 받아들일 준비가 안 되었는데 교사가 밀어붙이는 식의 교육은 효과가 없을 것이다. 또 학생은 준비가 되었는데, 교사가 이를 알아채지 못하거나 학생의 기대에 맞추지 못하면 효과는 떨어질 것이다. 누군가를 교육한다는 것은 참 어려운 일이다. 교사는 어미 닭처럼 본능적으로 병아리가 밖으로 나올 때가 되었다는 것을 감지하는 능력을 갖추고 있는 것도 아니다. 줄탁동시의 중요성이다. 줄탁동시는 교육이 제대로 이루어지기 위해서는 '줄'과 '탁'이 동시에 일어나야 함을 강조한다. 강의 중에 줄탁동시를 강조하다 보니 저자의 애칭은 '줄탁동시 교수'다. 저자의 이름을 몰라도 줄탁동시 교수하면 '아, 그 교수님!'하고 알아챈다. 학생들이 부르는 이 호칭이 싫지 않다. 저자 자신도 호칭에 맞는 역할을 기꺼이 즐기고 있기 때문이다.

저자는 매주 월요일 저자의 교과목을 수강하는 학생들에게 문자를 보낸다. 내 과목을 수강하는 학생들과 한 번이라도 더 교육적 상호작용을 하기 위함이다. 20년 넘게 해오고 있다. 문자는 계절적 요인, 시험이나 과제 등 학습자가 극복해야 하는 학습부담감, 학습설계 혹은 학습전략 등 학생들이 직면한 내면적, 외부적 조건이나 환경을 고려하여 주제를 정하고 내용을 채운다. 결코 쉬운 일은 아니다. 그렇다고 지난 학기에 보낸 문자를 그대로 보낼 수는 없다. 문자에 삼감(三感), 즉 감동, 감화, 감탄을 담으려고 한다. 어쩌다 깜빡하고 문자를 보내지 않는 날에는 학생들로부터 연락이 온다. "교수님, 어디 편찮으세요?" 저자는 정신이 번쩍 든다. 그 학생이 얼마나 고마운지 모른다. 저자의 문자를 기다리는 학생이 있다는 것만으로도 힘이 솟는다.

문자를 보내는 타이밍도 중요하다. 새벽같이 문자를 보내고 싶을 때가 있었다. 학생들이 귀감(龜鑑)이 될 만한 글을 보고 힘을 얻길 바라는 성큼한 기대로 새벽에 보냈다. 사실, 저자는 더 일찍 보내고 싶었지만, 아침 6시가 되길 기다렸다가 보냈다. 어떤 학생이 피드백을 보내왔다. "교수님, 이른 시간에 문자 보내지 마세요. 저는 무슨 긴급한 내용인가 하고 내심 긴장했습니다. 요즘 민감한 일이 많아서요. 송구합니다." 아무리 교수가 좋은 교육적 의도를 가지고 줄탁동시를 하려고 해도 학생이 준비되어 있지 않거나 학습 환경이 만족스럽지 않을 때는 원활한 소통이 이루어지기는커녕 오히려 심리적 긴장감과 부담만 주게 된다는 교훈을 얻었다. 저자가 생각하는 최상의 시간대는 월요일 오후 2시에서 3시 사이이다. 이 시간대는 한 주간이 시작되는 월요일 아침의 번잡함을 해소하고 차분하게 자기 시간을 보낼 수 있는 시간이라고 생각하기 때문이다. 2024년 4월 29일 월요일에 보낸 문자다.

> 반갑습니다.
>
> 바야흐로 산과 들은 연두색에서 초록색으로 옷을 갈아입는 계절입

니다. 계절은 시간의 흐름 속에서 다채로운 색깔로 변하는데, 학습에 임하는 여러분의 의지와 마음은 어떤 색깔인지 궁금합니다. 입학할 때와 학기를 시작할 때 가졌던 초심대로 뜨거운 의지로 활활 타오르는 빨간색을 유지하는 학습자도 있을 것입니다. 강도가 약해진 노란색으로 바뀐 학습자도 있을 것입니다. 최악의 가정이지만 열기가 차갑게 식어버린 파란색이 되어 학습 무기력에서 허덕이는 학습자도 있을 것입니다.

사람의 감정이나 의지는 외부 환경에 영향을 많이 받는다는 점에서 누구든 초심을 지속해서 유지하기는 어려운 일입니다. 제가 여러분과 문자로 상호작용을 하고, 여러분은 멘토링프로그램에 참여하거나 다양한 동아리에 가입하여 활동하면서 학습에 필요한 에너지를 끌어올리는 다양한 노력을 하는 이유입니다.

이번 주는 마라톤으로 비유하자면 반환점을 돌고 맞닥뜨리는 하트브레이크, 즉 마라톤 코스에서 가장 난해한 지점으로 이 지점은 선수의 심장이 깨질 듯이 힘들다고 합니다. 부디 호흡과 보폭을 조절하면서 난코스를 이겨내기를 바랍니다. 저는 여러분 곁에서 함께 뛰고 있는 페이스메이커로 생각하면 좋겠습니다. 모두 화이팅∞입니다. 일교차가 크면 호흡기 건강 관리가 필요합니다. 감기 조심하면서 또 힘찬 발걸음을 내딛기를 바랍니다.

문자 분량은 너무 길어도 가독성이 떨어지고 괜한 잔소리처럼 보일 수가 있으니 경계해야 한다. 지난 20년간 매 학기 13회를 보냈으니 대략 520회의 문자를 보낸 셈이다. 저자의 문자를 받은 학생이 나에게 피드백할 의무는 없다. 간혹 수백 명의 수강생 중 일부 학생은 학습의 어려움, 인지능력 저하에 따른 좌절감, 과제 해결 방법 등에 대해 질문한다. 저자는 그 학생들과 상호작용하면서 친절하게 답변해 준다. 저자가 그 학생들과 학과 행사나 특강 등에서 대면했을 때, 그들은 이렇게 말한다. "교수님이 보내주신 친절한 조언으로 문제를 잘 해결했고 지속해서 공부할 수 있는 에너지를 얻었습니다." 가르치는 본분을 가진 교수로서 가장 보람 있고 가장 행복한 순간이다. 교직의 멋이고 맛이다. 거창하게 말하면 줄탁동시의 효과다.

저자가 학생들과 유무형의 상호작용에 시간을 사용하는 것은 이유가 있다. 하버드대학에서 1970~1980년대 문리대학장을 역임했던 헨리 로사브스키(Henry Rosovsky) 교수의 교육철학을 실천하고 싶어서다. 로사브스키 박사는 교사와 학생 간의 상호작용의 중요성을 이렇게 말했다. "교육은 언제나 신비스러운 요소를 지니고 있기 때문에 수량화나 과학적 설명 그리고 생산성에 대한 측정을 어렵게 하는 결정적 요소가 항상 존재한다. 교육과정은 골격(뼈대)에 불과하다. 살과 피와 심장은 교수와 학생 사이에 일어나는 예측하기 어려운 상호작용으로 형성된다(Curriculum is a skeleton. The flesh, blood, and heart has to come from the rather unpredictable interactions between teachers and students)."

교육의 효과는 가시적으로 확인할 수 없을 뿐 아니라 수치로도 표시할 수 없는 신비스러운 영역이다. 작물이라면 얼마만큼 뿌리를 내리고 얼마나 열매를 맺었는지 확인할 수 있을 것이다. 작물을 뽑아보거나 열매를 열어 확인해 보면 될 일이다. 최고의 교육과정을 수립, 편성했더라도 그것은 골격에 불과하다. 골격에 살이 붙고 심장이 작동하면서 피를 돌게 하기 위해서는 교사와 학생 간의 '인격적 상호작용'이 필요한 법이다. 중요한 것은 상호작용의 조건이 '인격적'이라는 점이다. 고등학교 교사에서 정년퇴직한 선배의 회고담은 교육 현장에서 교사와 학생 간의 상호작용이 얼마나 중요한가를 보여준다. "학창 시절 공부를 잘했던 제자보다는 자신을 무척이나 힘들게 했던 제자가 학교에 찾아온다. 그 제자도 나이 먹으면서 철이 들고 사회생활을 하면서 그가 힘들게 했던 은사에게 항상 죄송한 마음을 갖고 있다가 언젠가 감사한 마음을 전하고 싶었나 보다"라고 회고했다. 인간관계에서 그것도 감수성이 왕성한 청소년 시절에 교사와 학생이 인격적인 만남으로 가슴 깊은 곳에서 감화 작용이 일어난다면 그 영향은 평생 지속된다.

교육의 신비스러운 효과 때문에 교사는 한 명의 학생이라도 포기할 수 없다. 특히 어린 아이일수록 교사가 미치는 영향이나 교육의 파급효과는 훨씬 더 크게 작용한다. 교사의 눈으로 교육의 효과가 눈에 보이지 않는다고 해서 학생의 미래를 성급하게 진단하는 것은 그 학생에게는 무서운 낙인(烙印)이고 형벌이 아닐 수 없다. "그렇게 쉬운 문제도 풀지 못하는 네 앞길은 보지 않아도 훤하다." "멍청한 녀석, 너는 뭐를 해도 안 돼." "싹수가 노랗구나" 등의 말은 인격 살인이요 저주에 해당하는 말이다. 자기 자식이라면 이런 말을 하지 않을 것이다. "될성부른 나무는 떡잎부터 알아본다"라는 속담은 작물이나 화초에 해당하는 말이지, 사람에게 해서는 안 되는 금기어다. '아이들은 열두 번 바뀐다'라는 말은 아이들이 현재는 지적으로나 정서적으로 부족한 점이 있을지 몰라도 언제 어떻게 변화할지 모른다는 잠재적 가능성을 우회적으로 표현한 말이 아니겠는가.

말이 길어졌지만, 이것만은 꼭 말하고 싶다. 나무 중에 가죽나무(樗,

가죽나무 '저')가 있다. 가죽나무(樗樹)는 '가짜 죽나무'라는 뜻으로 식물분류 체계로는 소태나무과의 낙엽 활엽 교목이다. 사전에서 가죽나무는 '쓸모없는 물건'이라는 뜻을 나타낸다. 가죽나무의 효용 가치를 알고 나면 인간의 편견이 얼마나 부질없고 엉뚱한지 마치 '생사람을 잡듯' 생나무를 잡고 있음을 알 수 있다. 옛사람들은 '아무짝에도 쓸모가 없는 사람'을 비유적으로 말할 때나 자기를 낮춰 말할 때 저력지재(樗櫟之才)라고 했다. 저(樗)는 가죽나무를, 역(櫟)은 참나무를 말한다. 자신을 겸손하게 낮춰 부르는 것은 좋지만, 자연계와 인간계에 유용한 나무에게 쓸모없다는 편견의 덫을 씌우고 있다. 가죽나무에 대한 편견은 장자(莊子) 소요유(逍遙遊) 편의 무용지용(無用之用) 고사에서 유래되었다. 장자의 죽마고우 혜시(惠施)와의 대화 내용이다.

> 혜시: "내게 큰 나무가 있는데 사람들이 이르길 가죽나무라고 하오. 큰 줄기는 울퉁불퉁한 옹종이 있어 먹줄을 칠 수도 없고 작은 가지는 돌돌 말리고 굽어져 그림쇠와 곱자를 댈 수 없으니 길가에 서 있으되 목수들이 돌아보지도 않는다."
>
> 장자: "지금 자네는 큰 나무가 있어도 쓸모가 없다고 걱정하는데 어째서 아무것도 없는 고장의 광막한 들에 그 나무를 심어 놓고 편안하게 그늘에 누워 있지 못하는가? 그러면 나무는 나무꾼의 도끼날에도 찍히지 않을 걸세. 아무도 그것을 해치지 못하지. 아무 데도 쓰일 바가 없으니 무슨 괴로움이 있는가?"

위 대화는 쓸모없음(無用)이 유용(有用)으로 바뀐다는 무용지용(無用之

用), 즉 쓸모없는 것의 쓰임새에 대한 장자의 철학이 담긴 유명한 고사다. 혜시와 장자의 대화는 '세상에는 쓸모없는 것이 없다'라는 교훈적 역설을 배울 수 있지만, 세상 사람들에게 가죽나무를 쓸모없는 나무로 인식하게 하는 데 결정적 기여를 하지 않았나 싶다. 이 역설은 나무에나 통하는 말이지 사람을 '쓸모없는 인간'으로 낙인을 찍으면 무용지용이란 역설이 통할지 싶다.

사람들이 무용한 존재로 낙인을 찍어버린 가죽나무는 정말로 유용성이 없는 것인가. 가죽나무는 가구나 농기구에 필요한 목재로 널리 쓰이고, 뿌리껍질은 이질, 치질, 위궤양 등의 치료를 위한 약재로 쓰이며, 잎은 사료로 쓴다. 학교나 공원 등의 조경수나 가로수로 심기도 한다.

"새는 알에서 나오기 위해 투쟁한다. 알은 새의 세계이다. 누구든지 태어나려고 하는 자는 하나의 세계를 파괴하여야 한다." 헤르만 헤세(1877~1962)의 《데미안》에 나오는 구절이다. 어미 닭과 병아리의 '줄'과 '탁'의 하모니는 새로운 생명을 위한 창조적 파괴(creative destruction)다. 손뼉도 마주쳐야 소리가 된다. '줄'과 '탁'이 동시에 일어났을 때 생명은 적시에 알을 깨고 나온다. 다음 주에 학생들에게 보낼 문자의 내용을 생각해 본다. 알에서 나오기 위해 투쟁하는 병아리가 무사히 밖으로 나오길 바라는 이 선생의 소박한 바람을 담은 글 말이다. 무엇보다 어미 닭은 병아리가 언제 밖으로 나올지에 대한 시간을 정확히 포착하는 것이 중요하다. 교사가 학생에게 정확한 깨우침의 시기를 포착하여 적절한 자극을 주었을 때 진정한 의미의 줄탁동시가 이루어질 수 있을 것이다. 교사는 교과목 관련 지식 외에 다양한 경험과 체험을 통해 오감을 민감하게 하고 시야와 식견을 넓히는 노력을 중단하지 않아야 한다. 줄

'탁동시는 생명의 탄생을 알리고 우리 내면의 잠자는 거인(巨人)을 깨우는 사랑의 하모니라고 말한다면 너무 거창한가.

📖 로사브스키, 헨리. (2006). 《대학, 갈등과 선택》. 이형행 옮김. 서울: 삼성경제연구소.

박상진. (2018). 《문화와 역사로 만나는 우리 나무의 세계 2》. 파주: 김영사.

헤세, 헤르만. (1991). 《데미안》. 김충남 옮김. 서울: 학원사.

이종민. (2023). 《매일경제》. 〈쓸모없는 게 곧 쓰임새(無用之用), 가죽나무〉. 5월 12일.

나의 교육철학 ② 교학상장(教學相長)

우리는 누군가의 스승이자 제자이다

저자의 연구실에는 '교학상장(教學相長)'이라고 조각한 현판이 있다. 강의 시간에 교학상장과 줄탁동시를 자주 강조하다 보니 학생들 뇌리에는 '줄탁동시'와 '교학상장' 교수로 각인되어 있다. 목공예에 소질이 있는 졸업생이 스승의 날에 선물로 가져왔다. 나는 졸업생이 들고 온 현판을 보고 그에 대해 경외감을 가졌다. 그 현판은 단순한 목각 작품이 아니라 교육의 정수(精髓)를 잊지 말라는 주문으로 받아들여졌다. 교학상장은 논어에 등장한다.

學然後知不足 教然後知困

(학연후지부족 교연후지곤)

知不足然後能自反也 知困然後能自强也

(지부족연후능자반야 지곤연후능자강야)

故曰教學相長也

(고왈교학상장야)

"사람이 배우고 나서야 부족함을 알게 되고, 가르쳐 보고 나서야 비로소 어려움을 알게 된다. 자신의 부족함을 알고 나면 스스로 반성하게 되고, 어려움을 알고 난 후에야 스스로 강해질 수 있다. 그러므로 가르치고 배우면서 함께 성장하는 것이다."

교학상장은 '가르치면서 배우고, 배우면서 가르친다'라는 의미다. 배움과 가르침이 선순환한다. 교사는 곧 학생이고, 학생이 곧 교사다. 학습공동체에서 동학(同學)이나 학우(學友)라는 말이 의미 있게 다가오는 이유다. 가르치는 사람도 모르는 것이 있을 수 있다. 아니 모르는 것이 훨씬 더 많다. 가르치면서 늘 배워야 하고 배우지 않으면 가르칠 수 없다. 저자도 강의 준비를 하면서 모르는 것을 배우는 때가 많다. 교학상장은 가르치는 자의 교만을 경계하는 말이기도 하다. 학문의 수준이 깊고 높아도 가르치면서 자신의 부족함을 깨닫게 되고 잘 가르치기 위해서는 결국엔 배울 수밖에 없다. 교학상장은 가르치며 배우고, 배우며 가르치는 상호협력적 관계를 함축한다. 스승과 제자가 추구하는 사제동행(師弟同行)의 이상적인 관계를 제시하고 있다.

'효학반(斅學半, 斅는 가르칠 '효'와 가르칠 '학'으로 사용한다)'도 교학상장과 뜻을 나란히 한다. 글자 그대로 '가르치는 것은 배움의 절반이다'라는 말이다. 가르치는 내용의 반은 배워서 가르친다. 가르치기 위해서는 스스로 배워야 한다. 남을 가르치는 것은 곧 스스로 배우는 것이다. 나를 돌아보면 나이 육십을 분수령으로 인지능력이 현저히 쇠퇴하고 사회변화상을 수용하는 데 필요한 민첩함도 더뎌진 것 같다. 강의 시간에 사용할 적당한 단어나 용어가 그때그때 떠오르지도 않는다. 특히 인물의 이름이나 숫자를 떠올리기가 쉽지 않다. 영어 단어를 적어놓고도 맞게

썼는지 확신이 서지 않아 몇 번이고 확인하게 된다. 요즘엔 강의 시작하기 몇 분 전에 인물, 숫자, 영어 단어 등을 상기하고 강의실에 들어간다.

저자는 질문을 많이 하는 편이다. 모르는 것이 있으면 그냥 넘어가지 않고 물어본다. 모르는 것을 모른다고 말하는 것은 부끄러운 것이 아니라 용기 있는 행동이라는 신념을 가지고 있다. 질문은 인간과 자연과 우주를 알고 싶은 순수한 열정이고 나를 성장시키는 동력이라고 생각한다. 학생에게 호기심이라는 불씨가 꺼지지 않도록 잘 관리하는 사람이 유능한 교사다. '교학상장'과 '효학반'을 교육철학으로 무장하고 교단에 서게 되면, 내가 아는 지식과 경험을 가르치는 동시에 내가 미처 몰랐던 지식과 경험을 배울 가능성이 높다. 단순히 지적 호기심을 충족하는 것이 아니라 내면세계 깊은 곳에 자리 잡고 있는 사유(思惟)의 공간을 확장할 수 있다. 물론 전공자인 내가 전공 분야와 관련해서는 학생들보다 많이 알 수 있겠지만 사회적 경험이나 다른 영역에서의 지혜는 내가 학생들보다 더 부족할 수 있다. 교사가 교학상장의 멋과 맛을 거부하는 것은 자발적 성장을 포기하는 것과 마찬가지다. 교학상장의 철학을 실천하면 '1+1=2'라는 단순 계산이 아니라 하나 더하기 하나는 셋이나 넷이 될 수 있다. 가르치고 배우는 행위의 결합 상승이라고 해야 할 것이다.

교학상장의 철학을 견지하다 보면 내가 알고 있는 것이 얼마나 하찮고 얼마나 부족한가를 깨닫게 된다. 배우면 배울수록 알면 알수록 모르는 것이 많다. 참 묘한 일이다. 많이 배워 많이 알면 모르는 것이 줄어야 하는데 그렇지가 않다. 그것은 사람이 '모른다는 사실 자체'를 모르거나 아예 알려고 하지 않기 때문이다. 모르는 것을 모른다고 인정하고 모른다는 사실 자체를 깨닫는 순간 우리의 지적 영역과 사고의 지평은 무한대로 확장된다.

교학상장의 사례는 일상에서 쉽게 찾아볼 수 있다. 주말이면 지인들과 산에 오른다. 자연과의 교감이라든지 상호작용이라는 거창한 표현보다는 그저 자연 속을 걷고 나무를 보는 것이 좋다. 산을 자주 오르다 보면 산은 어머니의 품으로 느껴진다. 어머니의 품 안이 얼마나 따뜻하고 안온한가?. 도심의 빌딩 사이에서 하늘을 보는 것과 울창한 숲에서 하늘을 보는 느낌은 차원이 다르다. 산길을 걸으며 주변의 나무며 화초에 관해 이야기한다. '이 나무는 어떤 쓰임새가 있고 사람에게 어떤 영향을 준다든가, 어릴 적 이 나무를 약재로 사용하여 병을 치료하는 데 도움을 받았다'라는 등등의 경험담을 듣고 나누게 되면 자연이 인간에게 주는 혜택은 이루 형용할 수 없을 정도로 경외의 대상이 된다. 누군가 알고 있던 나무나 화초에 대한 지식이나 실제 사용 경험을 이야기하면 듣는 동료들은 추임새와 추가 질문으로 상승작용을 일으키며 이제까지 알고 있던 지식이 증폭된다. 신록이 짙어지는 5월 나무 이파리가 연녹색에서 초록색으로 바뀌는 때에 산을 오르면서 누군가 '아카시아꽃이 진하다. 온통 아카시아나무네'라고 말했다. 옆의 동료가 '아카시아가 아니라 아카시나무가 맞는다고 해요. 아카시아는 전혀 다른 나무라고 합니다. 그리고 아카시나무는 우리나라 정부가 광복 후 민둥산을 녹화하기 위해 조림 사업의 일환으로 심은 거래요'라고 하면서 나무 이름을 바로 잡고 산에 아카시나무가 많은 이유까지 설명했다. 그들의 대화로 아카시나무에 대한 정확한 이름과 편견을 바로잡을 수 있었다. 집에 와서는 산에서 나눴던 나무와 화초의 이야기를 놓고 좀 더 구체적으로 공부하게 된다. 다른 날 산에 오를 때 나무와 화초의 이름과 그들의 존재 가치를 알고 가면 그들과 더 깊이 있는 교감을 할 수 있기 때문이다. 산길은 어느새 나의 만족을 위해 가는 등산로가 아니라 나와 자연과의 교감을 위한 연결고리가 된다.

교학상장을 실천하고자 하는 사람은 세상에 관한 질문이 많다. '질문을 하는 것'은 유일하게 학습이 필요한 동물로서의 인간이 인간다움의 실현을 위한 숭고한 목표를 잃어버리지 않았다는 표시이기도 하다. 세상에는 알아야 하고 배우고 싶은 것이 많기도 하지만, 알고 깨달아 공유하고 싶은 생각 때문에 질문을 하는 것이다. 저자 역시 새로 출판된 책이나 논문을 먼저 읽거나 정보를 습득하여 먼저 깨닫고 알고자 한다. First Reader가 되고자 하는 욕구가 강하다. 앎을 밑천으로 사유의 자유로움을 만끽하고 싶기 때문이다. 알아야 면장(面牆), 즉 '공부하고 익혀야 담장을 마주하고 있는 듯한 답답함에서 벗어날 수 있다'라고 하지 않던가. 일상에서 널리 사용하는 말 가운데 '알아야 면장(面長)을 하지'라는 말이 잘못되었다는 것도 '왜, 하필이면 면장일까'라는 질문에서 시작되었다. '면장 말고도 더 높은 사회적 지위를 가진 사람이 많을 텐데'라는 질문 말이다.

교학상장이 공부하는 사람이 입는 옷이라면 불치하문(不恥下問)은 옷을 채우는 단추다. "아랫사람에게 배우는 것은 부끄러운 일이 아니다." 모르면 묻고 배워야 한다. 교학상장은 평생 학습자로서 기본자세에 관한 것이다. 또한 교학상장은 곧 권학문(勸學文), 즉 젊어서나 늙어서나 배움에 정진하라는 것이다. 주자의 말이다. "오늘 배우지 않고 내일이 있다고 말하지 말라. 올해 배우지 않고 내년이 있다고 말하지 말라. 해와 달은 쉬지 않고 뜨고 지고, 흐르는 세월은 나를 기다리지 않네. 오호라, 늙어버렸구나! 이 누구의 허물인가." 우리의 평생 직업과 신분은 학생(學生)이다. 묘지명에 현고'학생'부군신위(顯考學生府君神位)를 쓰는 이유를 되새겨 봄 직하다.

덕승재(德勝才)

결국 덕(德)이 이긴다

왕조 시대의 왕이 나랏일이 제대로 되지 않거나, 백성에게 불편을 끼친 상황이 되면 으레 "과인이 부덕(不德)하여 생긴 일이다"라고 말한다. 현대사회에서 조직이나 기관의 장이 중요한 일을 그르쳤을 때 "제가 덕(德)이 부족해서 생긴 일이다"라고 말한다. '부덕의 소치'는 최고책임자가 전가의 보도처럼 사용하는 변명 아닌 변명이다. 덕(德)이 무엇이길래 덕이 없거나 부족해서 일을 그르쳤다고 변명의 말을 하는 것일까? 문제의 근원을 덕 탓으로 돌리는 이유는 무엇일까? 한자 덕(德)은 '은덕'이나 '선행'이라는 뜻을 가진 글자로, '덕이 있다'라는 말은 '곧은 마음가짐을 가지고 선행을 베풀며 사는 사람'으로 해석될 수 있다. '덕이 없다'라고 하는 말은 곧 '선행이나 은덕을 베푸는 곧은 마음이 부족하다'라는 말로 이해할 수 있다.

덕은 무형의 인격적인 능력으로 덕을 행동으로 옮기는 덕행(德行)은 통치자의 중요한 덕목이었다. 공자는 덕치주의(德治主義)를 이상적인 통치로 보았다. 공자가 말한 덕(德)은 '다움'으로 설명할 수 있다. "임금은 임금다워야 하고 신하는 신하다워야 하고 부모는 부모다워야 하고 자식은 자식다워야 한다(君君臣臣父父子子).” 다움이란 자기 자리에서 최선을 다하는 것이다. 한자 표현은 쉽지만 실천은 가장 어려운 말이다. 대통령답게, 공직자답게, 부모답게, 자식답게, 시민답게 등 사람답게 사는 것을 말한다. 즉, 사람이라면 사람답게 행동해야 사람다운 대접을 받는다는 말이다. 다움은 말과 행동의 차이로도 설명할 수 있다. 말과 행동의 차이가 클수록 덕이 모자라는 것이고 그 차이가 작을수록 덕이 두터운 것이다. 말만 앞세우고 행동이 뒤따르지 않은 사람은 덕이 부족한 사람이다.

국회에서는 주요 공직 후보자의 자질을 사전에 심사하기 위하여 인사청문회를 개최한다. 인사청문회 과정에서 후보자 개인의 신상은 물론 후보자의 과거 행적이 적나라하게 드러난다. 인사청문회에서 후보자 중 십중팔구(十中八九)는 만신창이가 되고 만다. 오죽했으면 인사청문회를 거치지 않는 고위 공직을 선호한다고 하겠는가. 후보자는 인사청문회 과정에서 문제가 된 사안에 대해 국민에게 이렇게 사과한다. “인덕(人德)이 부족하여 잘 살피지를 못했습니다. 사죄드립니다.” 인덕(人德)이 ‘있네’, ‘없네’라고 할 때 인덕이란 무엇인가?” 인덕은 주위에 능력이 있거나 필요한 사람이 와서 오랫동안 머무는 것을 의미한다. 덕은 자석과 같아 사람을 붙잡고 머물게 하는가 보다. “덕으로써 하는 정치는, 마치 북극성이 그 자리에 있으면 여러 별이 그 북극성을 중심으로 향해서 도는 것과 같다”라는 말과 상통한다. 누군가 일을 하는데 능력 있는 사람이 모여들어 함께 일을 달성한다면 그 사람은 인덕을 가진 자라고 할 수 있을 것이다.

인덕을 가진 사람에 대한 보기를 들어보자. 드라마 〈구암 허준〉 116회에서는 의주로 몽진(蒙塵, 임금이 난리를 피하여 다른 곳으로 피란함)을 간 선조가 기력이 허약해져 병이 났다. 어의(御醫) 허준(許浚, 1539~1615)은 필요한 약재만 넉넉하면 임금의 병세를 치유할 수 있을 것으로 생각하지만, 피란지의 약재는 턱없이 부족했다. 이때 허준에게 동생뻘 지인들이 침향(沈香)을 들고 나타난다. 그들은 전쟁통에 돈을 벌어 명나라에서 가져온 침향을 구했고 허준이 약재가 없어 노심초사한다는 말을 전해 듣고 침향을 가져온 것이다. 드라마의 각본이 만든 에피소드지만, 허준의 인덕이 자석과 같아 사람을 오게 만들고 붙잡아 놓는다는 말이 맞는 것이다.

국가의 최고통치자부터 고위공직자에 이르기까지 일이 잘못되면 하나같이 덕(德)이 없거나 부족한 것을 성찰하고 국민 앞에 사죄한다. 덕이란 그만큼 쌓고 유지하기가 어려운 법이다. 덕이란 인간이 추구하는 가장 이상적인 인간다움의 결정체지만 완전한 덕이란 있을 수 없는 추상적인 의미다. 인간은 완전한 덕의 경지에 이르기 위해 배우고 실천하는 노력을 계속하는 것이다. (지식) 기부나 봉사활동을 하거나 노블레스 오블리주를 실천하는 것도 덕을 쌓는 방법이다.

저자의 교육철학이 교학상장과 줄탁동시라고 한다면, 추구하는 인재상은 덕승재(德勝才)이다. '덕이 재주를 앞서야 한다'라는 것이다. 재주와 덕을 두루 갖춘 재덕겸비(才德兼備)의 인재면 더 바랄 것이 없을 것이다. 교육은 지식만을 가르치는 것이 아니라 덕을 키워 인격을 함양하는 것이다. 지식이 재능이나 재주라고 한다면 덕은 인격이다. 재능이나 재주가 어떤 사태와 문제를 해결하는 능력 자체를 의미한다면, 덕성은 이러한 재능을 바른 방향으로 쓸 수 있게 하는 능력이다. 덕승재 위지군자(德勝才 謂之君子), 재승덕 위지소인(才勝德 謂之小人)이라 했다. 즉 '재주보다 덕으로 행하면 군자요, 덕이 아닌 재주로 행하면 소인이다'라는 뜻이다. 재승덕박(才勝德薄), 즉 '재주는 많지만, 덕이 부족한 인간'을 경계할 일이다. 재주가 많거나 높은 사람을 재주꾼이라고 한다. 덕이 없는 재주꾼은 보이지 않는 위해(危害)로운 무기를 지니고 다니는 것이나 다름없다.

흔히 우리나라 교육이 추구하는 이상적인 교육목표는 지육(智育), 덕육(德育), 체육(體育), 즉 지덕체가 조화를 이룬 인재를 양성하는 데 있다. 우리 교육에서 지, 덕, 체는 교육의 우선순위가 되었다. 저자는 교육목표의 우선순위는 체, 덕, 지여야 한다고 생각한다. 체력은 학생은 물론 누구에게나 중요한 덕목이라는 점에서 최우선으로 강조되어야 할 교육목표일 것이다. '건강한 신체에 건강한 정신'이란 말은 자명한 진리다.

지와 덕은 그 순서가 바뀌어야 한다. 지육을 강조하는 학교는 치열한 경쟁을 하는 열대 정글이 되었다. 학교는 마치 열대 정글에서 광합성 작용을 하는데 유리한 고지를 차지하기 위해 하늘을 향해 누가 더 키가 큰가를 경쟁하는 장소로 변질되었다. 키 큰 나무는 키가 작은 나무가 죽든 살든 관심 없다. 어른들은 요즘 청소년이 이기주의라고 탓만 할 일이 아니다. 정책을 수립하고 제도를 만든 어른들의 성찰이 우선이다. 감수성이 민감한 청소년기에 따뜻한 심성과 재능을 겸비한 재덕겸비의 인재로 성장해 나가야 하는데, 차가운 머리를 집중적으로 단련하다 보니 공동체와 이웃을 생각하기보다 이기주의로 흘러갈 수밖에 없다. 지식을 강조하는 학교는 일부 학생을 제외하고 다수 학생을 부적응 학생으로 만들고 있다. 청소년들의 학교 일탈행동이나 높은 자살률도 지식 위주의 교육체계와 무관하지 않다. 지나치게 지식 경쟁을 강조하는 학교에서 경쟁에서 밀려난 청소년들은 사회에 진출하는 진입장벽이 높게 느껴지고 우울감이나 좌절감이 커지면서 일탈행동을 하거나 자살 충동에 이르게 되는 것이다. 어린 청소년들이 어른들이 구축해 놓은 제도의 덫에 걸려 꿈도 펼쳐보지 못한 채 좌절하고 만다면 어른들이 먼저 반성하고 변화해야 한다.

학교가 지식을 효율적으로 학생에게 전수하는 것만을 생각한다면 교사보다는 인공지능이 더 효율적일 것이다. 그러나 교육이란 학생들에게 지식을 주입하는 것에 그치지 않고 그들의 인격에 향기가 나게 하고 그들이 가진 잠재성과 가능성을 최대한 끄집어낸다는 본질을 생각한다면, 교육의 효율성을 빌미로 인공지능에 학교 교육을 맡길 수 없는 노릇이다. 내년부터 초·중등학교에서 영어, 수학, 컴퓨터 과목을 디지털 교과서로 가르친다. 디지털 교과서는 인공지능이 교육에 본격적으로 관여하는 적응 단계로 볼 수 있다. 학교가 지식을 전달하는 시대는 지났다. 교사는 더 이상 지식 전달자가 아니다. 그들은 학생의 인성을 키우고 감성을 풍요롭게 하는 촉진자(facilitator)나 코치가 되어야 한다. 우리는 수능에서 만점을 받은 의대생의 여자 친구 살해 사건을 보면서 많은 생각을 하게 된다. 남들의 부러움을 받던 의대생이 여친을 살해한 이유는 여친으로부터의 이별 통보 때문이었다고 한다. “배우기만 하고 생각하지 않으면 얻는 것이 없고, 생각만 하고 배우지 않으면 위태롭다”라는 말이 맞다.

학교는 '누가 더 많이 알고 있는가를 평가'하는 곳이 된 지 오래다. 누가 많이 알고 있는지를 평가하는 학교와 교실은 냉전(冷戰)의 축소판이다. 차가운 머리를 굴리는 소리로 가득 차 있다. 학교가 줄을 세워 등수를 매기고 공부 잘하는 학생들만 자존감을 키우고 존재감을 확인하는 공간이 되었다. 이는 열대우림의 정글에서 키가 큰 나무가 광합성 작용을 독차지하는 것과 다를 바 없다. 그래서는 학교가 인간미 넘치는 따뜻한 학습공동체와는 점점 거리가 멀어진다. 인간이 다른 동물과 차별화되는 우정, 신뢰, 배려, 관용, 양보와 같은 인간다움의 덕(德)은 설 자리가 없다. 한 줄로 줄을 세우는 학교는 인간다움의 덕을 가졌을지라도 공부를 잘하지 못하는 학생들에게는 관심을 주지 않는다. 학교 우등생이 사회 우등생이 되란 보장이 없는데도 말이다. 학창 시절의 교과성적이 인생 성적표는 아니다. 학교는 '아이들은 크면서 열두 번도 바뀐다'라는 말을 새겨야 한다.

매년 대학입시가 끝나면 교문에는 명문대 합격자 소식을 알리는 현수막이 걸린다. 학교에서는 그런 것을 걸지 말아야 한다. 명문대를 제외한 그 밖의 대학에 진학한 학생들에 대한 최소한의 배려와 관심은 없다. 학교는 앞줄에 선 소수 몇 명의 학생을 위한 교육기관이 아니다. 도대체 왜, 모두를 위한 학교(school for all)가 다수의 학생을 패배자나 낙오자로 낙인찍어야 한단 말인가. 학교에서 공부 좀 했다는 우등생이 사회에 나가 승승장구하다 범죄를 저질러 감옥에 가는 일이 얼마나 허다한가. 그 범죄자가 현수막에 이름이 적힌 우등생일 수도 있다. '사회적 지위가 높을수록 감옥은 가깝다'라는 격언이 있을 정도다. 학교는 학생 하나하나를 고유한 인격체로 대우하고 그들의 인생 항로를 멀리 보아야 한다.

학교는 학생들의 인간다움 내지 인간성을 고양하는 노력을 최우선 목표로 삼아야 한다. 학생들의 내면에 덕승재(德勝才), 즉 '덕이 재주보다 우선이다'라는 신념이 자리 잡게 해야 한다. 국어, 영어, 수학 등 입시에 필요한 핵심 과목을 중점적으로 가르치는 것도 필요하지만, 인문교양교육에도 필요한 시간을 배정해야 한다. 학생들은 학교가 인문 교양과목에 대한 수업 시수 배정에 무관심한 만큼 그것에 관심이 없거나 필요성을 느끼지 못한다. 심지어 일부 학교에서는 입시 과목에 해당하지 않는 음악, 미술, 체육 등 학생들의 심미적, 정서적, 신체적 능력을 고양하는 교과목 수업은 줄이고 국영수 수업은 늘려 운영한다. 학생들의 인간다움보다 '어떻게 줄을 세울 것인가?', '누가 앞줄에 서 있는가?'에 매몰되어 있지 않은지 학교 스스로 성찰해야 한다. 오늘날 학교는 "스스로 생각하고, 전통을 비판하고, 타인의 고통과 성취의 중요성을 이해할 수 있는 온전한 민주시민이 아니라, 곧 유용한 기계일 뿐인 세대를 생산하고 있다"(누스바움, 2011: 23–58)라는 비판에 귀 기울여야 하는 이유다.

'덕불고필유린(德不孤必有隣)'이란 말이 있다. '덕필유린(德必有隣)'이라고 줄여 말하기도 한다. '덕이 있으면 반드시 따르는 이들이 생겨 외롭지 않다'라는 뜻이다. 덕행을 하면 좋은 친구와 이웃이 함께 하게 된다. 우리 사회가 정이 메마르고 각박해졌다고 하지만, 알게 모르고 덕행을 실천하는 사람들이 있어 살만한 사회가 유지된다고 생각한다.

우리나라는 절체절명(絕體絕命), 즉 목숨을 끊어야 할 정도로 어찌할 수 없는 막다른 골목에 섰던 수많은 국난(國難)을 겪었다. 그때마다 의

병들이 들풀처럼 일어났다. 그 의병들을 이끄는 의병장은 어떤 사람들인가? 평상시 지역사회에서 덕(德)을 쌓아 백성의 마음을 얻은 사람들이다. 고관대작을 지낸 양반이라고 해서 의병장을 하는 것은 아니다. "나를 따르라고 말했는데 뒤따르는 사람이 아무도 없다면 그는 단지 산책을 하고 있을 뿐이다"라는 리더십의 속담을 귀담아들어야 한다. 덕은 위기를 극복하는 최고의 무형자산이다.

학교에서도 '덕필유린'의 원리는 통한다. 덕을 베풀고 생활하는 아이들은 좋은 친구들이 주변에 모여들고 돈독한 교우관계를 맺을 수 있다. 결국, 덕이 이긴다. 덕은 외롭지 않다. 덕의 위대성이다. 덕승재가 백년대계 교육의 목표가 되어야 하는 이유다.

📖 누스바움, 마사. (2011). 학교는 시장이 아니다. 우석영 옮김. 파주: 궁리.
이한우. (2024) 《조선일보》. 〈[이한우의 간신열전] 덕(德)〉. 7월 31일

왜, 다양성 확보가 중요한가?

최고 다양성 책임자(CDO)가 필요한 시대

19세기 섬나라 아일랜드는 '감자 대기근(The Great Famine)'으로 인구 800만 명 중 100만 명이 굶어 죽고 100만 명은 고향을 떠나 유럽의 다른 국가나 북미 대륙으로 이민을 갔다. 그때 아일랜드 농민들은 감자 말고는 대체 작물이 없는 상태에서 감자 생산량을 늘리려 감자를 촘촘히 심었고 이 탓에 감자 마름병이라는 흰 곰팡이 균이 감자밭을 덮쳤다. 이 감자 전염병은 뉴욕에서 발원되어 유럽으로 전파되었다. 감자를 다른 품종의 작물과 함께 심거나 해를 걸러 심은 유럽 대륙에서는 큰 피해를 면했다.

아일랜드 비극은 국민의 주식이 된 감자 생산에 지나치게 의존한 데서 비롯되었지만, 직접적인 원인은 같은 땅에 심은 단일 품종의 감자가 병해충에 취약해진 탓이다. 단일재배가 낳은 부작용이다. 감자는 2천 종이 넘는다고 한다. 만약 아일랜드 농민들이 다양한 종류의 감자를 심었다면 비극을 방지하거나 최소화할 수 있었을 것이다. 아일랜드 농민들을 탓할 일이 아니다. 농민들이 단위면적당 생산량을 극대화하고 싶은 욕구는 예나 지금이나 마찬가지다. 품종의 유전자 분석 등 과학기술로 단일재배의 문제점이 밝혀진 오늘날에도 농민들은 하나의 품종을 단일재배하고 싶은 욕구가 있다. 단일재배를 하면 수확하기가 쉽고, 품질이 좋고, 생산성이 높아 경제적 효과가 있기 때문이다.

단일 품종, 단일재배는 매우 위험한 생각이다. 생산성과 효율을 중시한다는 이유로 다양한 유전자를 가진 식물을 재배하지 않고 단일 품종을 계속 재배하면 생물다양성에 악영향을 미칠 게 뻔하다. 쉬운 길에는 부작용을 동반하기 마련이다. 생태계에서 생물다양성은 중요한 가치다. 생물다양성이 생태계의 존속을 지속해서 보장한다. 이를테면 레고조립 장난감을 만드는 데 사각형에 노란 블록만 있으면 만들어 볼 수 있는 장난감은 몇 가지에 불과할 것이다. 다양한 레고블록은 어린이들의 창의력과 상상력을 키워주는 것이다.

현대의 기업이나 교육기관에서도 생물다양성을 응용하고 있다. 최고다양성 책임자(Chief Diversity Officer, CDO), 기업이나 교육기관에서 다양성 전략을 수립하는 숙련된 임원이다. CDO는 조직이 성별, 피부색, 출신 국가, 종교, 인종, 문화, 나이 등 다양한 배경을 갖춘 사람들로 구성되도록 장려하고 지원하는 임무를 수행한다. CDO는 조직의 구성원이 각자의 고유한 경험, 능력, 배경을 함께 활용하면 훨씬 더 효율적이고 생산적인 조직이 된다는 신념을 가지고 있다. 접착제, 살충제, 홈키파 등을 생산하는 독일의 기업 헨켈(Henkel)은 임직원 국적이 120개국에 이른다.

정부 관료 출신의 웃지 못 할 회고담이 있다. 우리 사회에서 'KS'라고 부르던 경기고, 서울대학교 출신을 선호하던 시절의 이야기다. KS는 경기고등학교와 서울대학교의 영문자 첫 글자를 뜻하지만, 한국공업표준규격(Korean Standard, KS)의 약어이기도 하다. 이 관료는 서울대학교 사범대학을 졸업하고 경제부처 관료를 지냈다. 그때 관가에서는 법조계는 서울대학교 법학과 출신, 경제계에서는 서울대학교 경제학과 출신을 정통 관료로 여기던 시절이었다. 사범대학을 졸업하고 경제 관료가 된 그가 겪었을 마음고생은 짐작이 가고도 남는다. "출근 첫날 부처 과장이 자기소개서를 보고 출신 대학이 서울대학교 '상대'일 것인데 '이응' 받침을 빠뜨려 '사대'로 잘못 쓰지 않았느냐고 물었다. 그 관료가 사대 졸업이 맞는다고 했더니 과장의 얼굴이 일그러졌다."

조직이 다양성을 갖추면 어떤 효과를 기대할 수 있을까? 조직 구성원의 배경이 다양할수록 조직은 문화적으로 민감하다. 다양성은 기업의 문제 해결 능력을 향상한다. 다양한 배경을 가진 구성원은 각자의 고유한 기술과 경험을 토대로 혁신적으로 사고하고 문제 해결 방안을 도출해 낼 수 있다. 예를 들어, 한국에 진출한 다국적 기업이 한국인의 관심을 끄는 광고를 만들고자 할 때 한국적인 배경을 가진 사람의 의견을 듣는다면, 훨씬 더 공감적인 광고를 만들 수 있을 것이다. 또한 다양한 배경을 가진 구성원이 협업하면 더 창의적인 아이디어가 나올 수 있다. 구성원 각자의 독특한 삶의 경험과 관점에서 비롯된 아이디어를 공유할 수 있기 때문이다. 특히 다양성은 기업에 대한 평판을 높인다. 특정 제품을 생산하는 기업의 구성원이 다양한 인종과 피부색을 배경으로 한다면 전 세계인이 구매할 수 있는 구매 욕구를 강화할 것이다.

정부 관료 출신의 이야기를 소개했지만, 정부 조직에도 다양한 출신 대학과 배경을 가진 인재들로 채워야 한다. 같은 학교 같은 학과 출신

끼리 모여있으면, 즉 학교 선후배의 학연(學緣)으로 구성된 조직은 사고의 틀에 갇혀 'No'라고 말하기 어려운 조직이 되고 말 것이다. 광활한 지리적 배경에 3천 개가 넘는 미국의 대학에서 교수를 채용할 때 중요하게 여기는 철학은 학문의 다양성이다. 우리나라 대학처럼 동일 대학에서 학사, 석사, 박사를 취득한 후보자보다 학사는 동부를 나왔다면 석사는 서부, 박사는 중남부에서 공부한 후보자가 유리하다는 이야기다. 저자의 경험으로는 우리나라 대학이나 기업에서 신임 교수나 신입 직원을 채용할 때, 학사 과정을 마친 대학에서 석사 또는 박사 과정을 마치지 않은 후보자에 대해서는 부정적 인식이 강했던 시절도 있었다. 물론 해외 대학 출신에 대해서는 예외를 두었다. 외국의 대학에서 신임 교수를 초빙할 때, 학문의 다양성을 위해 본교 출신과 타교 출신을 섞는 것을 선호한다. 동질성이 강한 동종교배(inbreeding)보다는 이질성이 강한 이종교배(cross-breeding)가 학문의 폭을 깊게 하고 분야를 넓게 한다는 신념을 가지고 있다. 혼혈 파워, 즉 순종보다는 잡종이 강한 법이다.

저자가 우려하는 제도가 있다. 지역 균형 발전을 위한다는 명목으로 시행하고 있는 지역인재 선발 제도다. 이 제도를 뒷받침하는 법률은 〈지방대학 및 지역균형인재 육성에 관한 법률〉과 〈혁신도시 조성 및 발전에 관한 특별법〉이다.

〈지방대학 및 지역균형인재 육성에 관한 법률〉은 지방대학의 경쟁력 강화 및 지역 간의 균형 있는 발전에 이바지할 목적으로 제정되었다. 이 법률에 근거하여 수도권 이외 지방대학에서는 학생 전체 모집 인원 중 일정 비율 이상을 해당 지역 학생으로 선발하도록 하였다. 지역인재의 지방대학 입학 기회 확대를 유도하기 위한 정책적 배려다. 2015년 대학입시부터 적용된 지역인재전형을 구체적으로 살펴보면, 학부(의과, 한의과, 치과, 약학과 등)는 30%, 전문대학원(법전원, 의전원, 치전원, 한의전원)은 20% 이상을 지역인재로 선발해야 한다. 강원권과 제주권의 경우 지역의 여건을 고려하여 학부는 15%, 전문대학원은 10% 이상을 지역인재로 선발해야 한다.

〈혁신도시 조성 및 발전에 관한 특별법〉도 지역인재 채용에 대한 책무성을 강화하고 있다. 이 법률에 따라 수도권에서 혁신도시와 세종시 등으로 이전한 공공기관은 전체 신규 채용의 30% 이상을 의무적으로 지역인재를 채용하도록 강제했다. 이 특별법에서 의미하는 지역인재의 기준이란 무엇인가? 그 기준은 간단하다. 바로 졸업한 대학의 소재지다. 졸업한 대학이 수도권 이외 지역의 혁신도시에 소재하고 있으면 된다. 초·중등학교를 혁신도시에서 다니고 수도권 대학으로 진학하면 지역인재가 아니다. 반대로 초등학교 또는 중등학교를 서울에서 졸업하고 혁신도시 소재 대학을 졸업하면 지역인재다. 전남 나주시에서 태어나 초·중등학교를 졸업한 뒤 서울이나 수도권 소재 대학에 진학했다면 '광주·전남 혁신도시(나주시)'에 있는 한국전력공사에 '지역인재'로 입사할 수 없다. 수도권뿐 아니라 충청권, 영남권, 강원권 등 다른 권역 소재 대학에 진학했어도 지역인재는 아니다. 지역인재에 부합하기 위해서는 전남대 등 전남에 있는 대학을 졸업해야 한다. 2022년도의 경우 비수도권 소재 163곳의 공공기관에 신규 채용된 지역인재 6,640명 중 공공기관 소재지 권역 고등학교 졸업자는 2,074명(31.2%)으로 나타났다. 혁신도시 지역 대학 출신자를 선발하다 보니 특정 대학 쏠림현상이 심각하다. '전북 혁신도시'에 위치한 국민연금공단의 경우 지역인재 채용 인원 중 전북대 출신이 70%가 넘는다고 한다. '부산 혁신도시'의 한국자산관리공사(캠코)는 부산대 출신이 60%에 달하고, '경남 혁신도시'의 한국토지주택공사(LH)는 경상대 출신이 70%에 육박한다.

현행 지역인재 육성 및 채용과 관련된 법은 강력한 할당제(Quota System)라고 할 수 있다. 어느 조직에 출신 대학이 같은 구성원이 많으면 어떻게 될까? 가장 우려되는 부분은 학연(學緣)으로 맺어진 파벌 형성 가능성이다. 파벌이 형성되면 특정 집단이 되고 기득권 세력으로 변질될 가능성이 높다. 우리나라는 학연에 따른 부정적인 영향을 잘 알고 있음에도 불구하고 지역인재 채용을 촉진하는 법을 시행하면서 공공기관에서 공개적으로 파벌 형성을 강화하고 있다. 무엇보다 할당제는 조직의 다양성에 역행한다.

할당제와 관련하여 내려진 기념비적인 판례를 상기할 필요가 있다. 1978년 미국 연방대법원은 캘리포니아주립대(UC, Davis) 의과대학원에 지원했다 탈락한 바케(Bakke)가 제기한 소송에서 특정 인종의 비율을 정해 놓은 할당제는 위헌이라고 판결했다. 그때 캘리포니아주립대에서는 소수 인종 우대정책(Affirmative Action)의 하나로 흑인과 히스패닉계 지원자에 대한 할당제를 적용하는 입학 정책을 시행했다. 다양한 인종으로 학생을 구성하고자 함이었다. 연방대법원은 대학 입학에서 특정 인종을 위한 할당제는 헌법에 보장된 다른 시민들의 기본권을 제한하는 것으로 사회 구성원 간의 위화감을 조성하여 사회통합에도 부정적인 영향을 미칠 수 있다고 판단했다. 이때만 해도 연방대법원은 할당제에 대해서는 위헌 결정을 내리면서 입학전형에 필요한 다양한 요소 중

인종을 하나의 요인(a factor)으로 고려할 수 있다고 판결했다.

바케 판결 이후 그 맥락을 나란히 하는 소송들이 제기되었는데, 소송의 요지는 '뛰어난 학업성취에도 불구하고 특정 인종이라는 이유로 대학입시에서 불이익을 받는 것은 과연 옳은 것일까?'라는 것이었다. 2023년 6월, 연방대법원은 대학입시에서 인종(race)을 하나의 요인으로 고려하는 것조차 위헌으로 판결했다(이 판결은 1960년대 이후 미국 사회에서 활발하게 시행해 온 소수 인종 우대정책에 종지부를 찍었다).

혁신도시 소재 대학을 나오지 않았다고 해서 지역인재에서 제외되는 것은, 마치 특정 인종이 아니라는 이유로 입시에서 불이익을 받았던 미국 대학입시와 무엇이 다른가. 무엇보다 미국의 소수 인종 우대정책은 지구상에서 가장 다문화, 다민족 사회의 특성을 나타내는 국가의 대학에서 다양성 확보를 위한 노력으로 볼 수 있지만, 우리나라의 지역인재 할당제는 관련 법률이 역차별 논란을 불러일으키는 것 외에 다양성 확보에도 역행하고 있다. 다양성은 자연계와 인간계에서 지속할 수 있는 생태계를 유지하는 핵심 요소다. 자연계에서 감자의 단일재배가 아일랜드의 비극을 초래하였듯 인간계에서 과도한 동질 집단의 구성은 역기능을 불러올 수 있음을 경계해야 할 일이다. 다양성은 인류가 추구하는 지속 가능성의 토대가 된다.

📖 고현곤. (2024). 《중앙일보》. 〈그들만의 참호에 갇힌 윤석열 정부〉. 4월 23일.

김범주. (2024). 《뉴스핌》. 〈2028학년도부터 중학교 졸업해야 '지역인재' … 의대 파장에 '지방유학' 늘까〉. 2월 12일.

나상현. (2024). 《중앙일보》. 〈공공기관 지역인재 합격 69%가 타지 고교 출신〉. 4월 17일.

박중환. (2015). 《부산일보》. 〈감자, 아일랜드와 미국을 바꾸다〉. 10월 19일.

이수웅. (2024). 《조선일보》. 〈평등, 다양성 앞세운 미국 아이비리그의 추락〉. 4월 6일.

이정동. (2024). 《중앙일보》. 〈기술혁신은 다양성의 토대 위에서 피는 꽃〉. 7월 1일.

〈지방대학 및 지역균형인재 육성에 관한 법률〉.

〈혁신도시 조성 및 발전에 관한 특별법〉.

멘토링, 어떻게 할까?
온고지신(溫故知新)을 넘어 법고창신(法古昌新)으로

현대사회에서는 구직, 학교의 진로 진학, 개인의 잠재력 개발, 인간관계 등 다양한 분야와 영역에서 멘토링(mentoring) 제도를 시행하고 있다. 사전적 의미로 멘토링이란, 경험과 지식이 많으면서 현명한 사람이 멘토 역할을 하여 멘티에게 적절한 지도와 조언으로 그의 능력과 잠재력을 향상시키는 것을 말한다. 멘토링의 유래가 된 멘토(mentor)는 사람의 이름이다. '멘토'는 그리스신화에 나오는 오디세우스의 친구 멘토르(Mentor)에게서 유래했다. 멘토르는 오디세우스가 트로이전쟁에 출정하여 20년이 되도록 귀향하지 않는 동안 그의 아들 텔레마코스를 돌보며 가르쳤다. 우리나라 역사에서 가장 적절한 멘토링 사례로는 왕조 시대의 왕세자를 돌보고 가르친 스승을 들 수 있을 것이다. 조선에서는 세자시강원(世子侍講院)을 설치하고 관료를 배치하여 조직적, 체계적으로 세자를 멘토링했다. 저자가 기억하는 멘토의 인상적인 행동은, 오디세우스가 친구 멘토에게 고마움에 대한 답례로 국가의 고위직을 제안했지만 정중하게 거절하고 조용히 물러났다는 점이다.

저자는 서양식 멘토링을 우리식으로 해석, 적용하고자 할 때 금방 떠오르는 사람과 그의 철학이 있다. 조선 후기 실학파의 중심에 섰던 연암(燕巖) 박지원(朴趾源, 1737~1805)이 주창했던 법고창신(法古昌新)을 두고 하는 말이다. 법고창신은 연암이 제자 초정(楚亭) 박제가(朴齊家, 1750~1805)의 문집인 〈초정집 서문〉에서 밝힌 것인데 핵심은 이렇다. "옛것을 본받는(법고, 法古) 사람은 겉모습이나 형식에 얽매임이 병통이 되고, 새로운 것을 만들어 내는(창신, 昌新) 사람은 법도가 없는 것이 폐단이다." 법고창신은 옛것을 본받되 과거를 그대로 답습하는 것이 아니라 옛것 중에 없애야 할 것은 과감히 버리되 좋은 취지와 근본은 존중해야 한다는 것이다. 새로운 것을 만든다는 것은 옛것을 몽땅 버리고 얻는 새로움이 아니다. 혁신을 기하지만 예전의 법도와 정신을 담은 재창조다. 법고창신은 연암이 문장을 작성하는 방법론을 제시한 문장론이지만, 오늘날에는 급변하는 세계에 전통과 변화를 어떻게 해석하고 변용할 것인가에 대한 관점에서 생각할 점이 많다고 할 것이다.

법고창신은 "옛것을 익히고 나아가 새로운 것을 안다"라는 《논어》의 온고지신(溫故知新)보다 더 적극적인 표현이다. 온고지신이 옛것을 알아야 새로운 것에 대한 분별력이 생긴다는 앎(지식)의 문제라고 한다면, 법고창신은 옛것을 바탕으로 새로운 것을 창조하는 실천의 문제이기 때문이다. 연암은 법고창신에서 옛것에만 얽매이면 구차한 인습으로 전락하고, 새것에만 힘을 쏟다 보면 정체불명의 얼치기가 된다는 점을 경계했다.

박지원은 친절하게도 법고창신에 해당하는 두 가지의 역사적 사례를 들었다. 첫 번째는 한나라의 한신(韓信, ?~BC 196) 장군이다. 한신의 군대는 연전연승하면서 조나라에 쳐들어갔다. 한신의 군대는 정형(井陘) 지역, 즉 좁고 긴 통로를 빠져나가야 해서 군대 행렬이 길게 늘어질 수밖에 없었다. 조나라에선 이를 노려 후미를 기습하여 보급선을 끊어 기세등등한 한나라 군대와 정면 대결하는 것보다 포위하여 굶주림에 빠뜨리자는 계책을 세웠다. 그러나 이 계책은 채택되지 않았다. 만약 이 계책을 사용했다면 한나라 군대는 큰 위험에 직면했을 것이다. 첩자를 통해 이 소식을 들은 한신은 기뻐했다.

정형을 무사히 통과한 한신은 강을 등지고 진을 치게 했다. 이른바 '배수진(背水陣)'이다. 한신은 또 기습할 병사 2천 명을 선발해 조나라 진영 부근 산속에 매복시켰다. 그리고 조나라 진영을 공격했다가 실패하자 강가의 진영으로 달아났다. 조나라 군대가 진영에서 나와 한나라 군대를 한참 공격했지만, 배수진을 깨뜨리지 못했다. 그런데 돌아와 보니, 자기 진영엔 온통 한나라의 붉은 깃발이 펄럭이고 있지 않은가. 그 틈에 한나라의 매복 병사들은 당황한 조나라 군대를 협공하여 승리했다.

승리한 후 장수들이 물었다. "병법엔 산을 등지고 물을 앞에 두고 진을 치라고 했는데, 배수진은 어찌 된 술책입니까?" 한신이 말했다. "병법에 있는데, 그대들이 살피지 못했을 뿐이다. 사지(死地)에 빠진 후에 산다고 하지 않았는가? 살 곳이 있으면 병사들이 달아나 오래 버티지 못했을 것이다."

훗날 조선의 신립(申砬) 장군이 탄금대에서 배수진을 쳤다. 파죽지세로 북상하는 일본군에 대한 결사 항전의 투지였다. 그러나 결정적 패배를 당했다. 다산 정약용은 당시 조선이 중국의 조나라 처지에 있었는데도 거꾸로 한나라 계책을 사용했다고 한탄했다. 탄금대에 이르기 전에

험한 문경새재를 길게 넘어오는 적군을 공략했어야 했다는 것이다. 신립은 한신의 배수진을 고지식하게 사용했다. 옛것을 흉내 냈지만 잘못 배운 것이다.

연암은 두 번째 법고창신의 역사적 주인공으로 우후(虞侯, 생몰년도 미상)를 보기로 들었다. 우후는 손빈(孫臏, BC 382~316)의 아궁이 작전을 변통했다. 손빈은 군대를 이동하면서 아궁이 수를 줄였다. 도망병이 속출하는 것처럼 보이면서 추격해 온 적군을 함정에 빠뜨렸다. 병력이 열세였던 우후는 오히려 아궁이 수를 늘렸다. 구원병이 온 것처럼 보여 적군이 추격을 포기하게 했다. 정반대였지만 옛것을 제대로 배운 것이다. 연암은 "옛것을 배우되 변용할 줄 알고, 새것을 만들되 전범(典範)이 될 수 있어야 한다"라고 강조했다. 법고가 곧 창신이요, 창신이 곧 법고라는 말이다. 새것을 만들려면 옛것을 변화, 변통, 변용할 수 있어야 한다.

저자는 법고창신의 본보기를 추가하고 싶다. 조선 후기 진경산수화를 개척한 겸재(謙齋) 정선(鄭歚, 1676~1759)의 이야기다. 겸재의 인왕제색도(仁王霽色圖)는 비 온 뒤의 인왕산 모습을 직접 보고 그린 진경산수화(眞景 山水畵)다. 화가가 직접 경치를 보고 그림을 그린 것은 특별한 이야기가 아니라고 생각할 수 있지만, 그때의 화풍으로는 매우 획기적인 사건이었다. 그때 산수화는 중국의 화풍을 모방하여 실제 경치가 아니라 화가의 의식 속에 존재하는 이상적인 자연을 그린 이념 산수화가 주를 이루고 있었다. 조선 시대에 중국에 대한 사대(事大)는 국정운영은 물론이고 예술작품에 이르기까지 곳곳에 스며들었다.

정선의 〈인왕제색도〉가 우리나라 전통 회화를 대표하는 작품으로 평가받는 이유는 공간감과 실체감, 그리고 먹의 깊이 때문이라고 한다. 진경 산수화의 매력이다. 국가유산청(문화재청) 국가유산포털에서는 〈인왕제색도〉에 대해 다음과 같이 설명하고 있다. "정선은 직접 인왕산을 보고 그렸는데, 비 온 뒤 안개가 피어오르는 인상적 순간을 포착하여 그 느낌을 표현하였다. 산 아래에는 나무와 숲, 그리고 자욱한 안개를 표현하고 위쪽으로 인왕산의 바위를 가득 배치하였다. 산 아래는 위에서 내려다보는 시선으로 그리고, 산 위쪽은 멀리서 위로 쳐다보는 시선으로 그려 바로 앞에서 바라보는 듯한 생생한 현장감을 주고 있다. 비에 젖은 뒤편의 암벽은 거대하고 무거운 느낌을 주는데, 이를 위해 먹물을 가득 묻힌 큰 붓을 반복해서 아래로 내리긋는 대담한 필치를 사용하였다. 좀 더 가까이에 있는 능선과 나무들은 섬세한 붓질과 짧게 끊어 찍은 작은 점으로 실감 나게 표현하고 있다." 이렇듯 정선은 진경산수화의 창시자인 동시에 완성자라는 평가를 받는다.

지금까지 법고창신의 역사적 사례에 해당하는 인물들에 대해 살펴보았다. 그들은 현대사회에서 개인의 능력과 잠재력을 향상하는 효과적인 체계로 자리 잡은 멘토링의 관점에서도 성찰과 교훈을 제공한다. 첫째, 멘토는 자신의 성공 경험에 얽매이지 말아야 한다. 멘토가 처했던 환경과 멘티가 현재 처한 환경은 다를 수 있다. 한신이 배수진을 치고, 우후가 아궁이 숫자를 늘리고, 정선이 중국 모방 화풍에서 실경 화풍으로 바꾼 것처럼 멘토는 멘티가 처한 환경을 적절히 이용할 줄 알아야 한다. 둘째, 멘티는 멘토에게 배우되 변용할 줄 알아야 한다. 멘티는 임진년 전쟁에서의 신립이 되어서는 안 된다. 모방이나 과거 답습에서 벗어나 새로운 환경을 정의 내릴 줄 알아야 하고 그에 맞는 적절한 전략을 수립해야 한다. 셋째, 멘티는 자신만의 능력 향상 방법을 개발해야 한다. 임모(臨摸, 글씨나 그림 따위를 본을 보고 그대로 옮겨 쓰거나 그림)와 모사를 넘어 자신의 습관, 기질, 개성, 취향, 의사결정 방식 등을 조합한 자신만의 전략을 수립해야 한다. 온고지신의 단계를 넘어 법고창신으로 옛것을 배우되 새롭게 변통할 수 있어야 한다. 넷째, 멘토가 지향해야 할 행동의 본보기는 오디세우스의 친구 멘토르에서 찾을 수 있다. 멘토르는 멘티의 성장과 발전을 목표로 멘토링을 한 뒤 보상이나 자리에 연연하지 않았다는 점이다.

📖 박종채. (2018). 《나의 아버지 박지원》. 박희병 옮김. 파주: 돌베개.
오주석. (2015). 《옛 그림 읽기의 즐거움》. 서울: 솔.
〈인왕제색도〉. 우리역사넷.
〈정선 필 인왕제색도 (鄭敾 筆 仁王霽色圖)〉. 국가유산청.

자연의 경이로움

장미 단상(斷想)

영국의 문호(文豪) 윌리엄 세익스피어(1564~1616)의 《로미오와 줄리엣》 2장 2막에 나오는 대사다. "이름이 뭐가 중요하나요? 우리가 장미를 어떻게 부르든 이름이 무엇이든 그 향기는 달콤할 거예요." 세익스피어 시대의 장미는 진화하여 수많은 종으로 개량되었지만, 장미 향기는 여전히 달콤하다.

매년 5월 집 담장을 둘러싼 장미가 개화할 때면 우리 집은 전혀 다른 색깔의 옷으로 갈아입고 달콤한 향기를 발산한다. 식재(植栽)하고 3년째 된 데이비드 오스틴 장미(영국 장미로 크고, 풍부하며, 빽빽한 꽃잎이 있는 꽃이 특징)가 크림색의 꽃망울을 터트리며 보는 사람의 시선을 붙잡아 놓는다. 해 뜨기 전 이른 아침에 볼 때와 서산에 해가 걸려 있을 때의 색과 향의 질감(質感)이 다르다. 화형(花形)은 티 없이 맑은 피부를 가진 어린아이가 함박웃음을 짓는 듯한 이미지를 연상케 하는 우아한 자태를 갖고 있으면서 그 자태에서 풍기는 향기는 더하지도 덜하지도 않다. 한마디로 진하지 않은 향기와 그윽한 '은은함'이 매력이다. 우리 집의 장미꽃이 여느 장미꽃하고 차원이 다르다고 하면 '제 식구 감싸기' 라고 흉볼까 싶지만 어쩔 수 없는 노릇이다.

장미꽃이 개화하기까지 정원사가 쏟는 노고는 생각보다 크고 힘들다. 탐스럽고 아름다운 장미꽃을 보기 위해서는 다양한 측면에서 세심한 돌봄이 필요했다. 월동을 준비하고 거름을 주고 전지(剪枝, 가지치기)를 하고 해충(害蟲)을 잡아주고 줄로 묶어주는 일련의 과정이 빈틈없이 진행되어야 한다. 장미에는 해충이 많다. 장미 특유의 향기 때문인지 '장미등에잎벌', '장미흰깍지벌레', '딱정벌레', '응애류' 등 다양한 병충이 장미의 정상적인 생육과 개화를 방해한다. 해충뿐이 아니다. 장미에 찾아오는 질병은 유달리 많다. 탄저병, 흑점병, 회색곰팡이병, 갈색종양, 노균병, 흰가루병, 모자이크바이러스, 로제타병, 검은무늬병……. 처음에는 농약을 사용하지 않고 손으로 일일이 벌레를 잡기도 했지만 감당하기 어려웠다. 맨손으로 장미 벌레를 잡은 손은 장미 잎처럼 새파랗게 물이 든다. 장갑을 끼고 벌레를 잡게 되면 장미 가시로부터 손을 보호할 수 있지만, 꽃봉오리를 건드려 다치게 할 수 있다. 제일 속상한 것은 깍지벌레가 꽃봉오리 바로 밑에서 기생하다 즙을 빨고 나면 꽃받침이 떨어져 나가는 것이다. 피어보지 못하고 생을 마감하는 꽃봉오리를 볼 때마다 안타까워 발을 동동 구른다. 이 정도면 몰아일체(沒我一體)의 경지다.

다행스럽게도 올해 장미꽃이 만발하였다. 작년에 비해 일주일 먼저 꽃망울을 터트렸다. 오스틴 장미의 매력을 알게 된 동네 사람들과 지나는 사람들도 가던 길을 멈추고 장미를 배경으로 사진을 촬영하고 이런 저런 질문을 한다. 우리의 헌신과 노고의 결과로 만개한 장미에 대해 질문을 받는 것은 즐거운 일이다. 꽃의 아름다움을 감상하는 것도 좋지만, 그 아름다움을 함께 나누는 것은 더 기분 좋은 일이다.

오스틴 장미는 사계절용이다. 적절한 환경만 주어진다면 연달아 개화한다. 전문용어로 '자기 유도형 식물'이라고 한다. 장미 스스로가 외부 환경의 변화에 따라 생육을 조절한다. 작년에는 눈(雪)을 뒤집어쓰고도 꽃이 피었다. 대단한 생명력이다. 장미 가지 하나에 열 개 가까이 꽃봉오리가 달리는데 이들이 순차적으로 꽃망울을 터트린다. 장미꽃잎이 버티는 힘이 다해 지쳐 떨어질 때, 즉 장미꽃잎이 유영(遊泳)하거나 낙화(落花)할 때는 그 꽃봉오리의 꽃받침을 미리 꺾어주는 것도 중요한 작업이다(서정주 시인은 〈푸르른 날〉에서 "초록이 지쳐 단풍 드는데"라고 표현했지만, 장미꽃잎이 지치면 떨어진다). 지쳐 힘이 빠진 꽃봉오리가 꽃필 준비를 하는 다른 꽃봉오리의 광합성 작용이나 통풍을 방해하고 있기 때문이다. 앞서 핀 꽃이 뒤에 필 꽃을 위한 배려다.

담장을 빙 돌며 활력을 잃은 꽃봉오리를 맨손으로 꺾으면서 느끼는 그 감촉을 잊을 수가 없었다. 아이스크림보다 더 감미롭고 비단결보다 부드러운 촉감이다. 장미꽃 안으로 들어간 벌은 부드러운 촉감과 향기에 취해 사람의 손길이 닿아도 꽃잎 속에 머리를 깊이 박은 채 나올 줄 모른다. 저자도 장미꽃의 촉감과 향기를 오랫동안 간직하려고 손에 가득 꽃잎을 쥐고 이리저리 만져 본다. 정원사의 특권이다. 왜, 사람들이 장미를 계절의 여왕이요 꽃 중의 꽃이라고 부르는 줄 알 것 같다. 장미 가시에 찔려 아파하면서도 장미를 돌보는 이유를 알게 된다. 장미 정원을 가꿀 때는 화훼용 장갑을 끼고 해야 한다. 장미 가시에 찔렸을 때 생긴 상처를 통해 흙이나 먼지의 박테리아가 신체 내부로 유입될 가능성이 있고, 상처가 더 진행되면 파상풍이나 다른 질병으로 악화될 수 있다고 한다. 장미 시인으로 알려진 라이너 마리아 릴케(1875~1926)는 백혈병을 앓고 있었는데 자신을 찾아온 여인에게 장미를 선물하기 위해 장미를 꺾다가 장미 가시에 찔려 상처가 악화되어 사망했다고 한다.

장미를 보면서 저자가 삶의 형식과 내용에서 좌우명으로 삼고 있는 '검이불루 화이불치(儉而不陋 華而不侈)'를 생각한다. "검소하지만 누추하지 않고, 화려하지만 사치스럽지 않다"라는 뜻이다. 이 말은 김부식이 《삼국사기》에서 백제 궁궐의 자태에 대한 평가에서 유래했다. 엄격하게 따지면 우리 집 장미는 '검이불루'보다는 '화이불치'에 가깝다고 생각한다. 장미꽃은 '검소하다'라는 단어보다 '화려하다'는 단어를 연결하는 것이 더 적절할 것이다. 장미꽃을 보고 느끼면서 '검소하면서 누추하지 않고, 화려하면서 사치스럽지 않은 삶'을 추구하는 저자의 신념과 많이 닮았다는 생각에 이르자 장미의 의미는 또 다르게 다가왔다. 우리 집의 가화(家花)가 될 자격이 있다.

장미에 날카로운 가시가 없다면 장미꽃의 가치는 떨어질 것이다. 장미는 생태적으로 누구나 쉽게 접근하여 장미꽃을 꺾을 수 없게 했다. 장미꽃을 감상하되 꺾지는 말라는 것이다. 무언의 경고를 무시하고 장미꽃을 꺾다가 가시에 찔려 본 사람은 그 교훈을 알게 된다. 장미 가시는 인간의 존재와 삶의 의미와도 깊은 관계가 있다. 비유적으로 장미 가시는 곧 우리의 삶을 아프게 하는 많은 이유에 해당한다. 김승희 시인의 〈장미와 가시〉는 장미 가시에 인간의 존재와 삶을 대입시켜 우리 자신을 되돌아보게 한다.

눈먼 손으로
나는 삶을 만져 보았네.
그건 가시투성이였어.
가시투성이 삶의 온몸을 만지며
나는 미소 지었지.
이토록 가시가 많으니
곧 장미꽃이 피겠구나 하고.
장미꽃이 피어난다 해도
어찌 가시의 고통을 잊을 수 있을까
해도
장미꽃이 피기만 한다면
어찌 가시의 고통을 버리지 못하리오.

눈먼 손으로
삶을 어루만지며
나는 가시투성이를 지나
장미꽃을 기다렸네.
그의 몸에는 많은 가시가
돋아 있었지만, 그러나,
나는 한 송이의 장미꽃도 보지 못하였네.
그러니, 그대, 이제 말해주오.
삶은 가시 장미인가 장미 가시인가
아니면 장미의 가시인가, 또는

장미와 가시인가를.

장미 가시는 우리가 살아가면서 경험하는 고난이고 아픔이고 상처다. 우리는 삶의 여정에서 나락으로 떨어져 헤매는 지경에 이를 정도의 만신창이가 될 때가 있다. 그럴 때 "나를 아프게 하는 것이 뭐지? 왜 이렇게 힘들지?" "도대체 삶이란 뭐지?" "왜 나에게만 이런 고통이 있는 것이지?" 등등의 질문을 던지며 아픔과 상처를 쓰다듬고 토닥이며 회복되길 기다린다. 우리의 삶에서 장미꽃은 언제 필 것인가를 고대한다. "장미꽃이 피기만 한다면/ 어찌 가시의 고통을 버리지 못하리오"라는 시의 구절처럼 우리가 꿈꾸는 계획이 언젠가 실현된다고 하면 우리는 어떤 고통도 견뎌낼 것이다. 그러나 유효기간이 정해진 고통이 어디 있을까 싶다.

'장미꽃'은 곧 희망이고 밝은 미래다. 우리는 '낙관적이거나 희망적인 상태를 비유적으로 표현할 때'를 장밋빛 미래(a rosy future)라고 한다. 장미의 꽃말은 '사랑', '순결'을 의미한다. 그 많은 꽃 중에 왜 장미꽃을 희망이나 미래와 연결하는지 모르겠지만, 장미꽃에 특별한 가치를 부여하기 때문일 것이다. 인간에게 희망과 미래가 없는 삶은 살아 있지만 죽은 껍데기나 마찬가지다. 시인은 그 희망의 징표를 가시투성이에서 핀 장미에서 보고 싶단다. 마치 성서에 등장하는 '노아의 방주(Noah's Ark)'에서 비둘기가 대홍수 이후에 갓 자란 올리브 가지를 물고 돌아오면서 올리브 가지가 희망과 평화의 상징이 된 것처럼 말이다.

장미를 심고 가꾸고 그 장미에서 피운 장미꽃을 보고 느끼면서 많은 생각을 하게 된다. 사실 저자는 장미꽃처럼 한 가지 꽃을 대상으로 절대적인 관심과 사랑을 쏟아본 적이 없다. 장미를 통해 자연의 이치나 섭리를 조금 더 알고 느끼게 되어 얼마나 다행인가 싶다. 저자에게 '자연'은 알기 위해 공부하는 대상이거나 지적 호기심을 충족하기 위한 대상이지 않았나 싶다. 현대 환경운동의 선구자로 평가받는 해양 생물학자 레이첼 카슨(1907~1964)의 말은 인간이 자연을 어떻게 대할 것인가에 대해 큰 틀의 방향을 제시한다. 인간이 자연과의 관계를 어떻게 설정할 것인가에 대한 기본 원리로 삼을 만하다.

> 어린이에게나, 어린이를 인도해야 할 어른에게나, 자연을 '아는 것'은 자연을 '느끼는 것'의 절반만큼도 중요하지 않다. 자연과 관련한 사실들은, 말하자면 씨앗이다. 그 씨앗은 나중에 커서 지식과 지혜의 열매를 맺게 될 것이다. 그리고 자연에서 느끼는 이런저런 감정과 인상은 그 씨앗이 터를 잡아 자라날 기름진 토양이라고 할 수 있다. 유년시절은 그런 기름진 땅을 준비할 시간이다. 아름다움에 대한 감수성, 새로운 것, 미지의 것에 대한 흥분과 기대, 공감, 동정, 존경, 사랑……. 이런 감정들이 기름진 땅을 이루고 난 다음에야 비로소 그런 감정을 불러일으킨 사물에 대한 지식을 올바르게 추구할 수 있다. 한번 형성된 그러한 기름진 땅은 어린아이의 곁을 평생 떠나지 않는 착한 요정이 될 것이다(카슨, 1956: 53 재인용).

기름진 땅에 씨앗을 심었을 때 풍성한 열매를 맺는 것처럼, 우리의 감정이 기름지고 건강한 토양을 이루고 난 다음에 사물에 대한 지식을 올바르게 추구할 수 있다. 메마르고 척박한 땅에 씨앗을 뿌리고 풍성한 열매를 기대할 수는 없을 것이다. 본격적인 여름으로 들어가는 문턱을 넘는 5월, 담장을 아름답고 풍성한 꽃으로 덮은 장미꽃도 기름진 토양과 주인의 노고가 빚어낸 열매가 아니겠는가. 장미의 생육 과정을 관찰하면서 나의 감정은 얼마나 기름진 토양인가를 되돌아보게 된다. 기름진 토양을 먹고 자란 감정은 맑고 향기로울 것이며, 자연과 교감하는데 인색하지 않을 것이다. 사람이 아름다운 꽃을 가까이 두는 것, 정원에 화초를 심거나 거리에 화단을 조성하거나 화병에 꽃을 꽂아놓는 등의 행위는 사람이 감정의 메마름을 경계하는 최소한의 노력이라고 생각한다.

만발한 장미꽃의 아름다움과 화려함에 취해 잠시 넋을 잃었다. 이하석 시인은 "삶은 때로 자연과 만나 들뜨거나 가라앉는다. 내가 자연과 친할 때 또는 우리가 서로 받아들여질 때 나는 새로 호명된다"라고 표현했다. 맞는 말이다. 저자는 대자연의 아름다움을 상징하는 장미꽃과 만나 들떠 있다. 정신을 가다듬고 장미꽃을 삶의 의미와 연결해 본다. 나란 존재는 나의 삶이나 누군가의 삶에 '장미꽃'인가, 아니면 '장미 가시'인가를 되묻는다. 바라기는 저자도 누군가의 삶에 '장밋빛' 희망이 되면 좋겠다. 장미가 삶의 가치와 철학 그리고 의미를 깨닫게 해주었다면 이제까지 수고한 대가로서 보람과 성취감은 충분하지 않겠는가. 장미꽃을 보고 느끼는 행위 자체가 자칫 박토(薄土, 메마른 땅)가 될 수 있는 감정을 기름진 토양으로 만드는 소중한 기회라는 깨달음을 준 것도 특별한 선물이다. 이토록 자연의 경이로움을 '느끼기' 시작한 이 정원사에게 내년 5월에는 또 어떤 특별한 깨달음이 기다리고 있을지 기대가 된다.

📖 몰리, 사이먼. (2021). 《장미의 문화사》. 노윤기 옮김. 파주: 안그라픽스.
카슨, 레이첼. (1956). 《자연, 그 경이로움에 대하여》. 표정훈 옮김. 서울: 에코리브르.
카슨, 레이첼. (1962). 《침묵의 봄》. 김은령 옮김. 서울: 에코리브르.
해리슨, 크리스티나 · 커크햄, 토니. (2020). 세상을 바꾼 경이로운 나무들. 김경미 옮김. 서울: 성균관대학교 출판부.
문태준. (2024). 《중앙일보》. 〈[문태준의 마음 읽기] 초여름의 싱싱한 일상을 주세요〉. 6월 12일.

농촌에서 여름나기

무더위, 잡초와의 전쟁 그리고 그 뒷이야기

여름방학 기간을 이용하여 시골집에서 생활한다. 우리나라에서 여름을 보내기 위해서는 고온다습한 날씨와 전쟁을 치러야 하는 것은 누구나 다 아는 사실이다. 도시에서는 문명의 이기(利器)인 냉방기를 켜고 여름 더위를 견디지만, 농촌에서는 집에 냉방기가 설치되어 있어도 마을 정자에 옹기종기 모여 이런저런 이야기꽃을 피우는 것이 일상이다. 농사일은 땡볕을 피해 새벽 시간과 이른 아침, 그리고 오후 5시 이후에 한다. 농촌의 여름에 전쟁 상대는 무더위만이 아니다. 의외로 무서운 전쟁 상대는 잡초(잡풀)다. 뽑고 뽑아도 오뚝이처럼 일어나 또 자라는 것이 잡초의 근성이다. 습도가 80~90%를 오르내리는 날씨에 지루한 장마라도 겹치면 잡초는 며칠 만에 어른 허리까지 올라온다. 그야말로 우후죽순(雨後竹筍)이다. 비 내린 뒤 대나무 숲을 보라. 저자는 대나무 숲에서 죽순이 올라오는 기세에 입을 다물지 못하고 눈을 의심할 정도였다. 대나무 숲 여기저기서 죽순이 땅을 뚫고 올라오는 소리가 들리는 듯하다. 밤사이 10cm 이상 자란다.

수많은 사람이 자연에 대해 나름의 정의를 내리고 있지만, 저자는 수학자, 철학자, 박물학자, 진화론자로 유명한 프랑스의 뷔퐁(1707~1788)이 내린 정의가 가장 와닿는다. "자연은 고정화된 독립체가 아니라 끊임없이 변화되는 극적인 조합체다." 그는 자연을 명사(名詞)가 아니라 동사(動詞)로 규정했다. 자연의 본질이란 쉬지 않고 끝없이 변하는 것이다. '변화'를 본질로 하는 자연이란 무대에서 비가 내린 뒤 죽순이 쑥쑥 자라는 것은 지극히 자연스러운 일이라는 생각이다. 오히려 변하지 않고 정지되어 있는 것이 자연스럽지 못한 현상이다. '동사' 자연의 무대에서 무더위도 곧 물러날 것이고, 잡초도 항우 장사와 같은 기세가 꺾여 힘을 잃게 될 것이다. 그것도 극적(劇的)으로 말이다.

'동사' 자연 속에서 가장 자유분방한 잡초 이야기를 해보자. 저자의 집은 마을 입구에서 1km쯤 안으로 들어와야 한다. 봄철에는 도로변에 야생화들이 피어 오가는 사람들을 반겨주지만, 여름철이 되면 온갖 잡초들이 주인 행세를 하며 도로 양쪽을 꽉 채운다. 자동차를 이용하는 사람들은 잡초가 얼마나 빨리 자라든 별다른 관심이 없겠지만, 저자처럼 걷거나 달리는 사람에게는 잡초가 안전에 위협 요소가 된다. 무엇보다 마을 입구에 잡초가 무성하면 마을 경관이 어수선하고 마을의 이미지도 좋을 리가 없을 것이다. 도시의 도로에는 보행자 도로가 별도로 있어 보행자가 자동차를 안전하게 비켜 통행할 수 있지만, 농촌 그것도 마을 단위의 도로는 자동차가 교행하기조차 불편하다. 도로변 잡초를 제거하면 되겠지 싶지만, 이 또한 여의치가 않다. 집안이나 논두렁, 밭두렁에 우후죽순의 기세로 자라나는 잡초를 제거하기에도 바쁘고 힘든 마당에, 마을 주민의 공용 공간인 도로변의 잡초를 누가 제거한단 말인

가. 나훈아의 노래 〈잡초〉의 한 소절처럼 "한 송이 꽃이라면 향기라도 있을 텐데, 이것저것 아무것도 없는 잡초“를 말이다.

농촌에는 공동체 일을 하는 데 '울력'이란 미풍양속이 있다. '울력'은 순수한 우리말로 '여러 사람이 힘을 합쳐 하는 일'이다. 울력을 운력(雲力)이라고도 하는데, '많은 사람이 구름같이 모여 일을 한다'라는 의미다. 요즘엔 농촌의 인구감소로 '운력'이란 말은 현실에 맞지 않게 되었다. 저자가 어릴 적 울력은 곧 운력이었다. 우리 마을에서도 가급적 농번기를 피하면서 필요할 때는 마을 이장의 주도로 울력을 하지만 일 년에 서너 번 정도다. 고령사회답게 울력을 나온 주민들은 65세 이상의 노인이 대다수이다. 유모차를 밀고 와서 격려하는 90대 할머니도 계신다. 바쁜 농촌에서도 꼭 지키는 세시풍속이 있다. 음력 7월 15일 백중(百中)이다. 농기구를 놔두고 농사의 수고를 위로하고 풍년을 기원하는 날이다. 이날 우리 마을에서는 새벽에 마을회관 광장에 모여 마을 대청소를 한 뒤 인근 식당에서 음식을 나누고 서로를 위로하는 행사를 거행하고 있다.

여름철 농촌에서 잡초가 작물의 성장을 방해하지 않으려면 논밭의 잡초를 몇 회나 제거해야 할까? 정해진 횟수는 없지만 최소 5회 이상은 해야 할 것이다. 잡초를 제거한 뒤 비가 연거푸 내리기라도 하면 언제 그랬느냐는 듯이 또 무성해진 잡초가 건재함을 자랑한다. 긴 해가 서쪽으로 넘어가고 시원한 바람이 불 때 논밭에 살랑이는 잡초를 보면, 얼마나 얄미운 생각이 드는지 잡초와 씨름하는 농부들이 이해가 되고도 남는다. '저놈의 잡초'라는 말이 절로 나온다. 어느 시인이 잡초를 "그 가치가 아직 발견되지 않은 식물들"로 정의 내렸는데, 잡초 중에서도 그 가치를 인정받으면 잡초라는 오명에서 벗어날 수 있을 것이다. 앞에서도 말했지만 자기 논밭의 잡초와 힘겨운 전쟁을 벌이는 마을 주민들이 도로변의 잡초를 제거할 것으로 기대하기는 어려운 일이다. 울력으로 마을 공동체 차원에서 잡초 제거를 해야 하는 이유다. 그러나 울력을 할 날을 기다리다 보면 잡초는 웬만한 나무 키만큼 자라 도로 쪽으로 몸을 기댈 정도가 된다. 그 사이에 어떤 사고가 일어날지 모를 일이다.

장마전선이 정체하고 있는 틈을 이용하여 이웃에서 풀 베는 기계(보통 '예초기'라고 부르지만, 우리말에서는 풀베기 기계로 사용하길 권장한다)를 빌려 도로변의 잡초를 제거했다. 작업 도중에 소낙비가 내려 잠시 비를 피했다가 비가 멈추면 다시 시작하기를 반복했다. 요란한 기계 소리가 도로변 이웃에게 소음 피해를 주어 미안한 마음이 들었지만, 마을 주민의 공용 공간에 우거진 잡초를 제거한다고 하면 이해할 것으로 생각했다. 사실 농촌에서 아침저녁으로 들리는 소리는 농약 치는 기계와 풀 베는 기계에서 나는 소리다. 큰비가 온 다음 날 아침 농약 치는 기계에서 나는 소리가 들리지 않으면 이상할 정도다. 풀 베는 기계는 꽤 무거웠다. 장화를 신고 얼굴보호용 가리개 모자를 쓰고 작업을 했는데도 잡초, 흙, 돌 등의 부스러기가 작업자 쪽으로 튀었다. 세 시간 가까이 작업을 마쳤을 때 장화는 풀 부스러기로 도배가 되었고, 가리개 모자는 흙이 들러붙어 시야를 가리고, 양손은 경련을 일으켰다. 특히 기계의 무거운 부분을 잡고 있던 오른손은 손떨림증 환자에게서 볼 수 있는 증상이 나타났다. 농촌에서의 일이란 쉬운 일이 하나도 없는 것 같다. 이 세상에서 가장 신중하게 해야 할 말은 '시골에 가서 농사나 지어볼까'라는 말이다. 아무나 농사를 짓는 것이 아니다.

다음날엔 어제 잡초 제거 과정에서 생긴 잡초의 부스러기들을 치워야 했다. 전날 내린 소낙비로 잡초 부스러기가 아스팔트에 젖은 상태로 뒤엉켜 있었다. 오후에 비가 개고 젖은 잡초가 어느 정도 말랐을 때 빗자루로 쓸었다. 젖은 부스러기를 쓸어내는 일은 마른 것을 쓰는 것보다 몇 배의 힘이 들었다. 쓸고 또 쓸어도 쉽게 떨어지지 않았다. 많은 양의 젖은 잡초를 그렇게 오래 쓸어보기도 처음이다. 젖은 잡초를 쓸면서 나도 모르게 웃음이 나왔다. 우스갯소리로 인생의 어느 시기를 '물에 젖은 낙엽'에 비유한다. 직장에서 정년을 채우지 못하고 구조조정이나 명예퇴직을 해야 하는 상황에서 끝까지 버티는 경우도 물에 젖은 낙엽에 비유한다. 어디 그뿐인가. 남자가 정년 뒤에 사회적 효용이 떨어져 삼시 세끼 밥 걱정할 때도 젖은 낙엽에 비유한다. 껌딱지처럼 버텨야 하는 인생을 비유하는 말이지만 어딘지 씁쓸하다.

빗자루로 젖은 낙엽을 쓸고 있는데 산에 가는 이웃 형님이 "어제 자네가 풀을 베었는가?" "네, 기계 다루는 것이 서툴러 말끔하게 정리되지 않아 빗자루로 쓸고 있습니다." "나는 군청에서 나온 사람이 마을길을 정리한 줄 알았네." 이웃 형님은 작년 도시에서 우리 마을로 이주한 분이다. 형님의 말씀을 듣고 나니 '저런 생각이야말로 도시적이구나'라는 생각이 들었다. 도시 사람들은 모든 일을 '돈'을 매개로 생각하는 경향이 있다. 그것이 잘못되었다는 것이 아니다. 도시에서는 가로수길의 화초나 잡초뿐 아니라 시설이나 공원의 모든 사소한 관리까지도 관청에서 하니 말이다. 그래서 도시 사람들은 시민의 공공서비스는 당연히 대가를 받고 하는 것으로 여긴다. 마을에서 울력을 하는 날도 아닌데 마을 사람이 자발적으로 그렇게 넓은 면적의 잡초를 제거한다고 생각하지 못했을 것이다. 수고의 대가를 받고 일을 하는 것이 합리적이라고 생각할 수도 있었을 것이다.

빗자루 작업이 거의 끝날 때쯤 우리 마을에서 태어나 축산업을 하며 인근 도시에서 출퇴근을 하는 형님이 말을 걸어왔다. "고생이 많네. 오늘 저녁에 비가 많이 온다는데 쓸고 있는가. 비가 오면 다 쓸려갈 텐데……." 농촌에서 나고 자란 원주민의 생각이다. 쓸지 않아도 자연스럽게 정리가 될 것인데 굳이 힘들게 이 더운 여름날 빗자루질을 하느냐이다. 저자는 그 형님들의 말에서 땀을 뻘뻘 흘리며 일하는 동생을 안쓰러워하는 모습을 보았다.

도시에서 이주해 온 분이나 우리 마을에서 평생 살아온 분의 말이 맞다. 마을 주민과 외부 사람들이 이용하는 도로변 잡초 제거는 면 단위에서 사람을 사서 할 수도 있고, 큰비가 내리면 자연스럽게 잡초 부스러기가 쓸려갈 수도 있다. 문제는 언제 누가 하느냐이다. 만약 산책을 나온 주민이 도로를 걷는데 잡초 숲에서 나온 뱀을 보고 놀라 마주오던 자동차에 치이는 사고라도 나면 어떻게 할 것인가. 별도의 보행자길도 없는 상황이 아니던가. 저자가 도로변 잡초를 제거했다고 자화자찬하려는 것이 아니다, 문제가 발견되면 누구든 해야 한다. 그 '누구'는 개인이 될 수도, 울력이 될 수도, 관(官) 주도가 될 수도 있다. 문제를 발견하거나 인식하긴 쉬워도 그 문제를 해결하는 것은 어려운 일이다. 공동체의 안전에 위협의 문제가 있다면 즉각적인 행동으로 이어져야 한다. 우리 삶은 타이밍의 예술이다. 인생이 야구라면 주자가 1루 또는 2루에 있을 때 적시타를 때려 홈으로 불러들이는 이치와 같다. 길게 뻗은 도로변이 말끔해진 모습을 보면서 자족(自足)하며 노년을 즐기는 나의 모습을 미리 본다. 안빈낙도(安貧樂道)란 결코 소극적 자족이 아닌 적극적 자족이요 실행이다. 지행합일(知行合一)이나 언행일치(言行一致)의 실천 현장은 바로 우리 주변에 있다. 무더위와 잡초와의 전쟁을 치르며 터득한 철학의 편린이다.

📖 오경아. (2024). 《조선일보》. 〈일사일언 자연은 살아있으니 '動詞'〉. 7월 22일.

나의 계로록(戒老錄)

이렇게 나이 들고 싶다

일본의 작가 소노 아야코의 《계로록(戒老錄)》은 스테디셀러다. 나이가 들면서 관심을 가질만한 다양한 주제에다 그 내용을 들여다보면 '나이가 어느 정도 들게 되면 저렇게 행동해야겠구나' 또는 '저렇게 행동하면 안 되겠구나'라는 일종의 지침서 역할을 하기 때문이다. 저자도 《노인교육개론》 강의에서 본론에 들어가기 전 학생들에게 《계로록》에서 다룬 주제를 화두로 이야기하면 아이스브레이킹 소재로 그만이다.

《계로록》은 크게 '엄중한 자기 구제', '생의 한가운데에서', '죽음을 편안하고 친숙하게' 등 세 가지로 분류한다. 마음에 와닿는 몇 가지 주제를 꼽자면 아래와 같다. 마음에 와닿는다는 것은 이제부터라도 저자 자신이 잘 지키고 싶은 주제이기도 하다. 첫째, '엄중한 자기 구제' 편에서는 '가족끼리라면 무슨 말을 해도 좋다고 생각해서는 안 된다', '노인은 지위도, 자격도 아니다', '자신의 고통이 이 세상에서 가장 크다고 생각하지 않는다', '젊음을 시기하지 않을 것, 젊은 사람을 대접할 것', '다른 사람의 생활 방법을 왈가불가하지 말고 그대로 인정할 것', '보편적으로 자신이 옳다고 생각하지 않을 것', '최고 연장자가 되어도 자신이 지배적 위치를 차지하려고 애쓰지 않는다.' 둘째, '생의 한가운데에서' 편에서는 '손자를 돌보아 줄 것, 그러나 공치사는 하지 않을 것', '교제 범위나 매너를 젊은 세대에게 강요하지 말 것', "'돈'이면 다라는 생각은 천박한 생각', '스스로 처리할 수 없는 인사치레는 포기한다', '스스로 돌볼 수 없는 동물은 기르지 않는다', '건강 기구나 약 등을 타인에게 무턱대고 권하지 말 것', '노인이라는 사실을 실패의 변명 거리로 삼지 않을 것', '무언가 말을 남기고 떠나야지 하는 생각을 버린다' 등이다. 셋째, '죽음을 편안하고 친숙하게' 편에서는 '재미있는 인생을 보냈으므로 언제 죽어도 괜찮다고 생각할 정도로 늘 심리적 결재를 해 둔다', '덕망 있는 노인이 될 것', '노년을 특수하거나 고립된 상황으로 생각하면 안 된다', '자신의 죽음이 남아 있는 사람들에게 기쁨이 되도록 노력한다' 등이다. 하나 같이 가슴에 와닿는 말이다. 특히 '노인은 지위도, 자격도 아니다'라는 말에는 100% 수긍이 간다. 노인이 되면 사회적으로 누릴 수 있는 복지 혜택이 있지만 이 혜택이 노인에게 부여된 특권은 아니기 때문이다.

《계로록》은 글자대로 보면 '늙음을 경계'하는 기록이지만 의역하면 '나이 들어서는 저렇게 해야겠구나' 또는 '저렇게 하면 안 되겠구나'라고 다짐하게 하는 노인을 위한 금과옥조(金科玉條)라고 할 수 있다. 또 노인삼반(老人三反)이라는 말도 있다. 노인이 되면 젊은이와 상반되게 행동하는 세 가지 특성을 말한다. 첫째, 밤에 잠을 안 자고 낮잠을 좋아하고, 둘째, 가까운 것은 못 보면서 먼 것은 보며, 셋째, 손주는 몹시 아끼나 자식과는 소원한 것이다. 삼반 중에 자기가 낳은 자식과의 관계는 멀어지지만 자식이 낳은 손주와의 관계가 좋다는 것은 어떻게 해석해야 할지 모를 일이다. 나이들어 경계해야 할 기본은 노인삼반을 반대로 실천하는 것도 괜찮을 듯싶다.

저자도 넉넉히 잡아 90세를 산다고 가정할 때 3분의 2 이상을 살아온 만만치 않은 나이가 됐다. 나만의 계로록을 만들고 실천할 때가 되었다. 나이 들어 행동 지침서를 마련하고 스스로 생각과 행동을 경계하는 것도 나쁘지 않다고 본다. 누군가는 '10대도 아니고 그 정도 나이가 됐으면 지침서 같은 것이 없어도 이제까지 수없이 반복된 생각이나 행동이 습관처럼 굳어졌을 터인데 굳이 지침서를 만들 필요까지 있을까'라고 말할지 몰라도 모르는 소리다. 인간이 얼마나 불완전하고 나약한 존재이던가. 자기만의 실천 목표를 수립하고 이를 공포하고 실천에 옮긴다면 성취감을 맛볼 수 있는 것은 물론이고 자존감도 높이고 사회적으로 존경받는 시니어로 살 수도 있을 것이다. 결국 나를 위하고 나를 사랑하는 방법이다.

《계로록》을 참고하고 저자가 생각해 둔 실행 계획을 열두 가지로 나눠 설명하고자 한다. 이들 중 몇 가지는 지금도 잘 지키고 있지만, 다른 몇 가지는 더 많은 노력과 지속적인 성찰을 요구하는 것도 있다. 실행 계획은 노력하기만 하면 실천이 가능한 내용이다. 저자의 성격과 의지의 정도 그리고 이제까지 시도하면서 경험했던 시행착오의 특성을 잘 알고 있기에 실천하지 못했을 때 찾아오는 자신에 대한 실망과 무기력을 미리 고려하였다. 인간은 철저히 이기적인 자기보호본능이라는 갑옷을 입고 있다.

첫째, 건강하게 나이 들고 싶다. 건강에는 정신적, 신체적 건강이 있다. 정신적 건강을 위해서는 책이나 신문 등을 손에서 놓지 말아야 할 것이다. 독서는 뇌를 활성화하는 최고의 보약이다. 지적으로 나이 들고 싶다. 이제부터라도 많은 분량을 빨리 독서하는 것보다는 천천히 씹어 먹는 독서를 해야겠다(저자는 전자책보다는 종이책을 더 선호한다. 전자책은 화면을 통해 정보를 받아들이는 데 익숙하지 않을 뿐만 아니라 무엇보다 안구건조증을 악화시킨다. '전자책이 한 알의 영양제라면 종이책은 맛있는 한 끼의 식사'라는 말도 있다). 음식을 먹을 때 입속에 많은 양을 넣고 빨리 먹으면 문제가 생기는 이치다. 음식을 급하게 먹는 것은 역류성 식도염의 직접적 원인 중 하나라고 한다. 독서도 적은 양을 천천히 오래 씹으면서 소화해야 한다. 새로 출간된 도서 구입도 자제하고 소장 도서를 반복해서 읽을 생각이다.

100세 장수사회에서 '어떻게 나이 들 것인가?', '어떤 삶을 살 것인가?'에 대한 본보기 역할을 하고 계신 김형석 명예교수(104세)는 최근 언론과의 인터뷰에서 이렇게 말했다. "성장하는 동안 사람은 늙지 않습니다. 반대로 성장이 멈추면 40대에도 늙을 수 있다." "성장을 계속하려면 두 가지가 필요하다. 지식이 늘지 않으면 그것으로 끝이다. 공부를 계속 해야 한다. 감성을 젊게 유지하는 것도 중요하다." 김 교수는 젊은 마음을 가지려고 젊은 사람들과 어울린다고 한다. 여든을 넘긴 원로 모임에 초청받아 간 적도 있지만 거기 앉아 있다간 늙겠다는 생각이 들어서 한 번 나가고 그만뒀다고 한다. 젊고 건강하게 살려면 평생학습과 젊은 감성의 유지가 핵심 요소다.

신체적 건강을 위해 달리기와 근력운동을 병행할 것이다. 달리기는 일주일에 2회 하는 것을 원칙으로 하되, 매회 6~7km를 달린다. 물론

관절 상태를 확인하는 것을 잊지 말아야 할 것이다. 팔굽혀펴기는 하루 60회를 하는데 아침저녁에 각각 30회를 한다. 약한 허리를 위해 1시간 단위로 의자에서 일어나 허리를 좌우로 돌리는 등 몇 분 동안 움직인 다음에 의자에 앉는 습관을 실천한다. 신체 중심부 안쪽에 자리 잡은 중심 근육(핵심 근육)을 단련하기 위해 플랭크(plank)를 한다. 초보 단계이므로 1분 30초를 3회 반복하면서 점차 시간을 늘려 간다. 아침에 침대에서 일어날 때와 저녁에 자기 전에 스트레칭을 하는 것도 잊지 말아야 할 중요한 항목이다. 저자의 건강 포트폴리오는 유산소 운동과 근력운동, 스트레칭 등으로 구성된다. '건강을 잃으면 모든 것을 잃는다'라는 말은 저자에겐 '긴급명령'이다.

둘째, 가족에게도 말을 가려 하자. 저자는 가족에게 친절하고 따뜻하다는 평가를 받고 있다. 그러나 감정관리에 취약한 단점이 있다. 감정자제가 어렵다는 것을 알면서 '그 순간'을 참지 못해 사달을 내고 만다. 복잡하고 미묘한 감정에는 보이지 않는 지뢰밭이 있는데 그 지뢰를 밟고 만다. '그 순간'만 넘기면 만사형통인데 말이다. 공든 탑이 '욱'하는 감정으로 한순간에 무너져 내린다. 이 세상에서 가장 자연스럽고 허물없는 관계가 가족이지만 나로 인해 긴장감이 감돌고 평화와 사랑이 넘쳐야 할 가정에 문제가 생기지 않도록 하자. 특히 나이 먹을수록 감정을 자제하지 못하는 것은 나잇값을 하지 못하는 부끄럽고 자존감을 떨어뜨리는 원인을 제공한다는 점을 명심하자. 리더십은 위기 때 발휘되는 법이라고 한다. 감정을 쉽게 노출하면서 가족에게 상처를 주는 위기를 자초하지 말자.

셋째, 공공장소에서 예의를 지키자. 기차, 전철 등 대중교통을 이용할 때 보면 나이 많은 시니어가 옆 사람이나 주변 사람들에게 피해를 줄 정도로 목소리를 높여 말하는 경우를 보게 된다. 나이를 많이 먹으면 난청(難聽)으로 자신이 말한 내용을 잘 듣지 못해 목소리가 높아진다고 하지만, 자신의 목소리가 남에게 피해를 주는지 살펴야 한다. KTX 등 기차에서는 승무원이 객석 밖으로 나가 통화를 하도록 안내하고 있지만 이 또한 고령자에겐 공염불에 지나지 않는다. '카톡~'소리와 같은 메시지 알림음은 진동으로 하거나 아예 무음 처리하는 것도 방법이다. 밀폐된 공간에서 누군가와 대화할 때도 대화의 분량을 최소화하거나 남에게 피해를 주는지 살펴야 할 것이다. 간혹 승무원이 조용히 대화할 것을 요구하지만, 이 또한 따르지 않는 경우가 많아 주위 사람들의 눈살을 찌푸리게 한다.

넷째, 나이티를 내지 말자. 나이티는 '나이에서 풍기는 분위기'라고 한다. 나이티를 내는 것은 부자연스럽고 나이 먹어 분위기 파악을 하지 못하는 철부지 노년이다. 아무리 고령 장수사회라고 하나 외모나 말투를 보면 대강 짐작해도 상대의 나이는 알아차릴 수 있다. '나이는 지위나 자격이 아니다'라는 말을 새겨야 한다. 누구나 세월과 함께 나이를 먹게 된다. 외부 회의에 가게 되면 여러 위원 중에 위원장을 선임하게 되는데 선임 기준은 나이다. 나이가 많으면 위원장으로 추대될 가능성이 높다. 위원회의 장을 나이순으로 선임하는 것은 편리한 회의 진행을 위한 임시방편이다. 나이가 많다고 해서 젊은 사람보다 경험이나 지혜가 많은 것은 아닐 것이다. 이런 사례처럼 나이가 많다고 해서 어느 자리에서나 지배적 위치를 차지하려고 해서는 곤란하다. 노년의 아름다움은 양보와 다른 사람에 대한 배려에 있다.

다섯째, 다른 사람이 생각하고 생활하는 방식을 존중하자. 노년이 되면 오랫동안 굳어진 생각과 생활방식이 있기 마련이다. 무엇보다 자신이 생활해 온 방식을 고집할 가능성이 높다. 노인이 자주 하는 말 중 하나가 '내가 살아보니 그것은 이렇더라'는 말이다. 자기만의 고집과 자기만의 생활방식을 최상으로 생각하는 경향이 높다. 다른 사람이 자신과 다르게 생각하거나 다르게 살아가는 것을 인정하기보다는 그런 사실을 평가절하하기도 한다. 다른 사람들이 그렇게 생각하고 생활하는 데는 나름의 이유가 있다. 그것을 무시하거나 인정하지 않는 것은 교만이다. 내가 다른 사람의 삶을 사는 것도 아닌데 남의 인생에 끼어들어 '감 놔라 배 놔라'고 말할 필요는 없을 것이다.

여섯째, 새로운 기계의 작동에 대한 두려움을 버리자. 노년이 되면 새로운 변화에 대한 두려움이 앞선다. 예를 들어 스마트폰을 오래 사용하여 기능이 저하됐지만 새로운 스마트폰으로 교체하지 않으려는 것은 제품 구매에 드는 돈보다는 새로운 기계의 작동법에 대한 두려움 때문일 가능성이 높다. 새로운 기계를 사고 그 작동법을 배우는 것보다는 약간의 불편을 감수하는 것이 노년의 특성이라고 할 수 있다. 며칠 전의 경험을 사례로 들어본다. 아주 오래된 드라마를 텔레비전에서 다시 보려고 하는데 모 통신사에 회원가입을 하고 아이디와 비밀번호를 입력한 뒤 인증과 결제 절차를 마치고 시청할 수 있었다. 원격조정기로 영문자와 특수문자를 하나하나 누르는 절차가 복잡해 몇 번 시행착오를 겪었다. 드라마를 다시 보고 싶은 욕구는 그런 복잡한 절차에 대한 거부감으로 중도에 포기하고 싶었다. 인내심을 가지고 정해진 순서를 차분하게 따라 한 결과 시청할 수 있었다. 세상은 편리한 기술의 진화에 따라 다양한 기계가 출시되고 있다. 노년기에 필요한 기계가 있을 수 있고, 있으면 좋지만 없어도 그만인 기계가 있다. 필요한 기계는 작동법을 정확히 숙지하여 편리함을 누려야 할 것이다. 사회변화와 기술발전에 적응하는 것은 성취감과 함께 자존감을 키울 수 있다.

일곱째, 집 안에서는 반려견이나 반려묘를 기르지 않는다. 반려견이나 반려묘는 가족이나 마찬가지다. 노년에 그들을 키우는 것은 많은 위로와 기쁨을 준다. 가족 이상의 친밀감과 애착을 느낀다. 저자도 사람 나이로 100세가 넘은 반려견을 기르고 있다. 문제는 돌봄이다. 반려견은 하루에 최소 2회 산책을 하고 대소변을 해결해야 한다. 외출해서도 그의 생리작용에 맞춰 급히 집에 와야 한다. 집 말고 다른 곳에서 잠을 자거나 며칠 여행을 하는 것은 생각할 수조차 없다. 특히 반려견의 나이가 많으면 나이 많은 노년과 똑같은 신체 노화를 겪게 된다. 관절염, 피부노화, 배설의 어려움, 난청, 치아 관리 등 노년(老人)이 노견(老犬)을 돌보는 노노(老老) 케어 현상이 벌어지고 만다. 노년에 자신도 돌보기 힘든 상황에서 반려견까지 돌보는 것은 이치에 어긋난다. 저자도 현재의 반려견과 이별하면 더 이상 입양하지 않을 것이다. 반려묘는 집 안에서 키우지 않고 밖에서 기를 생각이다. 반려묘를 집 밖에서 키우면 상대적으로 돌보기가 쉽고 대소변도 스스로 해결하기 때문이다.

여덟째, '라떼는 말이야'라는 식의 언행을 자제한다. 사람이 나이를 먹게 되면 과거 회상적이 되기 쉽다. 노인은 "라테는 말이야. 이렇게 했는데……"라고 말하면서 불필요한 상황을 만드는 경우가 있다. 최근 장례에서 경험했던 사실이다. 고인을 화장하고 유골함을 선산의 봉분에 모시려고 하는데, 유가족과 친척 관계인 연장자가 '그것은 이렇게 해야 한다'라고 하면서 유골함을 열어 유골과 흙을 섞으려고 했다. 유골함은 진공상태로 밀폐되었는데도 뚜껑을 억지로 열려고 했다. 상주가 말려 중도에 포기했지만, 장례 참석자 중 가장 연장자였던 그분으로서는 스타일을 구겼다. 장례 전문가가 현장을 지휘하는 엄숙한 분위기에서 '라떼는 말이야'가 일을 그르칠 뻔했다. 만약 상주와 연장자 사이에 언쟁이라도 일어났다면 고인에 대한 예의가 아니었을 것이다. 남의 말에 끼어들어 과거 이야기를 늘어놓지 말자. 우선 다른 사람의 말을 경청한 뒤 그 사람이 의견을 물어왔을 때 이야기해도 늦지 않다.

아홉째, 매일 아침 눈을 뜨는 것에 감사하자. 언제부턴가 9시 이전에 잠을 잔다. 부친이 9시 뉴스를 보면서 주무시는 것을 보면서 '나이가 들면 저렇게 되시는가 보다'라고 생각하고 있었지만, 저자는 밤 9시가 되기도 전에 잠자리에 든다. 그렇게 습관이 들다 보니 밤 10시 이후에 잠을 자려고 하면 한참 만에 잠이 든다. 습관이란 이렇게 엄격한 법이다. 습관이란 제2의 천성을 넘어 나의 자아를 결정짓게 한다. 일찍 자다 보니 아침 일찍 눈이 떠진다. 눈을 떠보면 새벽 4시 언저리다. '저녁에 잠들어 아침에 눈을 뜨지 못하면 최고의 행복이다'라고 말하는 친구도 있지만, 그런 경우는 매우 희귀한 사례일 것이다. 새벽에 눈을 뜨는 것에 감사하자. 눈을 뜨면 물을 한 컵 마시고 스트레칭하고 화장실에서 용무를 마치고 책상에 앉아 글을 쓴다. 이때 머리가 그렇게 맑을 수가 없다. 생각의 거품이 가라앉고 진액만 남아 있다. 저자의 경우에는 낮에 쓴 글을 이때 많이 수정한다. 매일 아침 눈이 떠지는 것에 감사한 생활을 하다 어느 날 눈이 떠지지 않으면 최고의 마무리가 될 것이다. 요즘 '99881234'에 비교되지 않을 것이다.

열 번째, 죽음에 대해 심리적 결재를 해두자. 저자는 이상하리만큼 죽음에 대한 두려움이 적은 편이다. '내일 죽어도 괜찮다'라고 말하면 교만이겠지만 두려움은 적은 편이다. 오래전부터 죽음에 대한 심리적 결재를 했다. 아마 부모님과 이별을 한 뒤부터 그런 마음이 강하게 작용했던 것 같다. 결재를 마쳤어도 신체적, 정신적으로 움직일 수 있다면 최선을 다해 살아갈 것이다. '개똥밭에 굴러도 이승이 낫다'라는 속담이 있다. '힘들고 고통스러워도 죽는 것보다 사는 것이 낫다'라는 것을 강조한 말이다. 인간은 존재 자체가 아름답다고 생각한다. 죽음에 대한 심리적 결재와 어떻게 살 것인가에 대한 구체적 계획은 많은 연관이 있다. 어떻게 살 것인가를 이야기하자면 원고지를 여러 장 할애해야 할 것이다. 저자가 학생들에게 늘 인용하는 잠언이 있다. "네가 태어났을 때 너는 울었지만, 너를 지켜보는 사람들은 기뻐했다. 네가 죽을 때에는 사람들은 울지만, 너는 기뻐하는 삶을 살아라." 이 잠언 속에 어떻게 살아야 할 것인가에 대한 답이 있다. 저자는 조금이라도 정신이 있다면 환하게 웃음 지으며 살아있는 사람들과 작별하면서 생을 마감할 것이다. "사랑할 수 있어서 고맙고 사랑받을 수 있어서 고맙다"라는 말과 함께.

열한 번째, 종교에 대한 마음의 문을 열고 실천하자. 영적 건강에 대한 실천이다. 저자는 종교의 편협한 교리에 염증을 냈다. 자기의 종교만이 정답이라고 하는 말이 와닿지 않았다. 편협한 교리에 집착하는 것을 '율법에 갇혀 있다'라고 말하는데 일리 있게 들렸다. 그러나 '인간(human)은 흙으로 빚어졌고 최후에는 흙으로 돌아간다'라는 평범한 진리를 놓고 보면 종교에 대해 마냥 손사래를 칠 것이 아니라는 생각이다. 장례식에 가면 고인(故人)이 기독교, 천주교, 불교 중 하나의 종교에 귀의한 것을 볼 수 있다. 어느 날, 사후에 어디로 갈 것인가를 생각하지 않고 살아온 내가 한심하게 느껴졌다. 생의 목표는 있는데 사후의 목표가 없다고 생각하니 죽음 이후의 나는 공허함과 존재의 부재로밖에 보이지 않는다. 교회나 성당이나 불당에 꼭 가야 하느냐에 대해 왈가불가하는 사람도 있지만, 모든 일에는 형식과 내용이 있다. 형식(의식)에 참여하는 가운데 교리의 본질을 더 쉽게 이해할 수 있고 내세에 대해서도 신념이 단단해질 것이다. 불완전하고 나약한 존재로서 인간이 의지할 최후의 집은 자신이 신봉하는 종교가 될 것이다.

열두 번째, 이웃과 지역사회에 유용한 존재로서 역할을 하자. 인간은 그 존재 자체로 소중하지만 다른 사람, 이웃, 지역사회에 더 소중한 존재로서 기억될 수 있다. 나의 작은 존재가 세상에 가치를 더해준다면 얼마나 기쁜 일인가. 호수의 물결이 중심에서 점차 외부로 확장되는 것처럼, 개인의 영향력도 자신뿐 아니라 이웃과 지역사회로 확장될 수 있다. 선한 영향력이다. 특히 농촌의 마을공동체에서는 개인이 공동체를 위해 이바지할 기회는 많다. 도로변의 쓰레기를 줍는다든지 씨앗을 파종, 관리하거나 수확할 때의 노하우와 경험담을 공유하는 것도 지역사회를 위한 봉사요 기여다. 우리 한국인이 아직도 정(情)이 많고 민족 고유의 전통이 계승될 수 있는 것은 지역사회의 마을공동체가 건재하기 때문에 가능한 일이라고 생각한다. 현대와 전통의 조화로운 징검다리 역할을 하면서 청년들이 살고 싶은 마을로 변화시키고 지속 가능한 마을공동체를 만드는 것도 노년의 중요한 역할이라고 생각한다.

현대인들은 너무 오래 살기 때문에 걱정이 많다. 기대수명이란 '0살'

인 출생아의 기대여명이다. 2020년에 태어난 한국인의 기대수명은 평균 83.5살이다. 남자는 80.5살, 여자는 86.5살이다. 50년 전인 1970년에는 남자는 58.7살, 여자는 65.8살로 평균 62.3살이었다. 50년 새 수명이 21.2년이 늘었다. 오래 사는 것(장수)이 반드시 축복이 아닌 시대가 되었다. 장수의 전제조건은 건강하고 의미 충만하게 사는 것이다. '나의 계로록'은 장수가 축복이 된 노년, 자존감을 가진 노년, 사회적 존경심을 잃지 않는 노년을 보내고 싶은 저자의 계획을 담은 실천 목록이다. 실천 목록을 작성한 것만으로도 몸과 마음이 뿌듯하고 활기차고 아름다운 노년으로 살아갈 것 같은 기분이다. 이제부터는 실행에 집중하고 실행 과정에서 필요하다면 실천 목록을 더 발전적으로 수정해 나갈 것이다. 인간은 끝없이 성장할 수 있는 내면의 힘이 있다고 하지 않던가. 김형석 명예교수는 "인생의 황금기는 60세에서 75세"라고 한다.

인생의 황금기를 노방출주(老蚌出珠)라는 말로 표현할 수 있다. "늙은 조개가 진주를 낳는다." 노(老)는 진주처럼 귀하고 값진 것을 생산해 내는 주체다. 정신이 숙성하고 지식이 완숙해지는 노년이야말로 인생 최고의 황금기다. 저자도 〈나의 계로록〉으로 인생의 황금기를 더 반짝이게 하고 싶다. 가족, 친구여! 오늘부터 시작하는 〈나의 계로록〉에 관심과 응원을 바란다. 저자에게 노화(老化)는 노화(老花), 즉 '나이 들어 피는 아름다운 꽃'이다.

📖 김열규. (2009). 《노년의 즐거움》. 서울: 비아북.
김형석. (2019). 《백년을 살아보니》. 서울: 알피스페이스.
빌링턴, 도티. (2012). 《멋지게 나이 드는 법 46》. 윤경미 옮김. 서울:

작은씨앗.
샤르마, 로빈. (2000). 《내가 죽을 때 누가 울어줄까》. 정영문 옮김. 서울: 신성미디어.
소노 아야코. (2019). 《나는 이렇게 나이 들고 싶다》. 오경순 옮김. 서울: 리수.
실즈, 데이비드. (2014). 《우리는 언젠가 죽는다》. 파주: 문학동네.
와타나베 쇼이치. (2012). 《지적으로 나이 드는 법》. 김욱 옮김. 고양: 위즈덤 하우스.
정 민. (2014). 《조선일보》. 〈[정민의 세설신어] 노인삼반 (老人三反)〉. 3월 26일.
채민기. (2024). 《조선일보》. 〈‘104세 철학자’ 김형석, “지식 갈구하는 이는 늙지 않습니다”〉. 5월 24일.

참고자료

책, 논문

《연려실기술》. 〈퇴계집〉. 한국고전종합DB.

《조선왕조실록》. 〈중종실록 37권, 중종 14년 12월 16일 병자 2번째 기사〉. 국사편찬위원회.

《종로구지》 하권 977면.

H. 쥐베르. (2010). 《프랑스 군인 쥐베르가 기록한 병인양요》. 유소연 옮김. 파주: 살림.

김봉호. (1992). 《초의선사와 완당 김정희》. 서울: 우리출판사.

김성동. (2018). 《국수(國手)》. 서울: 솔.

김열규. (2009). 《노년의 즐거움》. 서울: 비아북.

김영란. (2024). 《판결 너머 자유》. 파주: 창비.

김형석. (2019). 《백년을 살아보니》. 서울: 알피스페이스.

김 호 · 정재승. (2021). 《쿨하게 사과하라》. 서울: 어크로스.

누스바움, 마사. (2011). 《학교는 시장이 아니다》. 우석영 옮김. 파주: 궁리.

라자르, 아론. (2004). 《사과에 대하여》. 윤창현 옮김. 서울: 바다출판사.

__________. (2020). 《사과에 대하여》. 서울: 바다.

로사브스키, 헨리. (2006). 《대학, 갈등과 선택》. 이형행 옮김. 서울: 삼성경제연구소.

몰리, 사이먼. (2021). 《장미의 문화사》. 노윤기 옮김. 파주: 안그라픽스.

문순태. (2015). 《소쇄원에서 꿈을 꾸다》. 서울: 오래.

바티스텔라, 에드윈. (2014). 《공개사과의 기술》. 김상현 옮김. 서울: 문예출판사.

박노해. (2021). 《걷는 독서》. 서울: 느린 걸음.

박상진. (2018). 《문화와 역사로 만나는 우리 나무의 세계 2》. 파주: 김영사.
______. (2020). 《문화와 역사로 만나는 우리 나무의 세계 1》. 파주: 김영사.
______. (2023). 《궁궐의 우리 나무》. 서울: 눌와.
박종채. (2018). 《나의 아버지 박지원》. 박희병 옮김. 파주: 돌베개.
박진빈. (2010). "제국과 개혁의 실험장: 미국의 파나마 운하 건설". 미국사연구 32권.
백경권. (2023). 《작곡가 백영호》. 서울: 윤진.
비숍, 이사벨라. (1996). 《한국과 그 이웃들》. 이인화 옮김. 서울: 살림.
빌링턴, 도티. (2012). 《멋지게 나이 드는 법 46》. 윤경미 옮김. 서울: 작은씨앗.
샤르마, 로빈. (2000). 《내가 죽을 때 누가 울어줄까》. 정영문 옮김. 서울: 신성미디어.
소노 아야코. (2019). 《나는 이렇게 나이 들고 싶다》. 오경순 옮김. 서울: 리수.
수자, 필립 드 · 헤켈, 발데마르 · 루엘린－존스, 로이드. (2009). 《그리스 전쟁》. 오태경 옮김. 플래닛미디어.
신병주. (2024). 《서울의 자서전》. 파주: 글항아리.
실즈, 데이비드. (2014). 《우리는 언젠가 죽는다》. 파주: 문학동네.
심경호. (2022). 《내면기행》. 서울: 민음사.
염철현. (2023). 《인문의 귀로 세상을 듣다》. 서울: 박영스토리.
오성찬. (1993). 《추사 김정희》. 서울: 큰산.
오주석. (2015). 《옛 그림 읽기의 즐거움》. 서울: 솔.
와타나베 쇼이치. (2012). 《지적으로 나이 드는 법》. 김욱 옮김. 고양: 위즈덤하우스.
위무량. (2007). 《숲 이야기》. 서울: 일진출판사.
유홍준. (2002). 《완당평전》. 서울: 학고재.
______. (2013). 《김정희》. 서울: 학고재.
______. (2017). 《안목》. 서울: 눌와.
______. (2018). 《추사 김정희》. 파주: 창비.
이기동. (2015). 《천국을 거닐다, 소쇄원》. 서울: 사람의 무늬.

이어령. (2008). 《디지로그》. 서울: 생각의 나무.
이종수. (2020). 《조광조 평전》. 서울: 생각정원.
임성구. (2024). 《고함쳐서 당신으로 태어나리》. 서울: 천년의 시작.
정 철. (2022). 《영감달력》. 서울: 백도씨.
조성일. (2022). 《개혁하는 사람, 조광조》. 고양: 시간여행.
최승희. (1989). "조선후기 '유학(幼學)'·'학생(學生)'의 신분사적 의미". 〈국사관논총〉, 국사편찬위원회.
최인호. (2015). 《유림》. 파주: 열림원.
카슨, 레이첼. (1956). 《자연, 그 경이로움에 대하여》. 표정훈 옮김. 서울: 에코리브르.
__________. (1962). 《침묵의 봄》. 김은령 옮김. 서울: 에코리브르.
해리슨, 크리스티나 · 커크햄, 토니. (2020). 세상을 바꾼 경이로운 나무들. 김경미 옮김. 서울: 성균관대학교 출판부.
헤세, 헤르만. (1991). 《데미안》. 김충남 옮김. 서울: 학원사.
홍명희. (1991). 《임꺽정》. 서울: 사계절.

신문 및 잡지

《거제시민뉴스》. (2014). 〈神이 내린 최고의 복싱인간 '슈거레이 레너드'〉. 1월 18일.
《중앙선데이》. (2011). 〈3.1 운동 민족대표는 '33인' 아닌 '48인'이었다〉. 11월 20일.
《하버드비즈니스 리뷰》. (2020). 〈슈거 레이 레너드 인터뷰〉. 1-2월호.
강진규. (2022). 《한국경제》. 〈로열티 3억 넘게 받고 미국 간다 … 日 품종 몰아낸 한국 감귤〉. 3월 21일.
고현곤. (2024). 《중앙일보》. 〈그들만의 참호에 갇힌 윤석열 정부〉. 4월 23일.
권오신. (2007). 《경북매일》. 〈다람쥐가 번식시키는 참나무〉. 11월 12일.
김가연. (2024). 《조선일보》. 〈매카트니가 밝힌 '예스터데이' 가사 … "어머니에 상처 준 후회"〉. 2월 26일.

김갑상. (2019). 《거제뉴스아이》. 〈파나마의 영웅 '돌주먹' 로베르토 두란〉. 11월 19일.
김덕수. (2012). 《충청투데이》. 〈화투 '똥광'의 비밀을 아십니까?〉. 3월 25일.
김덕진. 《전남일보》. 〈조광조와 고락 함께 한 양팽손, 호남 문풍에 큰 역할〉. 8월 9일.
김민수. (2022). 《뉴스 1》. 〈날씨는 누구 편일까 … 복잡해지는 푸틴의 우크라 공격 셈법〉. 2월 13일.
김범주. (2024). 《뉴스핌》. 〈2028학년도부터 중학교 졸업해야 '지역인재' … 의대 파장에 '지방유학' 늘까〉. 2월 12일.
김성철. (2021). 《불교신문》. 〈개똥밭에 굴러도 이승이 낫다〉. 3월 22일.
김영선. (2005). 《광주드림》. 〈나중에 먹으려고 파묻은 도토리〉. 6월 7일.
김정탁. (2023). 《중앙일보》. 〈그림자도 쉬어 가는 곳, 그곳에 서린 핏빛 권력 다툼〉. 12월 29일.
______. (2024). 《중앙일보》 〈[김정탁의 인문지리기행] 진압군 얕본 이괄, 안산의 바람 방향 바뀌자 패퇴〉. 4월 19일.
김지영. (2021). 《신동아》. 〈임영웅 '영웅시대' 15만, 김호중 '트바로티' 10만 … 문화 지형 바꾼 트로트 팬덤〉. 4월호.
김지훈. (2024). 《JIBS 제주방송》. 〈'사쿠라?' 아니 '벚꽃'입니다 … 그래서, "제주왕벚나무로 다 바꾸고, 또 바꾼다"〉. 4월 1일.
김필규. (2015). 《JTBC》. 〈'벚꽃 논쟁' 중국까지 … 진짜 원산지 어디?〉. 3월 31일.
김효경. (2017). 《중앙일보》. 〈홍수환 '4전 5기' 40년 … 반갑다, 친구야〉. 11월 27일.
나상현. (2024). 《중앙일보》. 〈공공기관 지역인재 합격 69%가 타지 고교 출신〉. 4월 17일.
남윤서. (2024). 《중앙일보》. 〈"먹튀해도 붙잡지마라" … 이길여가 'X' 표시한 환자의 정체〉. 3월 12일.
문소영. (2015). 《중앙일보》. 〈벚꽃 원산지 논쟁이 의미 없는 이유〉. 4월 4일.
문태준. (2024). 《중앙일보》. 〈[문태준의 마음 읽기] 초여름의 싱싱한 일상을 주세요〉. 6월 12일.

박경준. (2020). 《코리아트리뷴》. 〈도리천과 수미산, 그리고 우리 문화〉. 12월 11일.

박중환. (2015). 《부산일보》. 〈감자, 아일랜드와 미국을 바꾸다〉. 10월 19일.

박태희. (2023). 《반월신문》. 〈[수필 기고] 떫음이 달콤을 만들다〉. 4월 26일.

반기성. (2017). 《동아사이언스》. 〈나폴레옹이 6월에 전쟁을 떠난 이유〉. 6월 22일.

백우진. (2015). 《아시아경제》. 〈워싱턴 벚꽃축제 20일 개막 … 100년 전 역사 상기〉. 3월 20일.

변동빈. (2023). 《장성군민신문》. 〈좌우지간(左右之間)〉. 8월 28일.

서금영. (2009). 《동아일보》. 〈삼국지 적벽대전 '제갈량 남동풍'의 비밀은〉. 9월 23일.

송영조. (2023). 《이코노믹리뷰》. 〈종자전쟁 이겨내야 한다〉. 11월 27일.

송지훈. (2024). 《중앙일보》. 〈구기, 여자핸드볼 빼고 전멸 … 한국, 파리 금목표 고작 5개〉. 4월 29일.

신동열. (2019). 《한국경제》. 〈[신동열의 고사성어 읽기] 남가일몽(南柯一夢)〉. 10월 7일.

아트만. (2022). 《매일경제》. 〈보호수 그늘 아래 서면 … 내 마음의 나무 한 그루〉. 8월 11일.

양낙규. (2017). 《아시아경제》. 〈전시상황 가장 무서운 敵은 '기상'〉. 9월 4일.

양재호. (2012). 《매일경제》. 〈[GS칼텍스배 프로기전] 흉내바둑의 핵심〉. 7월 12일.

오경아. (2024). 《조선일보》. 〈일사일언 사연은 살아있으니 '動詞'〉. 7월 22일.

오수형. (2009). 《동아일보》. 〈[한자 이야기] 桃李不言, 下自成蹊〉. 9월 26일.

원종태. (2017). 《중앙신문》. 〈[나무 이야기] 벼슬의 꿈을 이루어 주는 감나무〉. 11월 28일.

이가영. (2024). 《조선일보》. 〈"이 가수 노래는 원천 차단" 北, 유행 막으려 '콕' 집어 언급〉. 5월 25일.

이가환. (2018). 《경향신문》. 〈추사의 독설, 뒷담화에 상처입은 사람들〉. 7월

12일.
이성우. (2021). 《월간중앙》. 〈생이별 '아픈 사랑' 서려 있는 인왕산(仁王山) 치마바위〉. 8월 17일.
이소영. (2018). 《서울신문》. 〈동백나무와 동박새의 공생〉. 1월 3일.
이수웅. (2024). 《조선일보》. 〈평등, 다양성 앞세운 미국 아이비리그의 추락〉. 4월 6일.
이영일. (2019). 《우리문화신문》. 〈감의 대리엄마가 된 '고욤나무'〉. 12월 27일.
이원복. (2015). 《조선일보》. 〈[일사일언] 장수의 상징, 고양이〉. 10월 14일.
이정우. (2020). 《불교신문》. 〈제야의 종 33번 치는 이유는?〉. 2월 29일.
이정동. (2024). 《중앙일보》. 〈기술혁신은 다양성의 토대 위에서 피는 꽃〉. 7월 1일.
이종민. (2021). 《매일신문》. 〈[이종민의 나무 오디세이] 회화나무 있는 집에 큰 인물 난다〉. 9월 17일.
______. (2022). 《매일신문》. 〈[이종민의 나무오디세이] 감나무의 일곱 가지 덕을 아시나요〉. 11월 11일.
______. (2023). 《매일경제》. 〈쓸모없는 게 곧 쓰임새(無用之用), 가죽나무〉. 5월 12일.
이태진. (2024). 《중앙선데이》. 〈일본군, 청과 싸우기도 전에 경복궁 담부터 넘었다〉. 1월 13일.
이한우. (2024) 《조선일보》. 〈[이한우의 간신열전] 덕(德)〉. 7월 31일
장유정. (2022). 《조선일보》. 〈트로트 팬덤〉. 12월 1일.
정 민. (2014). 《조선일보》. 〈[정민의 세설신어] 노인삼반 (老人三反)〉. 3월 26일.
정순태. (2008). 《월간조선》. 〈길병원 50주년 맞은 이길여 가천의과대 총장〉. 6월호.
정종수. (2006). 《박물관신문》. 10월호.
정한솔. (2019). 《고대신문》. 〈'보성에서 고려까지' 114년 역사의 초석을 다지다〉. 5월 8일.

정형모. (2015). 《중앙선데이》. 〈좌우지간에 마음 놓고 생각해 봐〉. 1월 31일

조홍섭. (2019). 《한겨레》. 〈한·일 '벚꽃 원조' 논란 끝? 제주 왕벚나무 '탄생의 비밀' 확인〉. 10월 19일.

진현철. (2016). 《매일경제》. 〈스승과 친구 사이 … 우정 가득 감동 실화 '핸즈 오브 스톤'〉. 12월 7일.

차준철. (2022). 《경향신문》. 〈"나는 하수다 … 후배든 중학생이든 누구에게도 배울 수 있다"〉 . 10월 11일.

최소라. (2019). 《YTN》. 〈[과학본색] ① 보호 욕구 자극하는 '아기 냄새'의 비밀〉. 9월 18일.

최연진. (2016). 《조선일보》 〈"어린아이 낙서처럼 자유로운 추사체 좋아해"〉. 7월 5일.

한예슬. (2024). 《중앙일보》. 〈'복싱 전설' 홍수환, 尹특사 됐다 … '4전5기 신화' 파 나마 방문〉. 6월 28일.

한정주. (2014). 《헤드라인뉴스》. 〈추사(秋史) 김정희② 고증학·금석학·역사학의 독보적 권위자〉. 10월 30일.

허윤희. (2023). 《조선일보》. 〈"엄마 나 챔피언 먹었어" "대한국민 만세다" 홍수환 보물은 챔피언 벨트〉. 8월 15일.

영화, 드라마, 다큐멘터리

〈여인천하〉. (2001). 드라마.

〈정도전〉. (2014). 드라마.

〈조광조, 그의 개혁은 실패했나〉. (2019). 다큐멘터리.

〈핸즈 오브 스톤〉. (2016). 영화.

〈KBS 역사의 라이벌－어디까지 사실인가, 조광조와 남곤〉. (1995). 다큐멘터리.

인터넷사이트

〈시보, 인정과 파루〉. 우리역사넷.
〈인왕제색도〉. 우리역사넷.
〈임실군 홈페이지〉. https://www.imsil.go.kr
〈전주화약〉. 한국민족문화대백과사전.
〈정선 필 인왕제색도(鄭敾 筆 仁王霽色圖)〉. 국가유산청.
〈트로트〉. 한국민족문화대백과사전.
〈학생〉. 한국민족문화대백과사전.

기타

〈산림보호법 제13조(보호수의 지정·관리)〉.
〈지방대학 및 지역균형인재 육성에 관한 법률〉.
〈혁신도시 조성 및 발전에 관한 특별법〉.

염철현

고려대학교를 졸업하고 동 대학원에서 교육행정 및 (미국)교육법 전공으로 박사학위를 취득하고 현재 고려사이버대학교(www.cuk.edu) 인재개발학부 교수로 재직하고 있다. 교육자는 '먼저 읽고 깨닫는 사람'이라는 신념으로 다양한 분야의 독서를 하고 이를 자신의 성찰로 연결시키려는 부단한 노력을 하고 있다. 주된 학술적 관심 분야는 역사, 문화, 인권, 리더십 등이며 대표적인 저역서는 《교육논쟁 20》, 《다문화교육개론》, 《차별철폐정책의 기원과 발자취》, 《평생학습사회와 교육리더십》, 《학습예찬》, 《현대인의 인문학》(세종도서) 등이 있으며, 2022년부터 <인문의 힘 시리즈> 《인문의 눈으로 세상을 보다》, 《인문의 마음으로 세상을 읽다》, 《인문의 귀로 세상을 듣다》, 《인문의 언어로 세상을 말하다》를 출간하였다.

hyunkor@cuk.edu

인문의 향기로 세상을 품다

초판발행 2024년 9월 25일

지은이 염철현
펴낸이 노 현

편 집 전채린
교정·교열 박신아
표지디자인 권아린
제 작 고철민·조영환

펴낸곳 ㈜ 피와이메이트
서울특별시 금천구 가산디지털2로 53 한라시그마밸리 210호(가산동)
등록 2014. 2. 12. 제2018-000080호

전 화 02)733-6771
f a x 02)736-4818
e-mail pys@pybook.co.kr
homepage www.pybook.co.kr
ISBN 979-11-7279-014-1 94370
979-11-6519-292-1(세트)

정 가 19,000원